智慧图书馆管理与研究

袁 涛◎著

吉林科学技术出版社

图书在版编目（CIP）数据

智慧图书馆管理与研究/袁涛著.-- 长春:吉林
科学技术出版社,2024.5
ISBN 978-7-5744-1362-7

Ⅰ.①智…Ⅱ.①袁…Ⅲ.①数字图书馆-图书馆管
理Ⅳ.①G250.76

中国国家版本馆 CIP 数据核字(2024)第 099207 号

智慧图书馆管理与研究

ZHIHUI TUSHUGUAN GUANLI YU YANJIU

著	袁　涛
出 版 人	宛　霞
责任编辑	郭建齐
封面设计	皓麒图书
制　　版	皓麒图书
幅面尺寸	185mm×260mm
开　　本	16
字　　数	280 千字
印　　张	13.25
印　　数	1-1500 册
版　　次	2024 年 5 月第 1 版
印　　次	2024年12月第1次印刷

出　　版　吉林科学技术出版社
发　　行　吉林科学技术出版社
地　　址　长春市南关区福祉大路 5788 号出版大厦 A 座
邮　　编　130118
发行部电话/传真　0431-81629529　81629530　81629531
　　　　　　　　　81629532　81629533　81629534
储运部电话　0431-86059116
编辑部电话　0431-81629510
印　　刷　三河市嵩川印刷有限公司

书　　号　ISBN 978-7-5744-1362-7
定　　价　80.00 元

　　袁涛，男，现年52岁，中共党员，大学文化程度。1988年12月参加工作，2002年10月取得图书资料馆员资格，2016年7月任曹县图书馆馆长。2019年1月被评为图书资料副研究馆员。

　　任职以来，该同志先后参加了国家、省市业务主管部门组织"全国古籍鉴定与保护高级研修班""全省公共图书馆总分馆制建设高级研修班"等业务培训，结合工作实际先后撰写了《新时代下公共图书馆服务理念的探索》、《图书馆文献信息的研究》等多篇论文被省级以上刊物收录。

　　该同志先后主持参加了全国第六次、第七次公共图书馆评估定级参评工作，曹县图书馆连续两次被评为国家二级馆。

　　该同志先后被授予"全省地方文献工作先进个人""山东省古籍保护工作先进个人""曹县劳动模范"、"全市文广新系统先进工作者"等荣誉称号。

前　言

目前，我国有不少图书馆已经或正在着手进行智慧图书馆建设，涉及资源、管理、技术、人员、服务等多个层面，相关方面的研究文献也很多，但国内有关智慧图书馆的专著却极少。随着技术的发展，国内会有越来越多的图书馆步入智慧图书馆的行列。因此，笔者认为有必要撰写一部专著，期望能对我国智慧图书馆建设起到一定的借鉴作用，这也是笔者撰写本书的出发点。本书涵盖的内容很多，主要包括智慧图书馆的基础理论和建设研究、馆员队伍建设研究、智慧图书馆服务研究、物联网技术及其在智慧图书馆中的应用等，希望能为国内图书馆相关从业者及科研人员提供一定的帮助。

目　录

第一章　智慧图书馆的基础理论

图书馆是一个不断生长的有机体，随着科技和社会的发展而不断发展。2008年，国际商业机器公司（简称IBM），构建了智慧地球的愿景，并提出了"智慧地球"的概念。随后一些与"智慧"有关的概念相继被提出，如智慧城市、智慧校园、智慧博物馆等，智慧技术和智慧服务得到广泛的应用和实践，智慧图书馆也应运而生。同时，大数据、物联网、云计算、人工智能、虚拟现实等信息技术的蓬勃发展，也为智慧图书馆的构建注入了强大的动力。人类社会的进步得益于技术的发展，技术和人文的相互融合又促进了图书馆向智慧图书馆的方向发展。

智慧图书馆是人的智慧与物的智能的结合，不仅指图书馆运用创新性技术后更加智能化，还指图书馆为读者提供的智慧化服务和智慧化管理。在当前技术背景下，智慧图书馆改变了传统图书馆的发展模式，创造了一种新的模式，是当代图书馆发展的新方向。在不断更新发展的技术的推动下，未来图书馆的发展将会变得更加智慧化、网络化和数字化。智慧图书馆是智慧城市建设的重要环节，也是未来发展的方向，国内外已掀起智慧图书馆研究与建设的浪潮。

第一节　智慧图书馆的基本概念

一、智慧图书馆的起源

智慧图书馆的理论与实践起源于国外。最先将智慧图书馆应用到实践中的是一个名为"Smart Library"的图书馆联盟，其于2001年前后在加拿大渥太华建立。2001年10月，全球第一个"智慧图书馆网络"诞生，由澳大利亚昆士兰州立图书馆建立，旨在通过智慧图书馆的建设将物理与虚拟空间结合起来。2002年，新加坡图书馆成为全球首个使用无线射频识别（简称RFID）技术的图书馆。2004年，北美地区就有超过130家图书馆使用RFID技术。可见智慧图书馆在国外的发展速度非常快，已经得到了广泛的关注。

智慧图书馆的理论研究，与实践相比稍显滞后。"智慧图书馆"的概念最早由芬兰奥卢大学图书馆的Aittola在其论文《智慧图书馆：基于位置感知的移动图书馆服务》中提出。Aittola对"智慧图书馆"这个概念进行了阐述，指出智慧图书馆是借助新技术，如RFID技术、计算机网络技术和人工智能技术等，将传统的图书馆服务智慧化，从而使传统的图书馆服务成为不受时空限制、容易被感知的移动图书馆服务。2004年，拥有技术背景的Mark C.Miller公司指出智慧图书馆将软件质量工程和科学计算等技术应用到图书馆中,从而降低了读者与图书馆出错的概率,提升了他们的辨别及纠错能力。2004~2008 年,国外关于智慧图书馆的理论探讨并不多,直到 IBM 于 2008 年 11 月发表了"智慧地球"的演讲,人们才开始对"智慧"这个概念投入广泛的关注。随后,2009 年美国的学者 Repanovici 和 Turcanu 在第八届人工智能、知识工程和数据库国际会议上发表了题为《智慧图书馆:RFID 在图书馆应用》的报告,认为 RFID 技术将给图书馆服务带来巨大改变,让图书馆变得更智慧。

随着人们对智慧地球建设的重视,"智慧"一词已经深入各个领域,比如智慧城市建设等。智慧城市又涵盖了智慧医疗、智慧交通、智慧社区等方方面面。智慧图书馆不仅是智慧城市建设的重要组成部分,也是技术驱动发展的必然结果,已经得到了社会各界的普遍认可与支持。

二、国内关于智慧图书馆定义的主要观点

在"智慧图书馆"概念提出之前,国内有相关学者已对智能图书馆进行过研究。我国台湾地区的林文睿是最早对智能图书馆做过研究的学者,于 1999 年对智能图书馆建筑的概念与实践进行了系统地阐述。我国大陆最早对智能图书馆进行研究的是张洁和李瑾,于 2000 年 6 月提出智能图书馆是将智能技术应用在图书馆建筑中的产物,也是图书馆建筑与数字图书馆相结合的产物。持有类似观点的还有陈鸿鹄,其于 2006 年在《智能图书馆设计思想及结构初探》一文中指出智能图书馆是应用智能技术的现代化建筑,是智能建筑与数字图书馆的有机结合与创新。这些研究基本上将智能图书馆理解为在传统图书馆上应用智能技术的智能建筑。这种表述认识到智能技术对图书馆的驱动作用,并能不断推动图书馆向前发展,但该表述由于受到时代的局限,仅从图书馆智能建筑的角度进行论述,尚未涉及图书馆服务,也未提到智慧化图书馆建设。

笔者于 2010 年 7 月发表的《基于物联网的智慧图书馆》,是国内首篇提出"智慧图书馆"概念的学术论文。笔者在文中提出,智慧图书馆以一种更智慧的方法,通过利用新一代的信息技术来改变读者和图书馆系统、信息资源交流的方式,以便提高交流的明确性、灵活性和响应速度,从而实现智慧化服务和管理的图书馆模式。智慧图书馆=图书馆+物联网+云计算+智慧化设备,它通过物联网来实现智慧化的服务和管理。这是国内首次对智慧图书馆概念进行系统论述,开启了我国智慧图书馆研究的热潮。该文也成为智慧图书馆研究的重要参考文献,目前是智慧图书馆领域引用量最高的文献之一。

自笔者提出"智慧图书馆"概念之后,我国许多学者对智慧图书馆进行了大量的研究,并对该概念提出了自己的见解,认为智慧图书馆就是在原有数字图书馆的基础上,借助现有的信息技术、物联网等,通过具有专业技能的高素质馆员的复杂操作,来为读者提供智慧化服务。智慧图书馆的研究成果虽多,但目前尚未形成统一的定义,研究者往往根据自己的观点结合实际从不同角度给出不同的定义。笔者对其归纳分析后,将智慧图书馆的定义概括为以下几种。

(一)感知论

感知论的研究者着重强调智慧图书馆的可感知性。感知论重点突出利用物联网等感知技术让图书馆的建筑环境、文献资源以及读者等主要构成要素,能够实时主动地获取相关感知数据。董晓霞认为智慧图书馆是感知智慧化与管理平台、数字图书馆服务智慧化的综合体，能实现人与人、人与物、物与物直接的对话。陈巧莲认为智慧图书馆能为读者提供一种无处不在的智能服务环境，包括图书馆的各种关键数据能被及时感知与妥当处理，这些关键数据包括图书馆的建筑环境、文献资源、读者和设备资产等。侯松霞对智慧图书馆的理解与陈巧莲的比较相似，认为智慧图书馆是数字图书馆发展到比较高级的一种形态，能利用 RFID 在内的多种智能技术，对分散的各种图书馆要素进行深度感知，并进行系统化服务和管理。她认为图书馆涉及的要素包括读者、各种形态的馆藏资源、图书馆工作人员和建筑设施等。乌恩认为人物互联是智慧图书馆建设中最核心的环节，智慧图书馆是在该感知的基础上，在以 RFID 为代表的物联网环境下，以云计算为基础，结合智慧化设备，为读者提供智慧化服务。邱均平认为智慧图书馆就是对资源和读者的感知，同时提供智慧化服务。胡海燕将智慧图书馆理解为流程化，先是对读者需求的信息进行感知、捕捉和统计分析，再对其提供快速高效的智慧化服务。王新才认为智慧图书馆就是在无须人工干预的状态下，实现图书馆的管理与服务的智慧化。感知论较具有代表性，是我国智慧图书馆研究学者关注较多的一种观点。

（二）智能技术论

智能技术论重点突出在智能技术下，以物联网为基础的设备、系统、流程之间的互联互通。因为智慧图书馆概念本身是由技术发展驱动而来的，所以智能技术论也得到了一些研究学者的关注。韩丽认为智慧图书馆最重要的是能利用物联网技术主动感知读者需求，并提供智慧化服务与管理，这是数字图书馆发展的终极目标与高级形态。李显志和邵波等则更侧重于智慧图书馆建设中馆员与读者之间的协同感知和创新，认为智慧图书馆是融合技术、馆员、读者、服务与资源为一体的智慧协同体。

（三）人文服务论

人文服务论重点阐述图书馆馆员在利用新技术解决问题方面的主观能动性，突出了人在构建智慧图书馆中的重要作用。王世伟认为"智慧"具有以下特征：一是以数字化、网络化、智能化为技术支撑；二是具有互联互通、高效快捷的沟通协调能力；三是追求数字惠民与绿色发展；四是整合集群与协同、服务泛在和跨越时空；五是具有模式创新和可持续性。马然从宏观与微观两方面探究智慧图书馆建设，即思想与技术属于宏观方面，资源建设与读者服务属于微观方面。朱强认为智慧图书馆是图书馆发展的新形态，是基于新的信息技术、能体现人工智能的一个知识服务系统。李凯旋认为智慧图书馆=图书馆馆员+智能建筑+信息资源+智能化设备+云计算，其中图书馆馆员由技术专家和人文学者构成，可通过智能化设施充分利用各种信息资源。

（四）要素论

要素论重点研究构成智慧图书馆客观事物的存在基础以及维持其产生、发展、变化等运动的必要的基本系统单位。目前智慧图书馆主要有"三要素论"和"五要素论"。刘丽斌是智慧图书馆"三要素论"的提出者，认为智慧图书馆由人、资源、空间三种元素组成，其中"人"这个要素处于最核心的位置，"资源"与"空间"两个要素是基本点。在"三要素论"中，技术是基础，服务是灵魂，通过技术改善服务。"五要素论"由陈进提出，他认为智慧图书馆应包含五大要素，包括资源、服务、技术、馆员和读者。

其中在资源要素中，智慧图书馆必须做到多元、高效和优质，即为读者提供快、准、好的各种馆藏资源；在服务要素中，智慧图书馆必须做到智能、泛在和感知，即要感知读者需求，并随时提供智慧化服务；在技术要素中，智慧图书馆必须做到精准、智能和快捷，即要通过技术提升服务效率；在馆员要素中，智慧图书馆要做到专业、敬业和创新，即要求馆员利用新技术提供创新性服务；在读者要素中，智慧图书馆要具有使用性、协同性和敏锐性，即确保读者能乐于使用系统与图书馆进行协同互动。

（五）综合论

综合论并没有从单一角度对智慧图书馆进行定义，而是综合考虑了资源、服务、技术、物理实体等多种因素。我国资深图书馆学专家初景利教授并未对智慧图书馆做出明确定义，他认为数字图书馆、新型图书馆的核心内涵是智慧图书馆，这也是未来图书馆发展的最高形态，并驱动图书馆向前发展。对智慧图书馆的理解，刘炜赞认为这是在复合图书馆基础上的一个更高级形态，智慧图书馆以信息技术和智能设备为基础，可实现图书馆内的人、文献、设备、建筑之间的互联互通，从而达到向读者提供智慧化服务的目的。孙利芳对智慧图书馆的概括更为全面，认为智慧图书馆的目的是让读者享受到图书馆的 5A 服务，即任何人（Anyone）、任何时候（Anytime）、任何地点（Anywhere），通过任何方式（Anyway），得到任何服务（Any service），其核心要素是智慧馆员、读者、管理与发现，手段是先进的技术设备。李玉海认为智慧图书馆是虚拟图书馆与现实图书馆的有机融合，通过信息化技术将图书馆的专业管理与智能设备的感知相融合，从而为读者提供快、准、好的各项资源和经过深加工的专业知识服务，让读者享受到智能空间和文化空间。

通过以上分析可知，我国目前关于智慧图书馆的认识包括感知论、智能技术论、人文服务论、要素论和综合论。这些仅仅是依据学者对智慧图书馆认识的不同角度进行划分的，并不是以文章发布的先后顺序进行划分的。也就是说，我国智慧图书馆的研究并不是经历了从感知论到智能技术论，又到人文服务论、要素论，再到综合论的发展阶段。但从文章发布的时间来看，我国对智慧图书馆的研究的确经历了由浅入深、从个体到整体、从局部到综合，以及从致力于智能化建筑实体研究到提供系统化、专业化智慧服务的转变过程。这也是我国智慧图书馆研究范畴不断向外延伸、扩展的见证，涉及的技术与理念不仅越来越先进，而且越来越综合。一般认为，图书馆经历了两次重大转型：一是传统纸质藏书的物理图书馆向数字图书馆的转变；二是数字图书馆向智慧图书馆的转变。目前国内外图书馆正在不断努力向第二阶段转变。

三、对智慧图书馆定义的修正

（一）笔者早期的定义存在的不足

笔者曾于 2010 年提出智慧图书馆的定义，虽然时间久远、科学技术发展突飞猛进、智慧图书馆的理论和实践研究取得了较大的成果，但笔者认为现阶段该定义的核心内容仍未过时。当然，由于早期在认识上的局限性，智慧图书馆的定义也存在一定的不足，主要表现在：将智慧图书馆的研究从单纯的技术维度转向技术、管理、实践三维并重的理论探索阶段，但缺乏对三种维度在智慧层面上互联与融合关系的清晰认识，在理论建构上略显割裂，没有清晰地揭示智慧图书馆丰富的内涵；更重要的是，该定义忽视了"图书馆馆员"这一智慧图书馆中不可或缺的元素。同时，随着社会的不断发展和进步，人类的智慧水平也随之不断提升，因此，智慧图书馆将不断被赋予新的内涵和外延。

（二）对智慧图书馆定义的修正

随着技术的不断革新，智慧图书馆的定义也应是动态的、与时俱进的。因此，我们对智慧图书馆的定义不能简单地从某个独立的微观层面或单维度出发，还要结合多因素、多层面，从更高的宏观角度出发进行研究和诠释。同时，笔者认为智慧图书馆的定义并不是固定的，由于时代的发展，其定义的正确性应从当下环境中进行分析，而历史上的定义可作为参考。为此，笔者对之前提到的智慧图书馆的定义进行修正，希望能得到图书馆界同仁的批评与指正。

笔者认为，智慧图书馆是图书馆馆员通过物联网、人工智能、大数据、云计算等信息技术或智能设备，实现对读者与图书馆所有资源、设施的全面感知和智慧化管理，并向读者提供泛在、高效、便利的智慧化服务的图书馆模式。

1.新定义的诠释

该定义也是智慧图书馆"五要素论"的延伸，明确了技术、读者、馆员、资源和服务等是智慧图书馆的核心要素。其中，技术是途径，是手段；资源是前提，是基础；馆员和服务是核心，是关键。信息技术不再仅限于当下流行的移动互联网技术、RFID技术和物联网技术，还包括现有的人工智能技术、第五代移动通信技术（简称5G）、云计算技术、大数据技术、区块链技术等新兴技术，以及将来所运用的未知的更成熟的技术和设备；读者与资源的全面感知和交互具有很高的明确性，揭示了资源推送的个性化和精准化，体现了智慧图书馆便利的特点；明确提出了智慧服务泛在、高效、便利的特点；智慧服务和管理是这些要素的中枢，是智慧图书馆的关键所在，具有服务效率高效化、服务对象泛在化、服务内容多样化、服务方式智慧化等特点。

2.本定义与其他学者定义的差异

国内对智慧图书馆的定义众说纷纭，莫衷一是。但从近几年智慧图书馆的定义来看，它们越来越类似，基本内容、框架大体相同。学者普遍认为智慧图书馆是在新时期借助信息处理技术，对图书馆中的大量数据进行收集、存储与管理，向读者提供无时空限制服务的图书馆模式。这里涉及的信息处理技术主要包括大数据技术、云计算技术、物联网技术和互联网技术以及信息识别技术等。智慧图书馆建设的目的是更好地为读者提供服务，所以智慧服务必须是智慧图书馆的核心所在。智慧图书馆的一切技术都应紧紧围绕服务来进行，这也是智慧图书馆的价值。智慧图书馆的建设需要借助当下主流的各种信息技术，这些技术既是手段，也是途径。这些技术的升级能帮助图书馆更好地感知读者需求，挖掘他们潜在的需求，并给予及时的回应，从而使智慧图书馆成为由图书馆员的智慧加上物的智能而形成的一种新形态。

结合笔者对智慧图书馆的定义以及国内外其他学者的定义，智慧图书馆的核心是构建覆盖所有资源的智慧管理体系，借助先进的信息技术设备，实现图书馆高质量、高效性的智能化管理。在智慧图书馆的定义中，人的因素越来越重要，这充分体现出以人为本的核心要义，毕竟智慧图书馆建设的出发点与归属点都是人，即为了让馆员更好地为读者服务。智慧图书馆的建设是为了让馆员与读者之间有更好的沟通和协同感知，使得馆员的服务更便捷、更专业，读者的阅读体验更好，从而体现阅读服务的智慧化和个性化，让图书馆成为一个可持续发展的场所。

这些智慧图书馆的定义各有侧重，但都离不开信息技术。毕竟技术驱动着人类向前发展，正所谓科学技术是第一生产力。离开了技术，便谈不上智慧图书馆的建设。因此，信息技术是智慧图书馆的要素之一。除了技术外，资源、服务与管理也是智慧图书馆建设的要素。资源是图书馆赖以生存与发展的基础，也是图书馆历史文化传承作用的体现，没有资源，智慧图书馆就失去了发挥的对象。服务是馆员面向读者的单向输出，是图书馆社会价值所在，也是智慧图书馆建设的关键所在。管理是图书馆服务的系统整合，只有实现了管理的智慧化，才能实现服务的智慧化。因此，我国有关智慧图书馆的定义基本上都包含以上几个构成要素。这些要素与特征的表述，与笔者当年论文中提到的智慧图书馆的定义并没有根本的区别，不同的是，随着科学技术日新月异的改变，智慧图书馆所采用的技术已改变，由此带来的服务方式也发生了转变。这是技术发展的结果，也是时代进步的体现。但总体来说，国内学者有关智慧图书馆的表述都是在笔者早期的定义上加以扩展和延伸的，随着时代的发展、技术的改进，智慧图书馆的定义也在更新和深入。目前智慧图书馆的理论基础在不断发展、更新和完善中，并逐渐演变成一个新的科学体系。

3. 对智慧图书馆定义的深度认识

智慧图书馆不是对现有图书馆形态的完全否定，而是基于服务支撑技术、人员和空间等各要素的不断发展，对现有图书馆形态的全面升级和发展。在社会快速发展的背景下，探讨智慧图书馆的核心问题既是图书馆内在发展的要求，也是出于现实的紧迫性。只有与时代发展保持同步、能推动并引领社会发展的图书馆，才能焕发出生机和活力，才能称得上是智慧的。智慧图书馆是虚拟图书馆与实体图书馆的有机结合体，可为读者提供5A服务。"虚"即虚拟，指读者可随时随地利用图书馆，不必考虑其物理存在；"实"即实体，指在提供智能化图书馆文献服务和空间服务等业务时，智慧图书馆又是一个实体建筑，它既可以是新建馆舍，也可以是现有图书馆的改造升级；在其设备和技术构成中，物联网实现感知功能，大数据、区块链支持记忆功能，智能计算支持思考分析与判断功能；智慧图书馆的出发点与落脚点都是为读者提供智慧化服务，这种服务类似于人工知识信息服务，甚至超越人工知识信息服务。

正如前文所述，智慧图书馆的建设并不是对现有图书馆的全盘否定，而是对现有图书馆的改进与提升。智慧图书馆应更好地体现图书馆的基本职能，充分发挥其核心价值。随着时代的发展，技术在不断进步，读者的需求也在不断变化，对图书馆也提出了更多、更高的要求。读者需求的变化、要求的提高，传统图书馆很难回应，这也是智慧图书馆发展的动力源泉。智慧图书馆就是利用新技术对整个图书馆的各环节进行改进与提升。在建筑设施和设备方面，利用先进的技术使图书馆建筑更加智能，让读者畅游在一个现代化、智能化十足的阅读空间中。在资源建设方面，能够通过大数据分析，了解读者的阅读习惯，挖掘读者的潜在需求，从而对纸质图书与电子资源的采购起到指引作用，比读者需求更早一步，全面掌握服务对接的主动性。在业务管理方面，通过智能化设备的管理，感知图书馆各种设备的运行状态，实现远程设备调试，并依据人流量的热感应对读者人群进行引导，特别是在新冠肺炎疫情期间，人流管理显得尤其重要。在读者服务方面，智慧图书馆能提供的帮助相当多：一是通过大数据分析，了解读者需求，并为读者提供个性化信息服务；二是通过地理信息系统和热感应系统将读者需求与馆藏资源位置进行对接，帮助读者快速找到所需资源；三是读者能及时方便地将遇到的问题向系统反馈，与馆员进行无障碍沟通。

因此，新兴技术的介入是智慧图书馆建设的前提，确保了智慧图书馆的发展；为读者提供以人为本的服务是智慧图书馆建设的终极目标和核心，也是其不断发展的原动力；协同共享是智慧图书馆在业务管理能力上的体现，也是智慧服务的保障。

新兴技术的出现，对传统图书馆来说是个好消息，它驱动了图书馆朝着更加智慧的方向发展，帮助图书馆抓住读者需求，从而更为精准地满足读者需求。在智慧图书馆之前，读者的一些需求即使能被图书馆发现，也没办法被满足。由此可见，智慧图书馆提升了服务水平，更好地传承了历史文化文明，正如一个生长着的有机体一样，实现了图书馆的可持续发展。

第二节　国内外智慧图书馆研究概况

一、国外智慧图书馆的研究概况

智慧图书馆的概念最早由芬兰的 Aittola 提出来。自该概念被提出来后，国外对智慧图书馆从多个角度进行了研究，如智慧图书馆的相关内涵、智慧图书馆的信息技术应用、智慧图书馆的智慧服务等方面。

（一）智慧图书馆的相关内涵研究

自"智慧地球"概念被提出后，人们越来越关注智慧城市建设。智慧图书馆是智慧城市建设的重要组成部分。K.Wheaton 是美国一位州图书馆协会会长，认为智慧图书馆应该像有知识的经济人一样存在，能解决特定问题；智慧图书馆是整个智慧城市建设的大脑，把城市中的人联系在一起，能实现经济的可持续发展。对于这种观点，笔者并不是很赞同。智慧图书馆即使再重要也不可能发挥城市的中枢作用，不能承担起如此重任。图书馆的使命是传承历史文化，职责是最大限度地做好读者服务工作。城市的中枢可将所有人联系起来，这不是图书馆的职能。美国北得克萨斯州大学的 Z.Tara 等认为智慧图书馆的定义是动态发展的，随着技术的变化而变化，它跨越了时空障碍，由有形的纸质图书服务向无形的信息服务转变。这种转变是不可逆的，但并不意味着传统的有形的纸质图书服务不重要，只不过是提供了更为高级的服务而已。俄罗斯西伯利亚联邦大学的 Baryshev 等认为智慧图书馆的主要功能是服务，而不是片面强调设备、人员与资源等要素，这也是智慧图书馆建设的出发点。马库斯·艾托拉对智慧图书馆的理解相对简单，认为智慧图书馆能够实现不受时空限制的图书资源分享机制即可，主要通过移动互联网技术来完成。同时，他还指出智慧图书馆是一种基于移动互联网技术实现的图书资源分享机制，其中隐含了智慧图书馆不受空间、时间约束的必要条件。马克·米勒认为智慧图书馆是现代软件质量工程、计算机科学、互联网技术等在传统图书馆中的创新应用，其价值在于减少图书馆管理人员的错误，以便更好地满足读者需求，提高图书馆服务的效率和质量。G.Cao 等指出，智慧图书馆以一种全面的方法来提供量身定制的、多方面的图书馆服务，以满足不断变化的读者需求，将智能技术（尤其是感官技术）与馆员的持续教育和读者的培养相结合，从而使自身具有自适应能力。

（二）智慧图书馆的信息技术应用研究

随着信息技术的高速发展，物联网、大数据、云计算、人工智能等新兴技术与图书馆的融合推动了智慧场所、智慧馆藏和智慧服务的发展。在图书馆中首次使用 RFID 技术的是新加坡国家图书馆。之后，许多国家的图书馆开始使用 RFID 技术。这些国家大多经济相对发达、RFID 技术相对成熟，如荷兰、美国和德国等。由于 RFID 技术消耗的经费较多，并且需要一定的技术支持，所以只有经济实力和技术水平雄厚的国家的图书馆，才能较早地使用 RFID 技术，如美国的杰弗逊图书馆、圣安东尼奥图书馆等。

定位系统是智慧图书馆的重要组成部分。意大利米兰理工大学与西班牙海梅一世大学分别研发了基于小组讨论的定位系统与地理信息系统，以帮助学生更好地发布定位与寻找藏书。地理信息系统已经在智慧图书馆中广泛使用，主要起到帮助读者根据自己的定位查询所需图书位置的作用，以可视化的方式指引读者找到图书，从而大大降低了读者找书的难度，节省了读者的时间。

智能代理技术在智慧图书馆的建设中也经常使用。B.Detlor 等认为智能代理技术能自动收集信息并提供服务，从而根据收集到的检索信息智慧化地向读者推荐相关的主题，为读者提供个性化服务。

大数据分析也被应用到智慧图书馆的服务中。C.C.Chang 等认为可对海量的读者信息通过大数据分析、数据仓库等技术与方法，了解读者画像，对读者的网络个人行为，如借阅信息等进行分析，从而为读者提供智慧化的信息服务。

在上述研究中，学者主要探讨了 RFID 技术、定位系统、地理信息系统、智能代理技术和大数据分析等技术在智慧图书馆中的应用。这些是智慧图书馆建设中所用到的具体技术，实际上，智慧图书馆建设所涉及的技术远不止这些。随着技术的发展，更先进的技术也将被应用于图书馆中。因此，图书馆技术应用研究是一个永不停止、持续更新的研究主题，值得科研人员持续关注。可以说，先进的技术推动了智慧图书馆的发展，也为智慧化服务提供了保障。

（三）智慧图书馆的智慧服务研究

智慧服务是智慧图书馆建设的核心，即智慧图书馆建设的目的是为读者提供智慧化服务。随着信息技术的介入，L.Salem 指出，传统的馆员与读者之间的关系发生了变化，馆员应更为主动地为读者提供服务。Kaklauskas A 认为个性化服务等让图书馆服务变得更为智能。A.Simovic 提出利用智慧图书馆平台对多源数据进行异构处理，这些数据包括图书馆自身拥有的读者大数据，以及教育机构信息系统的数据，通过对这些数据的分析处理，为读者提供精确的个性化服务。C.S.Tsai 和印度的研究学者 P.Iyappan 分别基于自适应共振理论和动态借阅策略，提出了类似的理论。为此，美国的乔治·华盛顿大学将智慧图书馆服务嵌入科研和教学中，让其支持学校的教学与科研工作，实现资源共享。

有关智慧化服务的研究，不管是基于什么理论，其最终目的都是为读者提供个性化的推荐服务。笔者认为对智慧图书馆的智慧服务方面的研究，重点主要是如何准确挖掘读者的潜在需求，再如何通过信息技术将解决方案推送给读者。因此，相关的研究有很多：一是如何准确挖掘与预判读者的信息需求；二是如何让这些需求精确地与理想的服务相匹配；三是如何将这些服务以合适的方式呈现给读者，以便让读者更好地接收信息。只有真正做好以上这几点，才能真正体现智慧图书馆的意义和价值。

二、国内智慧图书馆的研究概况

（一）数据来源和研究方法

以"智慧图书馆"为主题词在"中国知网"中进行检索，检索时间为2021年7月20日，共得到文献2000余篇，但一些文献与智慧图书馆并不相干，故予以数据清洗。数据清洗之后，相关的文献有1500多篇，其中发表在南大核心期刊和北大核心期刊上的文章达391篇。可见，智慧图书馆已经成为我国图书馆学术界的热门主题之一。本次研究主要使用了文献信息调查法和统计分析法，借助EXCEL软件对这1500多篇文献分别从发文量走势、核心作者、主题分布、研究机构分布和高被引文献等角度进行研究。

（二）智慧图书馆研究文献统计分析

1.年度发文量分析

文献年度发文量分布的走势，可以在一定程度上反映出该主题受关注的情况，也在一定程度上反映出该主题的研究进展，从而帮助我们掌握整个问题研究的总体发文量走势。我国智慧图书馆研究的年度发文量走势如图1-1所示。由图可知，我国智慧图书馆研究可明显分为三个阶段：第一阶段（2010年至2012年）、第二阶段（2013年至2016年）、第三阶段（2017年至今）。

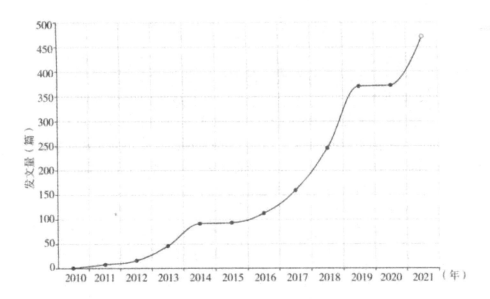

图 1-1 我国智慧图书馆研究年度发文量走势图

（1）第一阶段，又称为萌芽阶段（2010 年至 2012 年）。我国智慧图书馆研究始于 2010 年。第一阶段发文量很少，第一年仅笔者一篇，三年也仅有 27 篇，多数研究集中在一般概念、常识、国外研究经验方面，以及物联网技术如何应用到图书馆等方面。

（2）第二阶段，又称为发展阶段（2013 年至 2016 年）。第二阶段发文量持续增加，呈现出跨越式增加的趋势，研究内容不再局限于对单一的概念、内涵的探讨，逐渐转向技术实践、服务、管理、资源建设等细分领域。同时，对智慧图书馆的研究也从理论设想阶段转向实践探索阶段，结合大数据、物联网等，实现了将现代化信息技术应用于图书馆的重要目标，这是伴随着智慧城市、智慧校园等发展的重要标志。

（3）第三阶段，又称为持续发展阶段（2017 年至今）。伴随人工智能引起的第三轮技术革命浪潮，大数据、人工智能等技术的发展将推动国内智慧图书馆的研究快速发展。这一阶段有关智慧图书馆研究的发文量很多，特别是近两年，年均超过 370 篇。其研究主要集中在以下四个方面：一是空间建设更加注重空间再造和智慧空间的建设；二是图书馆所应用的新智能技术不断更新进步，如引入 5G、区块链、人工智能、读者画像；三是智慧化服务研究从单一的服务向系统化、体系化的服务转变；四是智慧图书馆的研究重视"人"这个要素，如发挥馆员的主观能动性为读者提供以人为本的个性化服务，注重读者在智慧场景中的感知。

2.高被引文献分析

文献的引用次数通常被一些学者所诟病，认为文献引用次数的多少不能与该文献的价值直接挂钩，也就是说一篇文献的引用次数高，并不代表该文献有很大的社会价值。文献的引用次数只是一个直观的数字，不能直接体现出文献的水平。但文献的引用次数却能在一定程度上反映出该文献对学术界的贡献，所以对高被引文献进行分析具有一定的意义。将本次研究选取的 1500 多篇文献按照其被引数的大小进行降序排列，再以数值高于 100 的为选取标准，最终有 13 篇文献被选中。其中笔者于 2010 年发表的关于智慧图书馆的文献获得了最高的被引数。从这 13 篇文献的分析情况来看，它们的发布时间相对较早，集中在我国智慧图书馆研究的萌芽阶段（2010 年至 2012 年），这 13 篇文献的被引情况如表 1-1 所示。这几年的有关智慧图书馆的理论成果，成为后续研究的理论基石，所以其被引数多是可以理解的，并且文献发表得越早越具有被引用的天然优势。在这些文献中，仅有初景利等于 2018 年发布的《智慧图书馆与智慧服务》一文是近几年的学术成果。这篇文献之所以会被高引用，主要是因为初景利教授是我国知名的图书馆学专家，其对智慧图书馆的认知与看法在国内学术界具有重要影响。同时，学术界也需要有关智慧图书馆的能代表时代发展潮流的新见解。

被引数最多的论文的作者是王世伟，其阐明了智慧图书馆的概念、内涵、特点等，不仅从信息技术支撑下的智能化建设、智能化管理、智能化服务等智技层面对智慧图书馆进行全面的理论构建，而且从绿色发展与数字惠民等文化层面对智慧图书馆发展理念进行诠释，完善了智慧图书馆的基本理论建构，开拓性地提出了科技与文化的融合是智慧图书馆发展的一体两面，这标志着学术界对智慧图书馆的研究已从重智轻慧转向技术与人文并重的阶段。

表 1-1 我国智慧图书馆研究文献被引数 TOP13 情况

文献量（篇）	总被引数（次）	总下载数（次）	篇均被引数（次）	篇均下载数（次）	下载被引比
13	2719	72478	209	5575	26.66

13 篇高被引文献覆盖了理论研究、技术研究及图书馆转型服务研究。这些文献具有较高的引用率和利用率，总被引数为 2719 次，篇均被引数为 209 次，下载被引比为 26.66。值得注意的是，13 篇文献中有 6 篇文献的作者来自上海，分别是上海社会科学院、上海图书馆和上海交通大学图书馆，说明上海对智慧图书馆的建设与重视情况处于领先地位。

3. 发文作者分析

对智慧图书馆研究中发文量较多的作者进行分析，可找出智慧图书馆研究的核心作者。目前文献的核心作者一般以普赖斯定律计算得出的最低发文数为候选人的入选标准。笔者通过以下方法确定核心作者的范围。

首先，依据文献计量学中著名学者普赖斯提出的计算公式。

$$m = 0.749\sqrt{n\,\text{max}}$$

发文量在 m 篇以上的作者为该领域的最大贡献专家，即核心作者。其中 $n\,\text{max}$ 为发文量最多的作者的发文量。2010～2020 年，我国有关智慧图书馆研究的专家学者中，发文量最多的是南京大学信息管理学院的教授邵波，共 16 篇，故 nmax=16，代入公式可得，

$$m = 0.749\sqrt{16} = 2.996$$

取整后即智慧图书馆研究领域核心作者的发文量，为 3 篇。

由"中国知网"（CNKI）提供的统计数据可以看出，发文量在 3 篇以上的作者超过

40人，部分发文量较多的作者如表1-2所示。综合考虑发文量和被引数指标，可以看出王世伟、邵波和曾子明是我国智慧图书馆研究领域发文量最多的三位核心作者。王世伟是原上海社会科学院信息研究所所长，是我国最早一批研究智慧图书馆的专家学者，他敏锐地抓住了研究智慧图书馆的机会，结合其工作环境，分别对智慧图书馆的特征、智慧图书馆建设中应处理好的五大关系进行了深入探讨。邵波是我国南京大学信息管理学院的教授，也是对我国智慧图书馆研究贡献文献数量最多的专家学者，其研究大多集中于技术在智慧图书馆中的应用，主要探讨物联网技术和人工智能技术在智慧图书馆中的应用，属于技术型研究人才。南京大学图书馆也是我国最早使用机器人的图书馆之一。曾子明在智慧图书馆研究领域的发文量仅次于邵波，发文量达11篇，主要研究移动视觉搜索技术和个性化推荐等技术在智慧图书馆中的应用。邵波和曾子明发文量多的一个很重要的因素是他们都是南京大学的教授，在智慧图书馆研究中合作次数较多。

另外，该领域还形成了几个强大的高水平的研究团队，如南京大学的邵波、单轸、陈力军、沈奎林，南京晓庄学院图书馆的陆康、刘慧，中国科学院文献情报中心的初景利、段美珍，上海交通大学图书馆的陈进、施晓华等团队。

表1-2 我国智慧图书馆研究核心作者

序号	作者	发文量（篇）	序号	作者	发文量（篇）
1	邵波	16	9	孙守强	6
2	曾子明	11	10	刘春丽	5
3	王世伟	10	11	李大莉	5
4	陆康	10	12	芦晓红	5
5	刘慧	10	13	杨文健	5
6	周玲元	8	14	刘炜	5
7	杨新涯	6	15	沈奎林	4
8	黄辉	6	16	初景利	4

4. 发文研究机构分析

在我国智慧图书馆研究学者所在的机构中，发文量在6篇以上的有30个，且基本为高校的图书馆和高校的信息管理学院，武汉大学和南京大学分列该研究领域论文产出机构的前两位，如表1-3所示。智慧图书馆研究领域的机构合作主要有以下三种模式：一是同机构合作模式，指发文作者属于一个机构，如南京晓庄学院图书馆、中国科学院文献情报中心和上海交通大学图书馆；二是校内合作模式，指发文作者属于同一个高校的不同机构，如信息管理学院、计算机学院、校图书馆的合作模式（南京大学）和信息管理学院与信息资源研究中心的合作模式（武汉大学）；三是跨校或跨机构合作模式，指发文作者不属于一个上级或机构，如广东农工商职业技术学院黄辉与曲阜师范大学的马秀峰等，这种交流与合作虽然较少见，但有利于促进研究的良好发展。

表1-3 我国智慧图书馆研究机构分析

序	机构名称	发文量（篇）	序	机构名称	发文量（篇）

号					
1	武汉大学	31	9	辽宁大学	9
2	南京大学	23	10	安徽师范大学	9
3	南京晓庄学院	15	11	南昌航空大学	9
4	华中师范大学	13	12	四川外国语大学	8
5	安徽大学	11	13	南京师范大学泰州学院	8
6	上海社会科学院信息研究所	10	14	曲阜师范大学	8
7	重庆大学	10	15	山东大学	8
8	上海大学	10	16	吉林大学	7

5.高频关键词分析

高频关键词分析在一定程度上反映了某个领域的研究状况，再结合时间分析，可以帮助研究人员寻找最新的研究热点。CNKI 也列出了某个研究主题下各关键词出现的次数。若再加上各关键词共同出现的情况和时间分布，则更有助于研究人员了解研究方向的变化。在本次研究中，出现次数超过 100 的关键词有智慧图书馆、智慧服务、物联网、高校图书馆、大数据和智慧化，其余出现次数高于 50 的关键词如表 1-4 所示。由于本次检索的关键词是智慧图书馆，故其出现次数最多，但该关键词对智慧图书馆下的关键词分析没有意义，所以在研究中可以省去。按照词频排名，前 20 的关键词已经涉及技术、服务、模式等多个维度。根据我国智慧图书馆下各关键词出现频次的分布，可将我国的相关研究分成以下几个方面：第一，关于智慧图书馆的概念、背景、内涵、特征等理论探索，这些理论探索在研究初期最为常见；第二，关于智慧图书馆若干技术问题的应用探讨，如云计算、物联网、大数据、人工智能等，在该探讨过程中得出"智慧图书馆"这一概念，关联性最大的是新技术的运用与研究；第三，关于智慧图书馆服务的研究，由于智慧服务是智慧图书馆建设的关键所在，也是智慧图书馆建设取得成功的重要标志，所以该主题的研究成果较多，主要围绕智慧化服务含义、智慧化服务模式与发展建议、智慧化服务评价分析和个性化推荐等研究，只有提供高质量的智慧服务，才能满足读者多元化的信息需求，这恰好是智慧图书馆建设的核心要义；第四，关于智慧图书馆技术平台建设、管理模式等实践架构、构建过程中的问题及案例分析等；第五，关于智慧馆员的研究，包括智慧馆员的定义及其角色定位、对智慧馆员的能力要求与培养、人才队伍建设等；第六，关于智慧图书馆未来的发展方向，即未来智慧图书馆的发展、遇到的难题、需要处理的关系等，这也是我国智慧图书馆研究的切入点之一。

表 1-4 我国智慧图书馆研究高频关键词表

序号	关键词	词频	序号	关键词	词频
1	智慧图书馆	1378	11	云计算	69
2	智慧服务	317	12	图书馆服务	69

3	物联网	229	13	物联网技术	61
4	高校图书馆	178	14	服务模式	58
5	大数据	110	15	图书馆服务模式	47
6	智慧化	109	16	公共图书馆	36
7	图书馆	97	17	智慧城市	36
8	数字图书馆	91	18	大数据时代	36
9	智慧馆员	91	19	智能图书馆	36
10	人工智能	76	20	智能技术	33

（三）国内智慧图书馆研究小结

笔者通过分析 2010～2020 年发表的关于"智慧图书馆"的文献，得出以下结论。

我国智慧图书馆的理论研究兴起于 2010 年，虽起步较晚，但此后每年的发文量都在持续增加，特别是 2019 年和 2020 年处于一个高速发展时期。因此，笔者认为智慧图书馆仍是一个值得持续关注的研究主题。我国智慧图书馆的实践要远远早于理论探讨。随着移动通信技术的快速发展，上海图书馆于 2005 年就开始实行手机移动图书馆服务，台湾地区的台北图书馆也通过 RFID 技术构建了无人图书馆。这些都是我国早期在智慧图书馆方面的尝试，体现了一定的智慧性。

智慧图书馆研究主要集中在上海和南京，已形成多个作者合作群，并且得到基金的支持，但规模不大，缺少跨机构之间的合作。

不同时期主题研究的侧重点略有不同，由早期的基础理论研究到建设过程中的实践研究，由智慧服务研究到与智慧服务紧密相关的智慧馆员和智慧信息技术研究。总体来说，主题研究是一个由浅入深、由理论到实践、由服务研究到技术研究的过程，体现了与时俱进、紧跟时代发展潮流的研究趋势。

目前虽然智慧图书馆研究取得了一定成就，但仍呈现出技术研究比重大、服务研究比重偏小、被边缘化的趋势。从表面上看，这是由服务理论方面的研究相对较少所致，亟待加强；从根本上看，则是由学术界对智慧图书馆的研究，尤其是对技术方面的研究偏重所致。

当前我国智慧图书馆领域的研究热点主要集中于五个方面：一是智慧图书馆概念的内涵与外延、特征等；二是智慧化服务；三是馆员如何在智慧图书馆中发挥作用；四是智慧图书馆的技术，探讨如何让图书馆更智慧；五是未来智慧图书馆的发展，思考未来发展方向和可能存在的问题等。

三、基于国内外智慧图书馆理论与实践的思考与启示

国外有关智慧图书馆研究的发文量虽然低于国内，且发文较为分散，但其注重理论与实践的结合，将智慧图书馆的服务体系融入整个教育环境，以期为读者提供经过过滤的、便捷的、高效的，能充分体现读者个性特征与需求的知识服务。这种新模式将提高广大读者和馆员学习、工作的自由度，提高时间和资源的利用效率。在研究图书馆技术

方案的过程中，国外智慧图书馆更注重读者的体验感，服务更加细致化与人性化，建设规划与实际相结合，注重发展自身特色。

我国智慧图书馆研究虽然数量多，达1500多篇，且经历了萌芽阶段、发展阶段和持续发展阶段，但这并不代表我国智慧图书馆的研究取得了很好的成果。实际上，与国外研究相比，国内研究仍处于概念研究或者探索阶段，许多研究成果还不成熟，仍需进行一定的深化和完善。出现这种局面的原因，可能是我国的经济和技术相比发达国家尚不成熟，且略显滞后。虽然随着我国各种信息技术的快速发展，我国的微信支付、移动支付等非常方便，以微博、抖音等为代表的新媒体得到快速发展，但我国真正能进行智慧图书馆建设的图书馆还非常少。因为智慧图书馆建设需要采购大量的先进设备，耗资巨大，使用和维护也需要一定的技术基础，并且技术更新换代快，所以很少图书馆有财力、物力去进行智慧图书馆的建设。另外，智慧图书馆的实践难以普及和相对滞后，在一定程度上又制约了国内智慧图书馆理论研究的发展。

正因为智慧图书馆实践较少，我国智慧图书馆的理论研究更多地只是停留在较浅的层次上，如智慧技术在图书馆中的应用介绍，而理论与实践之间的割裂，使国内关于智慧图书馆在建设过程中遇到的难题、最佳实践等与业务紧密结合的文献较少。因此，我国智慧图书馆研究应紧盯国外智慧图书馆的最佳实践、最新智能技术的发展以及在智慧图书馆建设中实实在在面临的问题和解决方案等，将理论与实践相结合，推动我国智慧图书馆向前发展。随着我国经济的发展、技术的成熟，笔者相信会有越来越多的图书馆走向智慧图书馆的建设。

第三节　智慧图书馆的基本特征

一、智慧图书馆与数字图书馆、复合图书馆、智能图书馆、融合图书馆的比较研究

（一）智慧图书馆与数字图书馆之比较

研究数字图书馆的文献最早出现在1992年，而早在20世纪中期，数字图书馆的概念便已萌芽。数字图书馆是随着计算机的出现而开始萌芽的。要想数字化，就必须借助计算机，计算机的出现使数字图书馆的出现成为可能。对数字图书馆有许多不同的称呼，如网上图书馆或者虚拟图书馆等，这是与传统图书馆相对应的称呼。数字图书馆与传统图书馆相比具有以下特征：一是必须依赖于互联网而产生；二是能对传统图书馆的各种信息资源进行数字化编码，再加以存储，从而比传统图书馆更容易检索和利用；三是能提供参考咨询和信息资源服务等相对基础的服务。

与传统图书馆相比，数字图书馆具有优越性，如能对各种馆藏资源进行数字化处理，能实现信息传递的网络化，因信息可同时重复使用而具备信息共享特性，能对信息实体进行复合处理等。但数字图书馆由于技术的先天性缺陷，与智慧图书馆相比，还有许多不足，可以从以下几点进行对比分析。

1. 数据采集方式

智慧图书馆基于互联网编码感知，向感知对象提供知识描述，而数字图书馆则直接使用数字编码技术开展资源的电子化、数字化。智慧图书馆能够通过对碎片信息的重新组合、联系，将相互独立的各个领域的文献与读者或馆员的信息形成关联，实现前台读者与后台馆员的智慧关联，从而对读者群体的感知更为智慧、更为宽广。而数字图书馆的对象则具有孤岛效应，与外部领域并不相连。因此，数字图书馆是一种孤岛状态，而智慧图书馆则是全域覆盖。这两种数据采集方式的差异还是比较明显的。

2. 关联性

关联性的特点也是数据采集方式的延伸。由于数据采集方式的不同，两者的关联性区别很大。数字图书馆的数据采集是固定的某个领域，像孤岛般存在，与外部并不相连，只能在特定领域使用，如专业网或政府网。数字图书馆的孤立性使它与外部失去联系，但也在一定程度上减少了对网络的依赖和网络安全受到威胁的可能。智慧图书馆与数字图书馆的数据采集方式完全相反，它具有互联互通的特点，强调共享、共建，提供不限时空的联系与服务，注重不同角色的人在系统中的互动与人机互联等。因此，智慧图书馆容易受到网络的限制，必须依赖稳定、安全、高速的网络才能发挥价值，这也为智慧图书馆的网络安全带来了潜在的风险。

3. 系统分层架构

数字图书馆采取系统分层架构，包括物理层、网络层、数据层和应用层；智慧图书馆同样采取系统分层架构。在系统分层架构上，智慧图书馆与数字图书馆不同的是增加了一个终端层。智慧图书馆通过各种智能设备的终端层对图书馆的各种信息进行感知、收集、分析，并反馈到应用层。终端层类似于人体的五官，能够感知外面的世界，然后进行分析，最后指导人做出相应的行为。

4. 使用方式

数字图书馆是物理图书馆的再现，主要以通过电脑桌面终端进行检索和查询的使用方式为主，而智慧图书馆则完全改变了这种使用方式。智慧图书馆与数字图书馆相比在使用方式上有以下不同：一是可使用的设备多，不仅限于计算机，还包括移动智能手机、平板电脑等智能终端，给读者带来了方便；二是由于设备的限制，数字图书馆使用的场景相对固定，而智慧图书馆可供任何年龄段的读者在任何时间、任何地点使用，提高了读者使用资源的效率。

（二）智慧图书馆与复合图书馆之比较

复合图书馆，又叫混合图书馆，是传统图书馆向数字图书馆发展的一个过渡阶段。复合图书馆是传统图书馆和数字图书馆的一种并存形式。英国苏顿（S. Stton）于1996年提出了"复合图书馆"的概念。根据复合图书馆的概念可知，复合图书馆具有传统图书馆与数字图书馆并存的特征，所以其印刷型资源与数字化资源并存，同时图书馆涉及的信息资源、信息服务、服务设施、技术方法等都是复合的。在复合图书馆的发展中，大家越来越重视数字化发展，从而促进了复合图书馆向数字图书馆的转变。

可见复合图书馆是传统图书馆数字化服务转型的一种尝试、一种过渡。复合图书馆与智慧图书馆相比有以下不同：一是核心不同，复合图书馆侧重于传统图书馆资源的数字化与集成化，而智慧图书馆则借助最新的技术将整个图书馆的各要素进行智慧化、系统化管理；二是从发展形态上看，复合图书馆是两种图书馆的并存形式，存在信息沟通不畅、信息孤岛、使用不方便等问题，而智慧图书馆则强调资源、馆员、技术、设备等多种要素的互联互通，注重以人为本的读者服务导向，重视馆员与读者的互通有无，杜绝各种信息沟通不畅的情况发生。总之，智慧图书馆解决了复合图书馆遇到的各种短板问题，实现了图书馆管理的智慧化和服务的人性化。

（三）智慧图书馆与智能图书馆之比较

智能图书馆也是随着技术的发展而产生的，与智慧图书馆最相近。智能图书馆的英文为 Intelligent Library，而智慧图书馆的英文为 Smart Library。从英文单词来看，两者均有智能的意思，但 intelligent 更强调能力，而 smart 的含义则更为全面。我国对智能图书馆的研究要远远早于智慧图书馆。智能图书馆强调的是技术层面，即通过技术来改变图书馆，与数字图书馆相类似。但智慧图书馆不仅是技术的革新，更是在技术革新的基础上实现对建筑的物理空间、服务网络、协同创造等全方位的提升，从而达到读者环境友好、管理更智能便捷的效果。

1.智能图书馆与智慧图书馆的区别

智能图书馆强调"智能"，而智慧图书馆则突出"智慧"，二者所处的高度不同。关于两者的主要区别，初景利教授做过详细的阐述，认为"智慧"是宏观战略层面的，"智能"是微观战术层面的，它们在核心驱动力、功能属性、目的效果方面存在一定的差异。

首先，核心驱动力不同。智能图书馆重点关注的是物的智能化和自动化，强调将智能技术应用于图书馆，以技术为主导因素；而智慧图书馆则是在物的智能化的基础上，更加注重人与物之间的相互融合和协作，强调人的智慧以及开展的智慧服务，以智慧服务（馆员智慧+读者智慧）为主导因素。

其次，功能属性不同。核心驱动力的不同决定了属性的差异，智能图书馆的发展是由外部技术的发展驱动的，所以智能技术的应用对图书馆开展的服务及服务质量具有决定性作用。换句话说，智能技术的应用水平在一定程度上代表了图书馆的服务水平和管理水平。而智慧图书馆的发展则是内在驱动的，智能技术仅仅是服务的途径和手段，馆员智慧及其能力建设才是推动图书馆发展的关键所在。智慧图书馆并不是使用一系列最先进的技术即可，还需要充分发挥馆员在智慧图书馆建设中的主观能动性。因此，智慧图书馆建设不应仅仅投入大量的经费购买各种设备，还要提升馆员的服务水平，同时对馆员进行专业知识培训，包括如何使用智能设备和如何利用这些设备提供更专业的服务等方面的培训。没有提升馆员水平的智慧图书馆建设，或许只是花钱买了一堆高科技产品而已，并没有从本质上提升图书馆的服务水平。

最后，目的效果不同。虽然图书馆存在的本质是为读者提供优质的服务，但在具体的发展过程中，不同的举措和策略所达到的目的与效果各有不同。智能图书馆将智能技术应用于图书馆中，最终目标是实现图书馆人力资源的充分解放和高效率运转，如通过智能技术实现无人值守。智慧图书馆建设虽然在一定程度上也解放了人力资源，但仅是将馆员的精力从低端重复性劳动中解放出来，转移到挖掘读者的需求上，并通过资源调配、个性化服务等方式来满足读者更高的需求，从而提升图书馆服务质量。

2.智能图书馆与智慧图书馆的联系

虽然智能图书馆与智慧图书馆存在许多不同之处，但二者之间却也存在着内在联系。智慧图书馆建设必须依赖智能图书馆的各种新技术，技术是智慧图书馆的基础和途径。智慧图书馆是智能图书馆努力发展的目标。智慧图书馆需要智能系统（技术）的辅助和支撑，智能系统（技术）可以优化图书馆的业务和管理工作，并且在与"人"交互的过程中，进一步激发主体潜能，从而创造出高质量深层次的服务。

（四）智慧图书馆与融合图书馆之比较

伴随着新一代信息技术的发展，图书馆空间、服务和人员的重塑促进了融合图书馆研究的发展。2004～2014年，一些欧美高校图书馆开始对融合图书馆展开研究与探索，认为未来图书馆应是高度智能化的新形态，是一种万物互联的新模式。融合图书馆的灵魂具有融合互动化，王世伟对融合图书馆的特征进行了归纳和总结，认为其具有融合化、互动化、智能化、可视化和泛在化五大特点。龙朝阳将融合图书馆的特点概括为融合交互、泛在互联、高度智能和用户感知。由此可见，融合、交互、泛在、智能和感知是融合图书馆的最主要特征。智慧图书馆与融合图书馆有诸多相通相合之处，如融合共享、全面感知、立体互联和个性互动等。然而，二者也存在一定的差异，融合图书馆可以说是智慧图书馆的一种崭新发展形势，更注重高层次的人机交互和团队协作能力，能有机统一和运用各类高新技术与设备，真正地将人、资源与空间融合在一起，使实体空间和虚拟空间无缝对接，满足了个人与团体的学习、工作和设计等复杂的任务需求。因此，融合图书馆既实现了资源、通道、平台等的显性融合，也实现了创新、协调、绿色、开放、共享新发展理念在业界内外形成共识的隐性融合，是智慧图书馆建设的更高级阶段和更深层次的创新发展。

（五）小结

智慧图书馆与传统图书馆、数字图书馆不能割裂，但智慧图书馆无论在办馆理念、组织机构方面，还是在资源建设、技术服务、读者服务等方面都会在原有图书馆的基础上有很大提升，甚至飞跃。正如初景利教授所言，智慧图书馆是物理空间、数字空间和人类社会三维空间的立体结合，虚拟技术、智能技术等核心技术是其产生和发展的基础。因此，数字图书馆、智能图书馆、融合图书馆和智慧图书馆之间既有区别又有联系。智能图书馆既是数字图书馆的建设目标，又是智慧图书馆的建设基础，智慧图书馆是前两者发展的最终目标，融合图书馆又是智慧图书馆的高级阶段。它们之间不是简单的谁替代谁的关系，在现阶段或未来它们将长期并存，共同发展。智慧图书馆是一种综合性的生态系统，人的智慧和物的智能是智慧图书馆最基本、最核心的构成要素；数字图书馆和智能图书馆是智慧图书馆的基础，智慧图书馆是图书馆发展的顶级形态，融合图书馆是智慧图书馆的升华阶段。

二、智慧图书馆的基本特征

（一）主要研究概述

笔者在《基于物联网的智慧图书馆》中提到，智慧图书馆是全方位开放式的图书馆、综合性的学术资源信息服务中心、配套齐全的活动中心、高效便捷节能的智慧中心。它具备三个主要特征：其一是沟通智慧化，智慧图书馆不仅可以利用现有的互联网开展文献信息服务，还可以利用物联网技术实现更大范围的信息资源共享。其二是建筑智慧化，指对图书馆内的各种机器、设备进行智慧化程序控制与综合管理，进而形成一个智慧化建筑物系统，比如智慧系统能根据监测出的空气中有害污染物的含量，自动通风和消毒，确保馆内人员的安全和健康，还能对温度、湿度、照明度加以智慧调节，控制背景噪音等，从而为读者提供一个舒适的环境；同时，智慧系统使图书馆内各种机器、设备的运行、保养、维护更加智慧化，优化了人力和物质资源的配置，达到了降低成本、节能减排的目的。其三是服务智慧化，在智慧图书馆中，物联网把各项独立的待处理事务通过信息交换和资源共享联系起来，构建了一个具有处理、管理和决策机能的服务智慧系统。馆员利用它，以科学、全新、高速的方式学习和接受各种知识技能，提高了对各种信息的分析、比较、提炼的能力，从而实现了服务智慧化。

曾任上海社会科学院信息研究所所长的王世伟对智慧图书馆的特征分别从内外两方面进行了表述，认为智慧图书馆的内在特征包括互联、高效和便利，外在特征包括数字化、网络化和集群化。其中互联强调智慧图书馆能够实现人与人、人与物之间的感知、联系和协同；高效是指智慧图书馆能够提升管理效率、服务效率等；便利是指智慧图书馆能使信息触手可及、服务个性化等；数字化是智慧图书馆建设的技术保障、技术前提；网络化是指智慧图书馆必须依赖互联网才能做到信息互通，是信息互通的基础；集群化是指对图书馆相关的建筑、人、服务等全部要素进行集成化、系统化管理。这些内在与外在的特征，互相联系、不可分割。

关于智慧图书馆的特征，我国也有不少其他学者的论述。如吴杨认为智慧图书馆能够实现智慧化沟通，拓宽资源管理，节省运营成本等；韩丽认为智慧图书馆能够实现无处不在的互联互通、深层次的感知、个性化与人性化的服务等；马然分别从建筑、资源、交流、管理和服务等方面论述，体现出智慧图书馆的智慧化；李丽宾也提出了相似的看法，分别从建筑、沟通、资源、储存和服务的智慧化方面对智慧图书馆的特征进行了论述；谢芳认为智慧图书馆具有先进、开放、系统和智能等方面的特征；胡海燕认为智慧图书馆不但具有感知全面性和深度性的特征，还具有服务创新性的特征；李小涛认为智慧图书馆具有服务智慧化、个性化和智能化的特征；李后卿认为智慧图书馆具有绿色低碳、深度感知、立体化联系等特征；储节旺也有类似的论述，认为智慧图书馆具有四大特征——感知全面性、互联互通性、感知深度化、服务主动化；尹克勤认为智慧图书馆具有互联性、高效性、泛在性和个性化等特征。

从以上我国各学者对智慧图书馆的特征的论述可知，目前国内学术界对智慧图书馆的研究还尚浅，主要是从定义中理解智慧图书馆的特征，这些特征仅仅是围绕图书馆的功能总结的。虽然国内不少学者对智慧图书馆的特征进行过论述，但大同小异，很少有比较独特的视角，基本上都是从服务、管理、环境和沟通的智慧化等方面进行论述的。

（二）智慧图书馆的具体特征

笔者认为智慧图书馆的特征可分别从服务、管理、感知与沟通的智慧化等方面进行论述。

1. 服务智慧化

笔者认为，服务智慧化是智慧图书馆最重要的特征，因为服务智慧化是智慧图书馆建设的出发点与落脚点。如果不能实现服务智慧化，智慧图书馆建设将没有任何意义。图书馆的一切建设均应体现"以人为本，读者利益至上"这一图书馆安身立命的原则。这是图书馆的服务导向所决定的，也是图书馆的使命与职责所决定的。因此，服务智慧化是智慧图书馆必须具备的特征。图书馆服务智慧化的程度是智慧图书馆建设成效最主要的考核指标，不能体现出服务智慧化的智慧图书馆建设肯定是失败的。

图书馆的服务智慧化，又可以通过一些具体特征来表现，如高效、便捷、协同创新等。高效是指图书馆通过新技术能更快地响应读者的需求，进而减少读者从发出需求到收到图书馆准确回应的时间差。这里的服务高效化不仅指读者获取信息与服务的速度得到大幅度提升，还指读者需求得到正确回应的概率有所提高。由于技术的限制，在传统的图书馆服务中，馆员与机器或多或少会对读者的信息理解不到位，造成提供给读者的结果并不是读者想要的。但在智慧图书馆建设中，通过大数据分析、读者用户画像分析等，结合读者的搜索习惯、阅读习惯，馆员与机器能为读者提供匹配度更高的结果。

便捷包含两层含义：一是指读者能通过智能设备、互联网等技术便捷地获取信息以及体验图书借阅等服务；二是指馆员能便捷地与读者进行沟通，了解馆内设备的运营情况和藏书分布情况等，从而远程管控图书馆的各项设备与服务。

协同创新是指智慧图书馆能够提供传统图书馆所不能提供的服务，进而提升整个图书馆的服务水平，实现服务创新。这种协同创新主要体现在以下几方面：一是单纯依靠技术提供以往不能提供的服务，实现技术上的创新；二是馆员依靠新技术提升个人信息素养、专业素养，从而为读者提供创新性服务，实现服务上的创新；三是通过智慧图书馆平台，馆员与读者协同合作，实现管理、科研与教学等方面的创新。

2. 管理智慧化

智慧图书馆建设在很大程度上将馆员从低技术含量、高重复性的服务中解脱出来，所以有不少人认为随着技术的发展，图书馆没有存在的必要：一是由于互联网的便利性，读者不用去图书馆就可以获取信息；二是由于技术的快速发展，馆员没有必要存在于图书馆中。如国内外出现了许多无人超市，也有不少无人图书馆。实际上，随着技术的发展，智慧图书馆不需要"人"这个要素是一种错误的观点。虽然许多智能设备能替代人的服务，但这些设备不具有智慧性，更不可能离开人而提供创新性服务。因此，随着智慧图书馆的建设，馆员的角色将发生改变，低技术含量、高重复性的服务可交由智能设备来完成。但创新性服务正是馆员最高价值所在。随着技术的发展，馆员也要提升自我修养和专业素养，紧跟时代发展潮流，运用最新技术对读者进行大数据分析，从而为读者提供主动的个性化服务，实现智慧化管理。智慧图书馆的存在在很大程度上促使图书馆的服务水平得以提升，只有将最新技术与高质量管理相结合，才能真正最大化地体现图书馆服务的智慧化特征。

3.感知智慧化

感知智慧化的特征相对比较好理解，主要是对整个环境的感知。由于智慧图书馆比数字图书馆多了一个感知层，所以其能通过各种智能终端抓取信息，从而实现监控与服务的对接。智慧图书馆所体现的环境智慧化主要包括以下几个方面：一是整个图书馆各种设备的智能监控能实时了解其运行状态；二是能为读者提供各种场景的智慧化服务。如门禁的人脸识别系统能够让读者不需刷卡即可进入图书馆借阅图书；依据读者用户画像进行个性化信息推送；依据地理位置系统和物联网系统帮助读者快速地找到图书；通过智能机器人进行业务咨询、位置导引等；通过 3D 打印机等各种智能设备来早受创新空间服务；通过热感应系统进行读者人流引导；根据读者位置为其提供不同的信息指引，以及根据读者人数进行在馆人数统计与控制等。

4.沟通智慧化

一般图书馆与读者进行沟通的方式有 QQ、邮箱、笔记本留言和网络留言本等。除了 QQ 这类即时通信工具外，其他沟通方式的信息反馈相对比较滞后，不能及时解决读者问题。但是 QQ 这类即时通信工具仅能通过文字、图片等方式进行沟通，较难真正解决读者的问题。智慧图书馆建设下的沟通依赖物联网等多种新技术，在与读者沟通时能够快速直接掌握读者的其他信息，如读者所在位置、最近有过的行为，从而以最快速度了解读者的问题，并给予解决。因此，智慧图书馆沟通智慧化体现在以下几个方面：一是沟通更为流畅、直接，可通过多个平台进行；二是能掌握读者的其他信息，从而更全面地了解问题和解决问题；三是能通过系统远程指导读者解决问题。

第四节　智慧图书馆的构成要素

一、构成要素概述

关于智慧图书馆的构成要素，不同学者有不同的论述。初景利认为，智慧图书馆的构成要素为技术、馆员和业务管理系统，这三者融合发展；秦殿启论述的角度较多，从特征、理论与实践、管理体系、概念和哲学等角度对智慧图书馆的构成要素进行了论述；王家玲认为智慧图书馆的构成要素为馆员、管理、服务与管理形态。笔者认为智慧图书馆由资源、技术、服务、馆员与读者五个要素构成，这也是从笔者提出的智慧图书馆的概念中提炼出来的。笔者认为智慧图书馆的五个要素缺一不可，在智慧图书馆中发挥着各自的作用。

资源是图书馆最基础的构成要素。图书馆藏有大量的优秀历史文化资源，发挥着传承人类历史文化的作用。不同形态的图书馆，其资源存在形态表现不一。在智慧图书馆下，传统的纸质资源以数字化的形式呈现，通过云计算、大数据、数字人文、移动通信、互联网等技术的支持对数字资源进行存储及深度加工，并匹配读者需求，从而快速地为读者提供个性化资源。

技术是智慧图书馆建设的前提，也是其必不可少的构成要素。计算机的出现推动了数字图书馆的出现与发展。技术推动着图书馆从传统图书馆向数字、复合、智能、融合图书馆发展，现在处于介于智能图书馆和融合图书馆之间的智慧图书馆阶段。智慧图书馆建设是时代发展的必然结果。科学技术是第一生产力，改变了人类的发展进程，使人类进入了智慧地球、智慧城市的建设阶段。当前使用较多的新进技术有智能感知技术、大数据挖掘技术、云计算和泛在智能技术等。技术部分将作为本章节的重要环节进行论述，技术是传统纸质藏书管理系统中所不具备的因素。由于技术的出现，数字图书馆等各种形态的图书馆才具有了明显的技术特征。

服务是图书馆最基本的构成要素。无论图书馆以什么形态存在，都必须提供服务。我国图书馆学专家柯平认为我国图书馆服务经历了文献服务、信息服务和知识服务的发展阶段，分别依赖文献资源、技术工具和人的智慧进行服务。在传统图书馆中，资源为王，馆藏数量与质量决定了服务水平；在信息服务阶段，图书馆主要依赖各种技术将纸质资源数字化，并提供各种形式的服务；在智慧图书馆建设中，馆员的智慧显得尤为重要，更重视馆员的专业素养和其提供的智慧性的知识服务。智慧图书馆中的知识服务更多的是一种知识增值服务，可将多源数据进行异构处理，再以读者能够理解的形式呈现出来，从而达到快速响应和服务精准、个性化等效果。

馆员是智慧图书馆建设中最核心的构成要素。离开了馆员，技术再先进也无法体现智慧性。在初期的智慧图书馆概念中，馆员的因素未被纳入其中，随着智慧图书馆研究的深入，馆员的因素越来越重要，其不可或缺性日益突显。在许多人的印象中，馆员的工作就是借书、还书、整理图书上架、咨询等基础性业务，许多人甚至认为馆员会被技术所取代。笔者认为以上的这些服务，随着技术的进步，技术能取而代之，甚至比馆员做得更好，但这并不意味着馆员在智慧图书馆中毫无价值，相反，在智慧图书馆建设中更能发挥馆员的价值，使其从低层次服务向高层次服务转变。在智慧图书馆建设中，馆员要掌握最新的技术、最前沿的理论，具有活跃的创新精神，充分发挥沟通协调的作用。随着技术的发展，智慧图书馆对馆员的要求也越来越高。如馆员要更加积极主动地了解读者需求，将服务由被动转向主动；从读者的多元需求出发，通过过硬的技术和专业知识，进行知识挖掘和加工集成，然后以读者期望的形式进行个性化呈现。以往的图书馆通常提供规模化、批量化、标准化的服务，而智慧图书馆将以个性化的服务为主。

读者是智慧图书馆建设的出发点与落脚点，是智慧图书馆不断发展的动力源泉。资源只有得到利用，才能充分发挥其价值，而读者便是资源利用的主体，所以许多图书馆将读者到馆数量、图书借阅数量、活动参与人数、电子资源下载量等作为重要的评估指标。读者是智慧图书馆赖以生存的构成要素，一切有关智慧图书馆的建设都是围绕更好地为读者服务而展开的。在传统图书馆中，阅览图书、借阅图书的用户被称为读者。随着数字图书馆、智慧图书馆的发展，人们对数字资源的需求越来越大，"读者"这一范畴扩大到使用图书馆及其资源的用户，即图书馆的服务对象均可称为读者。读者既是智慧图书馆的服务对象，也是智慧图书馆建设与发展的参与者，与馆员协同互动和发展。

二、技术要素

在智慧图书馆的五个构成要素中，技术的变化最大，也最具时代发展特色。

技术驱动着图书馆向前发展，故在本章节中，笔者重点论述智慧图书馆建设涉及的技术要素。我国非常重视科技的发展，在技术领域虽起步晚但发展速度非常快。在很多领域，我国已经处于世界发展前沿，如移动支付、5G、人工智能、区块链和云计算等，也涌现出一大批对世界影响较大的科技公司，如华为、阿里巴巴和腾讯等。但也存在短板，如芯片生产领域。为了促进科技进一步健康发展，我国在 2020 年提出"新基建"概念，重点发展 5G 网络、数据中心等技术。其中与智慧图书馆相关的技术有人工智能与 RFID 技术、物联网技术、5G、大数据技术、区块链技术等，这些技术也成为国内图书馆技术研究的热点与前沿。

（一）人工智能技术

1.政府持续推出利好政策

人工智能概念最早出现于 1956 年，标志着人工智能学科正式诞生。人工智能其实是计算机科学的一个分支学科，主要研究计算机如何模拟人的思维过程和智能动作，让计算机去做只有人能做的事情。人工智能技术已经成为当前三大尖端技术之一。我国政府也非常重视人工智能技术，于 2019 年将人工智能的相关立法项目纳入立法规划。2020年我国更是密集出台了很多政策，发布了《关于"双一流"建设高校促进学科融合加快人工智能领域研究生培养的若干意见》等 4 个相关文件。国内许多高校纷纷整合资源，组建人工智能院系或研究机构，培养人工智能领域的专业人才。这些政策中有教育部、科技部、工业和信息化部等多方参与，说明我国各部委已认识到人工智能技术的重要性，陆续从各自职能角度推出相应的支持政策，帮助我国人工智能领域在与外国的竞争中实现弯道超车。

2.人工智能技术为图书馆服务带来重大机遇

目前人工智能技术已经在很多领域得到广泛应用，如人脸识别、智能搜索、智能推荐、机器视觉、自动驾驶等。人工智能技术在图书馆服务领域也有很多应用，为图书馆服务带来了发展机遇。智慧城市建设让人们的商务、学习、生活越来越方便，人们也越来越依赖智能化的社会。随着人工智能技术的普及，人们希望这些技术能够在图书馆中得到应用，这也是读者对图书馆的技术期待。图书馆只有跟上技术发展的步伐，才能满足读者随时代发展而不断变化的需求。当人工智能技术在图书馆中的应用早于在社会上的普及时，就能达到技术引领和科普的效果。这不仅能给忠实读者带来惊喜的阅读服务体验，还能吸引到一些科技迷及追求新鲜事物的潜在读者，所以人工智能技术给图书馆带来的不仅是技术流，还是读者流。除此之外，人工智能技术还给图书馆带来许多转变，使文献交流更方便、信息传播更快捷、信息存储量更多等。据统计，随着人工智能技术在全国公共图书馆网站的应用，其访问量在 2019 年已经超过 20 亿次，文化云站点的访问情况和网络直播的访问数量均非常理想。这些改变在人工智能技术出现以前的时代是无法想象的。人工智能技术为图书馆带来了无限可能，激发了图书馆的潜能，也为图书馆发展带来了重大的发展机遇。

3.新冠肺炎疫情下人工智能技术可为读者提供异地阅读服务

人工智能技术在疫情下实现了异地阅读服务。2019 年底，我国突然爆发了新冠肺炎疫情，给人们的生产、生活带来了巨大的挑战。在疫情初期，包括图书馆在内的所有公共文化场所均关闭，人们仅能通过网络来享受相应的数字化服务。湖北是我国新冠肺炎疫情的首发地，也是疫情最严重的地方，全国各地的医务工作者赶赴湖北进行救援。在图书馆界，一些图书馆以自己的专业知识为湖北提供了服务救援。在疫情期间，上海图书馆与湖北省图书馆以智能手机为载体进行了异地协同的数字图书馆服务，构建了"上图方舱数字图书馆"。上海图书馆在其中开设了"浦江伴读"频道，为读者提供了文化界对疫情的寄语、电子图书、听书音频、阅读视频、讲座、期刊文献和图片等资料。湖北省图书馆在其中提供了古诗词、连环画等内容的电子图书，专业课程等以及音视频。实践证明，该数字图书馆在疫情期间受到了高度的关注，证明了不同的图书馆依靠人工智能技术可以很好地实现异地数字资源服务。此外，湖北省图书馆、武汉市图书馆、武汉市各区图书馆、武汉市新华书店等单位还共同建设了 23 座"方舱书屋"，基本覆盖了各方舱医院。

（二）物联网与 RFID 技术

1.物联网技术

（1）物联网的概念。物联网最早的雏形为 1985 年美国可口可乐公司在自动售卖机上所实现的互联网连接设备。同年，彼得·刘易斯（Peter T. Lewis）首次提出"物联网"概念，认为物联网将人、流程、技术及可连接设备集成化，从而实现了对设备的远程监控、操纵和趋势评估等。1999 年，宝洁公司凯文·阿什顿认为物联网必须使用 RFID 技术，将短距离收发器嵌入生活用品，才能实现人与物、物与物的直接通信。经过几十年的发展，目前物联网技术已经广泛应用到医疗保健、运输、智能家居、制造业、能源管理和环境监测等多个领域。从物联网的定义可知，其包含两层含义：一是实现人与物之间的联系，能够远程对物进行监控和操纵；二是实现物与物之间的联系，能让物与物之间进行交流、协同运作，并将这些状态展现在互联网上。要实现物联网，必须在设备上嵌入各种智能设备，如 RFID、定位系统等，从而让其接收人发出的指令。物联网从本质上看是泛在网络协同工作的一种延伸，但物联网也存在不少隐患，如平台碎片化、隐私和安全问题等。

（2）物联网的特点。一般而言，物联网技术包括传感设备、网络传输及应用控制三个层次，从而表现出泛在感知、可靠传输和智能化处理等特征。

泛在感知：又叫全面感知。因为在设备上嵌入了 RFID 等各种感知设备，所以才能对技术范围内的信息进行获取与识别。信息获取与识别是物联网的前提条件，只有获得这些信息，才能进行后续传输和指令执行。

可靠传输：一般而言，物联网是通过互联网进行信息传输的，能将感知设备识别与记录的信息通过互联网传输给用户。互联网传输一般包括无线传输和有线传输。

智能化处理：通过云计算和大数据技术对随时接收到的跨地域、跨行业的多源海量信息进行智能化分析，从而为决策者提供重要依据。许多图书馆通过 RFID 技术实现了对馆藏纸质图书的智慧管理，这也是物联网技术在图书馆中使用的例子之一。

2.RFID 技术

（1）RFID 的概念。RFID 技术是一种非接触、通过无线电波传递信息和交换信息、自动识别的技术。RFID 具有无屏障读取、可重复使用、高存储量、耐环境、便捷、安全可靠等特点。

（2）RFID 技术在国内图书馆的应用情况。国内已经有不少图书馆使用 RFID 技术，最早将 RFID 技术应用到图书馆的是厦门集美大学诚毅学院图书馆，时间为 2006 年 2 月。同年 7 月，我国第一家全面采用 RFID 技术的图书馆－深圳图书馆正式对外开放，吸引了许多图书馆业内人士前往参观学习。深圳图书馆 RFID 技术的成功运用，让越来越多的图书馆也开始考虑引进 RFID 技术。2007 年 5 月，我国首个采用"RFID 国产设备"的图书馆——武汉图书馆正式落成并对外开放，这是我国图书馆在 RFID 实践领域的又一次突破，实现了 RFID 技术在我国图书馆应用的国产化，同时也标志着我国图书馆 RFID 技术已经基本成熟。据陈定权的调研，截至 2015 年，全国共有 342 家图书馆使用了 RFID 系统，其中公共图书馆有 243 家，72.38%的图书馆使用了高频 RFID 技术。随着技术和材料成本的下降，将会有更多的图书馆引进 RFID 技术。目前引进 RFID 技术的图书馆还只是早期创新者和接受者，更多的图书馆还在慎思观望，大众化时代还远没有来临。

3.物联网技术在智慧图书馆建设中的具体应用分析

物联网技术是实现智慧图书馆的基础技术之一，在实践中已得到广泛应用，相关方面的理论研究也很多，国内一些图书馆界人士包括陈定权、田丽梅、蒋玲等就曾专门撰文对物联网技术在智慧图书馆建设中的具体应用进行了详细论述。

（1）自助借还系统。目前自助借还系统在智慧图书馆建设中得到了最广泛的应用，其核心技术。是 RFID 技术、网络传输技术和软件工程技术。物联网技术将上述几种技术进行整合，并应用到自助借还系统。条形码识别和 RFID 是智慧图书馆自助借还系统中的常见类型。前者的造价低，抗干扰能力强，但操作步骤略多，较多应用在早期的自助设备中，具有一定的局限性，主要表现为条形码如果粘贴不正就会给读者扫描造成不便，条形码磨损后也会给读者扫描带来困难，并且每次操作只能扫一个条形码，即一册图书，效率不高。RFID 分为高频和超高频，主要有方块型和磁条型两种，虽然它们的造价较高，抗干扰能力不强，会受到周边金属磁场的影响，但使用起来非常方便，可以实现多册图书同时操作，效率较高。二者虽各有利弊，但 RFID 技术具备较明显的高效和便捷的优势。随着技术的进步，相信 RFID 技术将不断克服自身的技术瓶颈，成为今后图书馆应用的趋势。无论是省市级公共图书馆还是普通高校图书馆，其藏书量均有几十万册至几百万册，每年图书借还的流通量也可达数十万册次。在借还图书时，有传统图书条码的图书需要管理员对读者的借书卡进行读取与核对，然后再一本本扫描，使管理员的工作相当烦琐。图书馆引进 RFID 技术后，读者只需自己把所要借还的图书放在机器上，根据提示即可一次性自助完成办理，不仅简化了操作流程，给读者提供了舒适、便利、人性化、高质量的服务，而且大大减轻了管理员的工作量，让其将更多的精力放在读者咨询和藏书管理方面，有效提升了图书馆的整体现代化水平和服务能力。因此，采用 RFID 技术的自助借还系统，打破了图书馆原有的服务模式，标志着传统图书馆向智能图书馆的转型。

（2）智能书架系统。智能书架系统是一套高性能在架图书实时管理系统，可利用高频 RFID 技术实现在架图书识别，具有监控、清点、查询定位、错架统计等功能，以及检测速度快、定位准确等特点，目前已大范围应用于图书、档案、文件管理等领域。智能书架系统是针对图书管理领域馆藏图书清点难、放错架图书查找难等问题研发的，其工作原理是在书架上安装 RFID 设备，利用该设备读取书架上每一本图书的 RFID 标签，不仅可以对馆内图书进行实时清点，还能够对馆内图书进行实时定位，既节省了读者查找图书的时间，又解放了馆员的生产力。具体使用流程是先在每个智能书架的侧面安装两个电子屏幕，这两个电子屏幕分别是供借书者使用的查询触摸屏和为还书者提供指路服务的感应屏。读者借书时，只要在触摸屏上输入书名、作者或关键词等图书信息，系统就会显示该图书的在架情况，并提供准确详细的 3D 路线导向图，帮助读者快速到达图书所在的书架；读者还书时，只要查看每本图书背面的标签信息，就可以知道该图书要放在第几排第几列，或者使用射频读写机器，当读者刷图书背面的电子标签时，该图书所属书架的侧面感应屏就会闪烁，从而帮助读者快速找到所还图书所属的位置。智能书架系统的使用，提升了读者自助借还图书的体验感，降低了图书错架率，减轻了管理员的工作量，但存在成本高的问题，所以目前仅在部分公共图书馆使用，使用范围较小。

（3）图书定位和盘点。针对图书应用的特点及对图书顺架、盘点功能的要求，利用 RFID 书架、层标标签，读者可以通过网络在任何地方查询每本图书的位置，得到精确的图书导航服务，方便阅读。在借阅一体化的今天，一些读者从书架上取下书后，随意上架，容易造成乱架。采用电子标签后，馆员只需手持阅读器，逐层扫描，就可以把放错位置的图书找出来，将其放回正确的位置。图书自动盘点子系统包括手持式和推车式盘点机，可以完成图书自动盘点、新书上架、图书剔除、架位层位变更、错架管理等工作，极大地降低了馆员的工作强度。同时，还可以利用其可批量读取多个标签的特点，对馆藏图书进行快速清点工作，提高了工作效率。将 RFID 技术嵌入图书自动输送系统，可以让馆员轻松、快速、准确地完成图书分拣工作。2017 年 5 月，南京大学图书馆推出了智能盘点机器人，该机器人由南京大学计算机科学与技术系、计算机软件新技术国家重点实验室陈力军教授团队联合研发。南京大学智能盘点机器人的图书漏读率控制在 1% 以内，定位精度高达 97%，1 小时可盘点逾 10000 册图书。这意味着它可以极大地减少读者查找书籍的时间。值得一提的是，该产品不仅在国内属于首创，在国际上也处于领先地位。

（三）5G

1.5G 的概念

5G，又称第五代移动通信技术，是 1G、2G、3G、4G 之后的最新移动通信技术。我国 5G 在全球处于领先地位，受到以美国为代表的欧美国家的压制，因为在 5G 之前，欧美发达国家在移动通信领域一直处于绝对的领先地位，我国只能跟随他们的技术标准。5G 不仅能实现人与人之间的联系，还能实现人与物的连接，且几乎囊括了所有的人与物的连接。5G 具有数据传输快、延迟超低、可靠、网络容量超大、可用性更高等特点。欧盟于 2013 年推出 5G 的研究计划，我国也于同年启动 5G 的研发工作。我国于 2018 年开始试点 5G 的应用，同时公布了 12 个试点城市。深圳成为我国首个 5G 全覆盖的城市，目前 5G 基站已经在国内大中小城市全面开通。我国 5G 用户数量达到 3.5 亿，居世界第一。5G 已经被应用到工业、自动驾驶、能源、教育、医疗、文旅、金融和智慧城市等领域。5G 也被应用于图书馆,国内不少图书馆已经开通了 5G 服务,中国国家图书馆、株洲市图书馆等已经利用 5G,助力传统图书馆向智慧图书馆迈进。

2.5G 对图书馆智慧服务变革的影响

(1)智能核心技术的变革。5G 是 2G、3G、4G 的延伸,能够满足当下比较流行的无人驾驶和智慧制造等行业的需求,已经被广泛应用于这些行业中,并在产业融合方面具有较大的发展空间,对全球经济与技术发展起着重要的推动作用。5G 标准在第二阶段中要达到 20Gbit/s 的速率,还要具备大容量多进多出系统和宽信道带宽,因此被国际电信联盟选为第五代移动通信技术。5G 的发展在一定程度上推动着智能互联网的快速发展,特别是对无线传感网络、知识网络及物联网的发展起着重要的促进作用。5G 推动着各个领域海量数据的涌现,也促使各种智能平台的快速研发与推广。在以 5G、移动边缘计算等为代表的多元信息技术的驱动下,人类在技术上实现了较大的突破,能对技术资源进行灵活配置,对神经网络进行深度学习,对各种智能设备进行远程监控。通过高清摄像头进行各种空间信息的动态采集与传输,促使智慧城市、无人驾驶等多个应用场景变成现实,将智能技术真正落地,造福人类。由于 5G 能够大幅度扩大信息传播范围,故其成为读者获取高质量信息不可或缺的渠道。泛在知识环境下交互式网络资源共享平台的建设离不开 5G 的支持,同时 5G 为智慧图书馆建设下硬件空间的再造、信息呈现方式的提升等提供了技术支持,也为给读者营造智慧生态场景及深度融合的情感感知提供了重要基础。

(2)给资源组织模式变革带来影响。由于 5G 具有"双高一低"的特点,它成为各种设备连接的重要的宽信道带宽媒介,特别是超级设备之间的连接。智慧图书馆背景下的智能信息通信技术是以知识流和算力共享为目标的。在智慧图书馆中拥有多种多源异构的数据资源,而这些资源由原来的被动获取向主动感知转变,从而能够基于智慧平台向读者进行智慧推荐,充分发挥数据与资源的价值,体现出智慧图书馆的智慧性。通过人工智能、大数据可视化等多种技术,智慧图书馆能够对拥有的多源异构和异源异构的数据进行收集、分析和索引,从而对数据进行综合管理。智慧图书馆通过对这些数据进行各种技术处理的支持,帮助读者通过元数据对这些数据进行自动获取与组织,从而提高数据的分析利用率。这也是智慧图书馆的基础功能之一,为读者带来了全新的智能体验,使读者可同时开展多种业务。

(3)给信息传输方式带来变革性的影响。5G 对图书馆信息传输方式带来了变革性的影响。由于 5G 在信息传输方面具有多天线和高频高速的特点,故其在云数据传输方面具有相当的优势,为虚实相融合的空间共享建设提供了良好的技术基础,从而拓宽了在信息传输时空场景方面的应用范围,实现了万物互联。5G 在支持组播技术等方面也具有很强的优越性,能够为智慧图书馆的发展带来创新突破,支持图书馆各种融媒体进行云端课堂教学及多媒体文化推广,为读者营造良好的网络冲浪体验。5G 为智慧图书馆中的各种读者活动、超高清会议直播、影视服务与艺术展览等提供了可能,也为当下流行的图书馆直播带来了机会。

(4)给通信终端带来变革性的影响。随着 5G、云计算及人工智能的发展,读者在智慧图书馆中所使用的通信终端也将越来越多元化。在面向读者的服务中，通信终端的所有权与使用权是分离的，具体表现为其所有权在图书馆，而使用权在读者。这种分离状态在一定程度上最终将改变读者的智能终端的使用行为。具体而言，在智慧图书馆下，可增强 5G 在主题展览、教育教学等场景中的应用，并努力做好 5G 在知识共享、资源导航、个性化推荐等方面的应用，从而实现多个智能终端之间的协同发展。当智慧图书馆中的所有智能终端都能够支持 5G 等技术时，全息交互甚至元宇宙时代就将到来，这也为图书馆的未来发展带来了无限可能。

（5）对数据应用平台产生变革性的影响。未来智慧图书馆所支持的技术将与当下有所不同，主要体现在：未来智慧图书馆的技术特征以 C-RAN 和 EMC 为代表，其中 C-RAN 是指云无线接入网，而 EMC 是指移动边缘计算，当下仍以有线接入网为主。未来智慧图书馆集成云平台会取代当下流行的 APP，这将成为重要的知识集成与信息组织模式。在未来智慧图书馆中，当下常用的书目管理系统、智慧服务平台等必须支持 5G 的服务端口，才能接入智慧图书馆系统，持续为读者提供服务，让读者体验到智能服务。

（6）给智能空间服务带来变革性的影响。数字孪生技术下的孪生图书馆是虚拟与现实融合交互的结果，其在一定程度上与智慧图书馆有着千丝万缕的关系。随着 5G、人工智能等技术的发展，智慧图书馆也将向着虚拟与现实相融合的方向发展，为其向泛在智慧知识空间方向发展奠定基础。在智慧图书馆建设中，图书馆将成为高效快捷、高水平的知识服务中心，可与相关部门或院系共享教学与科研等方面的数据，并对这些数据进行归纳、整理，然后依据读者需求提供数字资源、科研数据等，使馆员、读者、数字资源、设备和物理空间等进行深度融合。

由于 5G 具有大容量和低功率的优势，智慧图书馆内所有智能设备均可以实时在线运行，实现对馆内所有智能设备的实时监控，以及对采光、温湿度等指标的监控和调节，同时 5G 也为智慧图书馆提供了人流控制、安全预警、绿色节能与读者导航等服务。在 5G、数字孪生等技术的支持下，智慧图书馆可为读者创建虚实融合的虚拟体验馆，让读者沉浸其中，体验沉浸式阅读、学科咨询与虚拟教学等服务。

3.5G 在智慧图书馆中的应用场景分析

5G 是当前国内外最先进的智能技术之一，极大地改善了用户体验。5G 为图书馆的信息获取、信息储存、信息传播等带来了很大的改变。结合图书馆业务，笔者认为 5G 在图书馆中有以下应用场景。

（1）无感入馆和图书借阅服务。人脸识别已经被很多图书馆所应用。读者在进入图书馆时只需要站在人脸识别机器前，机器便可以获取读者的信息，检测读者的体温等，只有符合设定条件的读者方可入馆。采用 5G 实现的人与物的连接，快速高效，人脸识别一般在 1 秒左右就可以完成。读者无须携带身份证或读者证，刷脸即可入馆，非常方便。

读者入馆后，其信息通过 5G 连入图书馆网络，读者可以通过智慧数据大屏、智能书架、基于位置的语音导引或智能机器人等技术方便地获取图书，还可以在自助借还机上完成借还手续。与传统图书馆相比，5G 支持下的智慧图书馆让读者深刻地感受到高科技、高效率。

（2）读者基于位置的导引服务。图书馆借助定位技术、无线连接技术等准确了解读者的位置信息，再结合图书馆的物理框架位置系统，为读者提供精确的导引服务。读者通过自己的手机搜索相关图书后可查询到该书的物理位置，之后由图书馆将读者导引到该书的位置。同时，图书馆还可以根据读者所在的区域，向读者提供所在区域定制的语音、视频等多种服务介绍、资源推荐等温馨服务。这在应用5G之前是很难做到的，需要基于5G精确位置定位技术和超快信息沟通能力。

（3）超清晰的影视与直播服务。超高清是5G最为直观的应用场景之一。5G具有更快更统一的数据速率、更低的延迟和每比特成本低的特点，因此其在沉浸式体验方面表现优异，如增强现实（简称AR）服务和虚拟现实（简称VR）服务。在智慧图书馆中，图书馆可向读者提供沉浸式服务，让读者感受新科技。

在5G的支撑下，图书馆还可以直播的方式与读者进行互动。由于5G具有缩减数据速率、功率和移动性无缝连接等特点，所以能实时与读者保持互动，且画面清晰。当前，我国的短视频得到了快速的发展，国内也有不少图书馆通过抖音等平台向读者提供短视频服务。目前浙江图书馆、杭州图书馆、上海图书馆等通过抖音、微信公众号等平台向读者提供网络直播服务。在5G支持下，图书馆网络直播将成为常态。

（4）智慧书房。智慧书房以自助实体图书馆为基础，依靠最先进的信息技术、RFID技术，在5G的支持下，将馆内的各种相关设备与读者的智能手机等进行连接，从而为读者提供不限时的、无值守的、全开放的图书馆服务。目前智慧书房已经在国内经济发达地区得到了快速的推进，如广州、深圳等经济发达地区已经建设了很多智慧书房，并在志愿者的帮助下推出了许多活动，获得了市民的赞赏。

（5）智慧场馆。智慧书房其实是智慧场馆的一种存在形式。智慧场馆借助5G的大规模物联网技术、增强移动宽带和关键任务通信，将馆内的各种设备、业务系统与馆员、读者进行连接，从而感知、分析和整合图书馆服务，为读者提供更好的服务体验。

（6）云课堂。图书馆一般都有会议室，能为读者提供各种类型的讲座、培训等业务。特别是在一年一度的读书月活动中，通过5G，图书馆可对各种活动进行现场直播，同时在线录制并保存。图书馆提供的讲座既可以以在线的形式呈现，还可以是本馆自行发起的或者邀请相关领域专家所开展的现场讲座。为了扩大影响范围，依据5G的无延时、超宽带高速传输等特性可实现图书馆与读者之间的实时互动，为图书馆云课堂服务提供技术支持。5G较好地解决了之前出现的互动体验不好、画面不够清晰、传输延时等问题。

（7）精准推送。5G能通过人脸识别等技术获取读者信息，再通过大数据技术抓取读者的数据库检索信息、浏览习惯、停留时间、专业背景等个人信息，从而精准了解读者的信息需求。当读者在进行图书检索或问题咨询时，图书馆可依靠5G来抓取其习惯，从而为读者提供感兴趣的图书、活动和服务等，以减少读者提问与获取答案的时间，提升读者的图书馆服务体验。

（8）机器人服务。5G的增强移动宽带、关键任务通信和大规模物联网技术为图书馆在机器人的使用上提供了很好的技术支持。目前应用在图书馆中的机器人可分为虚拟机器人和实体机器人。虚拟机器人在图书馆中主要是应用在网络参考咨询服务方面。实体机器人在图书馆中的应用领域较多，可为读者解答问题、办理业务以及指引读者获取图书、服务等。同时，图书馆中的机器人还可应用在纸质图书盘点、图书获取、图书上架等多个业务领域。图书馆中的机器人可以进行重复性、精确度高的业务工作。

（9）智能安防监控。智能安防是图书馆管理环节中非常重要的一环。所谓安全无小事，保障安全是头等大事，是所有图书馆工作的前提。图书馆属于人流密集场所，所以确保图书馆各种设备与读者的安全显得尤为重要。在 5G 的支持下，图书馆通过与摄像头、热感知系统、人流监测系统、警报系统等多系统相连，实时监测各种智能设备的运行状态，对发现的问题或潜在的问题进行自动报警或预警，从而做好安防工作。如在读者入馆之前，可实现对其体温的自动感知，对于发热人员不予入馆；通过监控抓取读者人脸信息，与公安系统登记的在逃人员或重点关注人员的信息进行自动比对，通过预警机制排除潜在的暴力或恐怖危险；对读者的吸烟行为进行自动抓取与提醒，以便及时排除消防隐患。同时在疫情防控期间，可严格控制在馆人数。当在馆人数达到一定量时，图书馆则不再允许读者入馆。对已在馆内的读者，图书馆可感知其所处位置，当某区域内读者人数较多时，图书馆将依据防疫要求，通过系统进行个性化提醒。智能安防监控对馆内各种设备的智能监控，减轻了馆员巡查的压力，提高了智能设备运行的准确性与反应的及时性。

（四）大数据技术

随着国外大型社交网站的发展，人们发现产生了大量的数据，而这些数据是传统的数据集成难以解决的。2005 年，一个专门为存储和分析大数据而创建的开源框架 Hadoop 开始研发，NoSQL 也开始逐渐被使用。这些技术的发展对大数据的发展起着重要的推动作用，因为这些技术可以让大数据的存储更方便、成本更低。后来云计算的出现，进一步推动了大数据技术的发展。一般而言，大数据具有大量、高速和多样的特点。大量是指必须处理的低密度和非结构化数据，目前大数据要处理的数据往往呈 TB、PB 级，甚至在两年左右数量翻番，这是传统数据库解决不了的；高速是指接收数据和处理数据的速度，大数据并没有将数据流刻入硬盘，而是直接放入内存，提升了数据接收的速度；多样是指大数据处理的数据并不仅仅是结构化数据，更多的是非结构化和半结构化的数据，传统数据采集的是关系型的结构化数据，对非结构化数据很难进行分析。

在智慧图书馆建设中，需要处理大量的数据，包括结构化、非结构化和半结构化的数据。智慧图书馆出现之前主要是结构化数据，如图书馆提供的各种电子图书、期刊、读者借阅记录等。图书馆中涉及的半结构化数据主要包括在新媒体使用中产生的相关数据，如读者在官网、微博、微信公众号和论坛等平台的留言或图书馆的业务咨询信息。图书馆的非结构化数据是指读者的图书检索记录、读者的浏览官网记录、读者在图书馆的行为轨迹等，非结构化数据在对读者进行分析的时候往往具有更大的价值。智慧图书馆通过对这些数据的采集、存储、清洗、加工和分析，挖掘出对图书馆服务有价值的信息，从而了解读者需求的走势，以便为图书馆资源采购和个性化服务提供重要依据。

从大数据服务的最终走向看，可以将大数据分为读者型、科研型和业务型。读者型大数据主要了解读者的潜在需求，再有针对性地提供个性化服务，这也是大数据最主要的应用；科研型大数据主要为了满足科研需求，对科研成果进行规范化保存和开发利用，同时通过对科研项目的分析有效提供全过程的专业服务；业务型大数据主要面向馆员，包括如何通过大数据改进服务水平、调整管理架构、优化业务流程，从而提升竞争力。

（五）区块链技术

1.区块链的起源

人们提到区块链就会想起中本聪，他于 2008 年最先提出，并于 2009 年实现了首个加密货币——比特币。随着近几年比特币价格的快速增长，人们对以比特币为代表的虚拟货币越来越熟悉，但虚拟货币与区块链并不是同一概念。虚拟货币只是使用了区块链技术，并不等同于区块链。区块链是一个寄存透明器，可有效、可验证、可永久地记录双方交易，同时还可追溯和防篡改。区块链技术目前已经被应用到许多领域，如事件记录、医疗病历记录、身份管理、交易处理、食品安全追溯、投票等。正如哈佛商学院的 Marco Iansiti 教授和 Karim R. Lakhani 教授所言，区块链并不是对现有商业模式的颠覆，而是一种基础技术，它为整个经济和社会制度创造了新的基础。

我国目前正大力打击虚拟货币的"挖矿"、交易、信息服务等行为，如相关部门于 2021 年 5 月出台打击"挖矿"的措施。同年，我国人民银行约谈部分银行和支付机构，不允许银行和支付机构进行虚拟货币交易行为，严厉打击虚拟货币炒作行为。与虚拟货币相比，国家对区块链技术非常重视。2019 年我国就出台了支持区块链技术发展的政策，甚至将区块链技术作为"新基建"来抓，希望通过区块链技术进行技术和产业创新。为了促进区块链技术的发展，我国由国家信息中心牵头建立了区块链服务网络。目前我国区块链技术的发展已经处于世界前列。

2.区块链的定义

虽然"区块链"的提出到现在有 10 多年了，但尚未有统一的定义。区块链实际上是一种记账行为，是一种数据结构，是一个简单的链表，元素之间通过哈希进行链接。每个区块通过指向上一个区块的链接进行管理，遵守验证新块的协议。这种记录行为一旦发生，不可能更改，但可进行溯源。区块链可分为公有链、私有链和行业链。公有链是最早使用的区块链，也是使用最广泛、最基础的区块链，支持任何个人和团体使用，参与共识过程。私有链仅允许个人或公司对独享区块具有写人权限，是区块链在具体公司或个人业务中的应用。行业链允许某群体中的某些人作为节点记账人，其他人可在节点进行交易，任何人都可在 API 权限内进行查询。

3.区块链的特征

（1）去中心化。去中心化，又叫对等分布共识集中，是区块链最重要的特征。区块链采取点对点分布的方式将权利和信任进行转移，同时允许网络上的节点进行存储、交易。每个区块链都包含前一个的哈希。使用哈希来确保每次交易的真实性，从而实现了区块链的去中心化。

（2）开放性。开放性也是区块链的一大特征。区块链以公开和保密为基础，对外开放但秘密控制。任何人都可以确认输入，但只有正确的区块链签名才能更改区块链数据。因此，区块链存储数据对所有人开放，任何人均可开展区块链技术的开发应用。

（3）独立性。正如区块链的定义所述，区块链是一种记账行为，是一种数据结构，是一个简单的链表，元素之间通过哈希进行链接。每个区块通过指向上一个区块的链接进行管理，遵守验证新块的协议。因此，区块链不需要依赖第三方，可在区块内自动验证、交换数据，不需要中央存储和网络状态同步。

（4）可信计算。每个区块链的去中心化共识机制都支持单平面的资源和交易的传播，以点对点的方式进行，允许计算机深层次信任。点与点直接的决定信任法则帮助其继续相互信任，所以区块链最本质的作用就是充当一个透明交易的验证者，确保交易的真实性。

（5）匿名性。区块链具有开放性的特点，可以将头部向所有人公开，但哈希却是私有的，任何节点的哈希都不需要公开，均匿名进行。因此，匿名性是相对的。

4. 智慧图书馆中的区块链技术应用分析

区块链技术已经应用到很多领域，目前在图书馆领域也有探讨。区块链将用于为参与图书馆系统的所有潜在读者提供对数字内容和印刷馆藏的无障碍访问，同时确保每个读者的隐私和个人身份安全。主权身份是一种区块链应用程序，它使个人或组织能够对其数字和模拟身份拥有唯一所有权和控制权。随着越来越多的读者通过创建安全和私有的数字身份来访问图书馆中的资源，信息素养和数字包容性工作将得到加强。美国图书馆馆员 Sandra Hirsh 和 Susan Alman 于 2016 年提出把区块链技术应用到图书馆中的想法，为此，2017 年博物馆和图书馆服务研究所给予他们一定的经费，以支持他们进行"区块链技术在图书馆中应用"的研究。

（1）为图书馆增强元数据系统。构建分布式、无许可的元数据存档更具有创新性。由于区块链不需要中心化的信息，所以它们可以为图书馆和相关组织构建真正的分布式元数据系统。一个区块链，如果你愿意的话，任何组织都可以访问这样的系统，无须额外支出。

（2）保护数字优先销售权。区块链具有可证明的所有权和数字稀缺性，能保护作者的数字优先销售权。建立在区块链上的权限管理系统显而易见，这是当前许多区块链项目的中心。图书馆特别感兴趣的是这些项目有可能成为数字首次销售权的真实保护。美国图书馆专家 Jason Griffey 于 2017 年与一位国际知名版权专家一起研究过这种论点，并于 2017 年夏天撰写了一篇论文来支持这种论点。虽然任何类型的数字版权管理（简称 DRM）都是不可取的，但如果使用区块链驱动的 DRM 为了获得认可的数字首次销售权的能力而交易，这对图书馆来说可能是一笔划算的交易。区块链技术在保护著作权方面具有独特的优势，可使图书馆在科研数据、师生作品保护方面获得数字优先销售权。

（3）进行数字对等共享服务。图书馆通过区块链技术可促进点对点的共享，而不仅仅是书籍的共享，从而帮助社区成员验证不同工具或服务的可用性，以实现更有效的共享经济。在设置会议、处理重要项目或设置报告时，区块链为人们提供了所需的工具。它是一种联网方法，当需要共享文件时，它便是一种独特的方法。尽管区块链使更改这些共享文档变得困难，但它有助于使其更加安全。图书馆可将区块链用于星际文件系统

（简称 IPFS），这是一种用于未来互联网的点对点协议，使用了比特流（Bit Torrem）、分布式版本控制系统（GIT）和区块链。IPFS 绕过了互联网服务提供商和大型互联网公司的把关，需要互联网上的播种机在他们的计算机上保留网站副本。图书馆可以验证任何网站给定副本的凭据。图书馆可以与博物馆、大学和政府机构合作，通过区块链框架共享有限元分析软件（Marc）记录、权限控制和用户生成的内容。支持基于社区的馆藏和借阅的协议可以将传统图书馆馆藏扩展到社区之外。图书馆可以部署一个基于区块链的系统，该系统带有"智能合约"代码，以有利于共享网络中社区项目（工具、汽车、专业知识）的索引和共享。区块链将管理谁借了物品，谁最初借了物品等。

（六）云计算

云计算是一种分布式计算技术，可帮助人们无须精通每一项技术却依然可以使用这些技术，从而使用户专注于自己的核心业务，而不被技术所困。美国国家标准与技术研究院认为云计算具有以下标准：按需自助服务、广泛网络访问、资源池、快速弹性和测量服务。云计算的服务模型有基础设施即服务、平台即服务、软件即服务、移动"后端"即服务、无服务器计算或功能即服务等几种服务模式。目前在云计算方面，美国的亚马逊走在世界前列，国内阿里巴巴和腾讯的云计算发展前景也很广阔。

云计算也被广泛应用到智慧图书馆的建设中。随着移动通信技术、信息技术的快速发展，图书馆所拥有的数据也在快速增多。这些数据包括图书馆自己采购的各种数字资源数据库、读者使用系统产生的数据，以及业务管理运行所需的软件资源等。如何对各种类型的数据，如结构化、非结构化和半结构化的数据进行采集、保管、分析？这就需要云计算的支持。离开云计算，智慧图书馆建设中的大数据分析则无从谈起。在云计算的支持下，图书馆才能对海量的多源数据进行有效整合，才能进行数据挖掘并寻找出有价值的信息，进而提供个性化服务。在图书馆数据库建设方面，云计算不仅提升了管理效率，也在很大程度上降低了采购与运营的成本。综上所述，云计算对智慧图书馆建设起着非常重要的作用。

（七）虚拟现实技术和增强现实技术

1. 虚拟现实和增强现实的概念

"虚拟现实"一词最早出现于 20 世纪 70 年代法国导演阿尔托的著作《残酷戏剧——戏剧及其重影》中。在那个时代还未出现虚拟现实技术，虚拟现实技术由第一个真正意义上使用该技术的 VPL Research 公司于 20 世纪 80 年代所开发，于 1991 年因《虚拟现实》小说而开始成为世界研究的热点。虚拟现实是通过电脑产生的虚拟三维空间世界，能够让用户有身临其境的感觉，可实时、无限制地观察三维空间内的事物，集合了电脑图形、仿真、感应与网络并行等技术，具有沉浸式、交互式与构想式等最基础的三个特征。虚拟现实目前集中应用在影视、网络直播、线下主题馆、数字展馆、文物保护、科研教学、运维巡检、安全消防和自动驾驶等领域。

增强现实帮助用户在现实世界中通过计算机生成的感知信息得到一种增强的现实世界环境的交互式体验。这种体验往往可以跨越多种感官模式，如视觉、听觉、触觉等。一般而言，增强现实具有三个最基本的特征：一是将现实世界与虚拟世界相结合；二是实时交互；三是将现实世界与虚拟世界准确 3D 配对。增强现实的最主要贡献在于将数字世界的感知方式不断融入人们的现实世界，通过沉浸式感觉，将虚拟与现实整合。增强现实最早被应用于由美国空军开发的虚拟装置系统，目前已经应用在应急救援、视频游戏、社交联系、工业设计、导航、旅游观光等多个领域。

2. 虚拟现实技术和增强现实技术在智慧图书馆中的应用

（1）提升找书与信息检索的服务体验。读者在使用书目查询系统时，先输入自己想要找的图书名称，再通过虚拟现实技术，便可查询到该书在虚拟书架中的状态，如图书所在的位置及具体内容，确保是否为自己所需的图书。一方面可以让读者实现检索即所视的愿望，实时看到自己检索图书的虚拟物理状态，避免陷入到达所在书架才发现不是自己所需图书的困境；另一方面可以起到导航作用，帮助读者快速找到图书所在的具体书架。

图书馆通过增强现实技术，为读者提供了 3D 信息检索服务；通过增强现实技术和位置定位系统，帮助读者减少了图书查找与文献检索的时间，提升了图书馆的服务质量。目前增强现实技术在图书馆文献检索中的应用较少，更多的是停留在理论探讨中。

（2）立体资源展示。通过虚拟现实技术对实体图书馆进行虚拟化，使虚拟图书馆与实体图书馆的环境、布置保持一致，即通过虚拟现实技术再造一个实体图书馆，使读者通过虚拟图书馆在线了解图书馆的物理布局、各服务场所的位置以及所提供的服务内容。因此，虚拟现实技术可以应用于新生的入馆教育。特别是在疫情防控常态化的今天，新生的入馆教育不宜大规模举行，虚拟图书馆能够让新生通过智能手机、平板或电脑对实体图书馆有身临其境的体验。

关于图书馆的珍贵文献，由于馆藏的稀缺性，图书馆一般不对外借阅，甚至不对外开放。虚拟图书馆可以解决这个难题。通过虚拟现实技术，读者可在智慧图书馆系统中进入珍贵文献的馆室进行阅读，使图书馆在保护好珍贵文献的前提下，依然能为读者提供相同感受的服务。

（3）图书馆导航。高校图书馆或公共图书馆的面积一般比较大，包含多个功能分区，新生或来的次数少的读者往往会感觉迷茫。正如立体资源展示部分提到的，虚拟图书馆可呈现出与实体图书馆一一对应的画面，让读者有身临其境的感觉，从而帮助读者快速了解图书馆的环境。读者进入图书馆后会收到来自图书馆的各种信息推送和服务指引，从而帮助读者了解图书馆的服务及物理位置。目前，我国已有不少图书馆使用图书馆导航功能。首都师范大学图书馆是国内首个提供 3D 虚拟图书馆服务的图书馆，实现了图书馆在线漫游、了解馆藏布局、阅读电子期刊和定位、查询书刊等功能，得到了在校师生的广泛好评。

（4）智能咨询。虚拟现实技术与增强现实技术在图书馆业务咨询中也得到了应用。通过虚拟现实技术，图书馆可借助虚拟馆员为读者提供面对面的服务，利用系统进行实时在线咨询，让读者有身临其境进行业务咨询的体验。通过增强现实技术，图书馆可将常见的读者问题，通过大数据分析，结合读者需求，及时、准确、主动地将信息传送给读者。

（5）教育、培训与交流。教育是虚拟现实技术落地应用最快的领域。在教育领域，图书馆可通过虚拟现实技术将抽象的内容可视化、形象化，以期为读者提供传统教材与教学中无法感知的沉浸式学习体验，从而让读者主动地获取知识，获得更好的学习效果。通过虚拟现实技术，读者之间以及读者与馆员之间形成了虚拟交流学习场景，增强了交流学习的积极性与主动性。首都师范大学图书馆的 3D 虚拟图书馆已经囊括了读者在线聊天、视频与图片分享等功能，提升了虚拟图书馆的交流体验。

（6）为视障读者提供良好的服务体验。使用增强现实技术和虚拟现实技术，通过模拟人类视觉，从根本上改善了视障读者的剩余视力。主要通过相机来处理传入的图像，然后将增强的信号投射到视障读者的视网膜上来实现。增强视频源旨在让视障读者感觉就像是用自己的眼睛在看，并且通过一系列的处理做到尽可能自然。关键技术元素包括加大每秒帧数以增加图像平滑度、减少延迟来避免读者产生恶心的感觉，并通过一致处理以消除图像质量的任何变化。虚拟现实技术和增强现实技术可帮助有视力障碍的读者了解图书馆的布局、区域分布及馆藏分布等，从而帮助其在图书馆服务中拥有更多的自主性，使其阅读需求得到满足。目前虚拟现实技术与增强现实技术已经在一些图书馆中应用，以帮助视障读者，如为他们提供实时的指引服务，从而最大化地帮助他们使用图书馆空间资源。

（八）可穿戴技术

可穿戴技术，又称可穿戴设备，是物联网技术的前沿技术，目前对可穿戴技术并没有明确的定义。一般认为，可穿戴技术是一类可以作为配件佩戴，或整合到衣服上，甚至纹在皮肤上的电子设备，由微处理器驱动，通过互联网发送和接收数据。2014 年的相关调查显示，美国有 20% 的成年人拥有可穿戴设备。2015 年，Apple Watch 和 Google Glass 的发布更是推动了全球可穿戴技术的应用。目前可穿戴技术已经应用于多个领域，如运动健康监测，用来获取用户的心率、步数、血压、能量消耗等数据。可穿戴技术应用载体主要有活动追踪器、智能手表和智能服装等。可穿戴技术的优点包括监测用户的健康水平、跟踪位置和查看文本信息，以及将这些信息连接到智能设备上进行数据分析；其缺点主要有电池不耐用、监测数据不准确、个人隐私容易泄露。

可穿戴技术也可应用到图书馆中：一是监测读者健康，了解读者的各项健康数据，对身体不太好的读者来说，可穿戴技术能够让图书馆了解其健康状况，以便及时做好准备；二是能够帮助读者获取文献信息，对腿脚不方便的读者来说，可穿戴技术可以帮助他们连接到图书馆的各项智能服务中，如图书、文献信息检索等，从而享受到与正常读者一样的数字服务。

（九）移动视觉搜索

移动视觉搜索最早由 B.Girod 在首届移动视觉搜索研讨会上提出。它缩小了离线和在线媒体之间的差距，能够将用户与数字内容联系起来。当他们用手机扫描或拍摄印刷材料时，图像识别软件将为他们链接各种内容（产品评论、视频或深度信息），以及将他们链接到社交媒体论坛、在线购物和活动微型网站上。随着技术的发展，移动视觉搜索又有云移动视觉搜索和设备上的移动视觉搜索，如表 1-5 所示。

表 1-5 云移动视觉搜索和设备上的移动视觉搜索对比

云移动视觉搜索	设备上的移动视觉搜索
接近实时响应（取决于网络）	基于设备的实时响应
支持数百万个目标图像	支持多达 100 个目标图像
托管在云中的图像	下载并存储在移动应用程序中的图像
"指向并单击"操作	"扫描"操作
典型响应时间 1 到 5 秒（取决于网络）	典型响应时间小于 1 秒
需要网络连接	可以离线工作，但是应用首次开始同步目标图像时需要网络，如果营销内容在线需要网络
API 代码和文档	软件工具开发包（SDK）和文档
基于 Web 的控制面板	可选的多响应"操作层"（社交媒体、移动商务）
实时分析	每周分析报告
完全控制品牌	完全控制品牌
弯曲图像	平面图像

移动视觉搜索的出现改变了以往图书馆的信息检索模式。在移动视觉搜索出现之前，读者在图书馆进行信息检索时一般先在搜索框里输入感兴趣的关键词，然后系统会反馈一串相关的结果，根据相似度进行降序排列。这种信息检索模式需要读者自己对检索结果进行判断，准确性较低。移动视觉搜索允许读者通过智能手机采集图像，直接获得相关结果，实现了即拍即给正确答案的效果。同时，移动视觉搜索还支持视频搜索，这是之前的搜索引擎所做不到的。因此，智慧图书馆通过移动视觉搜索能为读者提供简洁、方便、快速、智能、高效的信息检索服务。

（十）Beacon 技术

人们在谈论 Beacon 技术时往往也会提到 iBeacon。事实上，这两个词表达的意思基本一致，只是叫法不同，都是基于蓝牙的位置广播协议。iBeacon 最早是由美国苹果公司基于低功耗蓝牙协议而开发的广播协议。目前国内比较流行的 BeaconVG01、VG02 都是在 iBeacon 的基础上开发出来的。iBeacon 技术的原理为发射信号，智能设备的蓝牙先进行定位接收，再进行信息反馈，通过计算用户与 iBeacon 的距离进行信息广播。在 iBeacon 技术中，一般需要 3 个 iBeacon 设备即可对用户进行定位。iBeacon 技术目前已经应用到许多领域，如基于位置的任务提醒、基于位置的教学互动、室内的网络社交、位置寻找、会务管理、媒体共享等。iBeacon 技术在智慧图书馆建设中也有较为广泛的应用，如对入馆读者进行信息推送、为读者提供基于位置的信息服务和馆内 3D 导航服务等。

1. 对入馆读者进行信息推送

在图书馆入口处安装 iBeacon 设备，在 3 米左右的范围内进行信号广播，读者通过手机的蓝牙功能来接收信号。图书馆可向接收到信号的手机传播图书馆的活动信息、讲座、培训信息等，同时读取读者的个性化信息，如图书借阅情况和预约情况等，通过这些信息为读者提供相应的提醒服务。

2. 为读者提供基于位置的信息服务

在智慧图书馆建设中，一般水平间距 4～8 米配置 1 个 iBeacon 设备，并且 3 个 iBeacon 设备呈三角形布置。Beacon 技术通过读者手机中的蓝牙与各 iBeacon 设备的位置来定位，再根据定位为不同区域的读者提供不同的信息服务，从而实现基于位置的信息服务。这些服务包括场景音乐、馆藏资源、活动信息等各类信息的推送。

3. 馆内 3D 导航服务

首都师范大学图书馆的 3D 虚拟导航服务就是基于 Beacon 技术而提供的。读者在查询图书信息后，系统便为读者反馈一个虚拟的路径导航，基于读者所在的位置及图书的物理位置，以最佳的行走路径对其进行导航，从而帮助读者以最快的速度获取自己想要的图书。

第二章　智慧图书馆建设研究

　　智慧图书馆是将人工智能、大数据、云计算等技术应用在传统图书馆建设中而形成的一种新型智能化建筑，在该环境中通过新一代技术与设备实现了全面"感知"，促使了读者与图书馆资源的交互方式的转变。智慧图书馆是一项复杂的系统工程，难以用一个清晰、准确的概念对其进行定义，当前的研究大多是从不同层面对其进行探讨的。如从建设角度看，智慧图书馆是智能感知和数字图书馆智能服务的结合；从服务角度看，智慧图书馆是技术、资源、馆员、读者、服务这五个要素的有机融合；从演化角度看，智慧图书馆是建立在现代信息技术基础上的融合图书馆，追求知识发现和绿色发展。智慧图书馆建设并不是简单的技术堆砌，而是要从图书馆的实际情况出发，结合图书馆的特点，利用人工智能、物联网和信息技术等高新技术使图书馆服务全面升级，从而推动其从"传统"向"智慧"转变。

第一节　图书馆智慧建筑建设

一、智慧建筑概述

　　目前国内外对"图书馆智慧建筑"概念并没有统一的认识。笔者认为图书馆智慧建筑必须能够实现在无人或者少人干预的前提下进行自我调节、自我管理、智能调控等目标，这就必须借助传感器、智能终端、智能芯片等设备对外界进行感知，从而获取馆内各个设备及空间的各种讯息。在获取外部的讯息之后，图书馆智慧设备能快速做出反应指令，通过智能终端正确传达和控制动作反应，从而实现其目标。在节能环保方面，图书馆智慧建筑必须考虑采光、节能等因素，优先选用节约用电的新型材料和技术，从而实现绿色建筑的目标。笔者认为节能环保虽很重要，但智慧建筑仍必须坚持安全优先。

　　在智能调控方面，图书馆智慧建筑要考虑温度、湿度、空气质量等方面的数据，通过监控这些数据的变化来进行自我调整，从而为读者提供一个舒适的阅读环境。在安全应急方面，笔者认为安全是智慧建筑最主要的指标，图书馆智慧建筑要对图书馆内运营的各种设备、设施进行实时监控，能够第一时间发现异常状况并及时进行智能处理，保障读者与馆员的生命安全与财产安全。在人性关怀方面，图书馆智慧建筑要考虑视障人群的各种需求，如坡道、盲道、电梯、专用卫生间等，借助语音导航和标记为视障人群提供关爱与帮助。

二、智慧建筑功能

智慧建筑是随着智慧地球兴起而产生的概念。智慧建筑是智慧城市建设的重要环节，是指在原来建筑的基础上应用先进的、智能的科学技术，在绿色环保、智能高效的宗旨下，使得建筑的结构、服务与管理能够得到优化，从而为读者提供更为个性化、人性化的建筑环境。智慧建筑是智慧城市的核心要素之一，也是智慧图书馆建设的重要组成部分。在智慧建筑的理念下，智慧图书馆为读者打造了节能、高效的建筑环境，提升了整个智慧图书馆的智慧水平。一般而言，图书馆智慧建筑功能包括楼宇设备自动化功能、自动安防功能、智慧化管理功能等。

（一）楼宇设备自动化功能

楼宇设备自动化主要是指图书馆的馆舍能进行自动控制、楼宇照明系统能自行调控、空气能自行换气，确保节能环保的状态。

1. 自动化馆舍控制

自动化馆舍控制是指馆舍大门及馆内设备可在设定时间自动开启和关闭。

2. 自动照明调控

自动照明调控是指系统能够依据馆内的明暗程度来进行照明光线的调控。考虑馆内的明暗程度时，不仅要考虑时间变化以及天气变化造成的采光度变化，同时还要考虑读者密集度引发的光线变化。只要馆内的能见度低于管理要求，自动照明系统就会自动调控。

3. 自动空气调节

馆内的中央空调系统应对书库，特别是珍贵的古籍典藏书库采取恒温恒湿管理，根据馆内温度、湿度的变化进行自动空气调节，确保珍贵古籍能在良好的环境下保存。

4. 环保能源利用

环保能源利用主要是指图书馆在建筑设计时就将太阳能、风能等常见的新能源发电技术与系统纳入其中。图书馆首先由太阳能与风能发电进行供电，在新能源发电不足的情况下，再使用常规电力供应，从而体现绿色建筑的效果。笔者认为在使用各种设备时，在保证安全与效用的前提下，应选用耗电量低的设备，以降低图书馆的用电量。

（二）自动安防功能

当前，安全是高校最为重要的工作之一。正所谓安全无小事，任何可能的隐患都应予以排除。图书馆的安全工作包括消防安全、防疫安全、舆情安全和各种场所与设备的安全等。在智慧图书馆中，自动安防系统具有重要作用，能利用图像识别、数据分析、传感器、探测仪等技术与设备，监测各空间或设备的运行环境，排除安全隐患，也能对潜在的威胁发出预警。图书馆是人员密集场所，是安全工作的重点区域。笔者认为智慧图书馆的自动安防系统主要包括门禁自动化、自动火灾预警及处置、自动突发事件预警和应急疏散自动化等模块。关于智慧安防功能的论述在第一章中提及过，这里只进行适当的补充。

1. 门禁自动化

一般图书馆的门口会有安保人员对进入本馆的读者进行把关，但也难免会有遗漏。在智慧图书馆环境下，读者可通过一卡通或者人脸识别系统自助刷卡进入馆内。智慧系统可通过人脸识别系统对非本馆或卡与本人不符的读者进行预警，提醒安保人员进行读者身份核查。

2. 自动火灾预警及处置

图书馆内有大量的书籍，而书籍、木质书架均属于易燃物，同时馆内也有大量的网线和电线，故图书馆应认真做好馆内防火工作。防火是图书馆安全管理的重中之重。智慧图书馆应部署智慧消防系统，包括消防烟感装置和喷淋灭火装置等，在火灾发生的初期，消防烟感装置能灵敏、准确地进行报警，同时启动该区域的喷淋灭火装置，将火及时扑灭。智慧图书馆能够对火灾原因进行判断并做出处理，如遇到由电线问题产生的火灾会自动切断电源，及时启动报警系统提醒读者和工作人员，同时启动灭火系统等，从而为读者提供一个安全可靠的阅读环境。

3. 自动突发事件预警

自动突发事件预警是智慧图书馆相对难处理的一个问题，主要是其判断标准较难统一。笔者认为可通过智慧系统的实时监控系统对人、物的行动轨迹及其他情况进行判断，超出一定标准时启动预警系统，以提醒读者与工作人员。

4. 应急疏散自动化

当馆内发生突发事件时，智慧图书馆应自动开启应急疏散模式，为读者规划最佳逃离路线，引导读者与工作人员安全有序地离开，从而确保安全。对不同的突发事件，智慧系统应提供不同的应急疏散方案。如发生火灾时，智慧系统能制订不同楼层的理想撤离路线；当浓烟很大且能见度低时，智慧系统主要通过语音导航及频闪灯方式进行导航。

（三）智慧化管理功能

智慧化管理是指馆员日常管理工作的智慧化，是智慧图书馆功能结构中的重要内容。

1. 读者管理

读者进出图书馆一般通过一卡通、人脸识别等方式，因此可将读者进出馆的时间、频率、借阅记录、检索记录等保存到管理系统中，建立读者数据档案，形成读者画像，作为为读者提供个性化服务的重要依据。

2. 图书管理

传统的图书管理模式使馆员的时间和精力大量耗费在繁重的编辑、采购、排架、流通和清点工作上。在智慧图书馆模式下，图书管理工作变得更为简单。在图书采购环节，图书馆可依据读者借阅记录、数据检索记录、学科发展动态等形成符合读者兴趣和学科发展需求的书单。在图书编目环节，馆员通过扫码识别即可完成图书编目及清点工作。在图书自助借还环节，由于每本书都嵌入了RFID技术，读者可通过自助借还机进行自助借还。笔者认为在智慧图书馆环境下，图书管理工作与其他阶段的图书馆工作相比便捷许多，既提升了馆员的工作效率，也提升了读者的满意度。

图书馆入库的各种资产都应植入芯片或贴相应的电子标签，这样馆员既可以对这些资产进行清点和核查，还能对其进行监控，以防出现资产丢失的现象，也便于馆员监控其存储位置及运行状态等。

三、图书馆智慧管理

目前国内外对"图书馆智慧管理"这一概念也尚未达成共识，笔者认为图书馆智慧管理是指应用 5G、大数据、人工智能等新一代信息技术及相关设备，对原有的图书馆业务流程和管理进行优化，从而达到管理更为高效与智能的目的。图书馆智慧管理对图书馆的各种业务流程产生了较大的影响，如文献采编、流通管理、收费管理、馆员管理等。在文献采编方面，图书馆借助 RFID 等技术能够对图书文献的加工制作、流转过程进行监测和记录，也能够实时对图书的数据进行溯源，还能够进行图书文献编目、验收和入库等工作。在流通管理方面，图书馆借助智能书架等设备，再结合 RFID 及定位技术，能够对图书进行定位并完成自动上架、盘点等工作，以方便图书管理与利用。在收费管理方面，图书馆能够通过物联网技术让读者扫码支付办证、违约产生的罚款等费用，提升了收费管理效率和读者支付体验。在馆员管理方面，图书馆能够通过摄像头、门禁等设备对馆员的工作状态、劳动纪律等进行自动考核，从而实现以事实为依据的奖惩，提升馆员的精神面貌和工作积极性。

第二节　智慧图书馆关键技术与构建模式

智慧图书馆建设的基础是通过对各类数据的收集、整合以及空间设备、服务设备的升级，充分挖掘数据、设备、空间与用户的深度关系，这些不可见的服务都由后端应用提供支持。笔者认为智慧图书馆的技术主要包括图书馆大数据中心、智慧管理技术及智慧运营技术。

一、大数据中心

大数据中心是智慧图书馆的神经中枢，包括学术大数据、读者大数据和运行大数据。

（一）学术大数据

智慧图书馆的学术大数据包含文献资产数据、学术衍生数据、事实数据。智慧图书馆通过整合学校纸本资源、电子资源元数据，以及对整合的纸电资源元数据的深度分析生成学术衍生数据，再对多维学科分类，对双高学校、大学图书馆排名等事实数据进行整合梳理，形成本校学术大数据中心。

文献资源数据是系统核心数据之一。基于"智慧图书馆联盟"数据规范，参照图书馆目录学与知识主题指引，可制定系统元数据加工标准。文献元数据加工整合的资源元数据来源包括有集成管理系统的纸本书刊、图书馆自建特色资源（如本校学位论文库）、商业一次文献数据库、OA 开放获取文献等。元数据加工是一项专业工作，为保障数据质量，对不同类型、不同来源的文献，系统设计了不同的处理流程。

纸本书刊是图书馆基础数据之一，元数据的获取方式通常是与纸本业务管理系统的接口集成，每天定期自动导出 Marc 数据，转换为 DC 格式并清洗后进入系统，实现纸本元数据的自动同步。进入系统后，会经常对元数据去重、合并，以书册为单元重新加工元数据，并提供元数据的管理应用。整个过程由程序与任务调度服务自动完成，无须馆员干预操作。仓储后的纸本元数据与电子资源元数据使用相同的标准存储与加工，并在系统内与电子资源元数据进行去重、合并，通过副本的属性保存各自来源的差异信息。系统提供简洁、易于操作的元数据导入工具，可以由馆员操作实现本校的博硕论文数据、特色库等自建资源的同步。图书馆也可以把数据直接交给智慧图书馆数据工程师，由他们来进行处理。特色资源元数据同样会进行元数据格式的统一转换与清洗，以 DC 格式重新进行存储与加工。所有加工的文献数据按照"智慧图书馆联盟"数据规范加工。不同文献类型会分别执行数据基本标准，以适应各自的数据要求。数据加工过程中会对基础字段做清洗与对比，例如常见的格式错误、日期错误等，同时会利用数据对比技术，检查不同来源的数据的正确性与完整性，通过算法自动补充缺失的部分以提升元数据的整体质量。为了方便在学科应用中更合理、快速地应用数据，平台对全部元数据都会标引中图分类号与教育部学科分类号。中图分类号标引到著作标引的最细一级，教育部学科到第二级。标引的方式主要是采用分类对照法，通过一套完善的中文常见分类对照表与外文、中文分类对照表，在加工过程中对文献补充分类信息。但是如果多个来源的文献本身没有任何分类信息，则不会自动补充。

（二）读者大数据

智慧图书馆的读者大数据：通过接入学校一卡通系统、图书馆联机公共目录检索系统（OPAC）等系统，获取用户基础数据，并对其进行深度分析，形成读者身份群体级的划分信息；通过对机构知识库、重点学科带头人的学术成果等多维度数据进行分析，形成深度的用户基础画像信息。平台本身不产生读者基础信息，也不提供用户注册功能。读者数据都来自第三方，如一卡通系统、学校信息中心、OPAC 系统。

读者数据通过应用程序接口（API）或者中间件定时同步，最小同步频率为 30 分钟一次，最大为 24 小时一次（需要第三方配合提供相关 API 或者中间件）。读者数据至少包括姓名、卡号、性别、单位或院系、年级、学历、类型、状态、有效期、联系方式。平台在使用过程中详细记录读者的各种操作行为，以便在管理中对读者画像进行分析，从而更好地提供个性化服务。同时也支持与图书馆第三方用户数据整合，例如门禁日志、流通数据整合（需要第三方提供数据访问 API 或者中间件）。系统通过 AH 或者中间件定时访问门禁数据，并自动保持同步。

（三）运行大数据

智慧图书馆能运行大数据，详细记录和存储用户在各业务系统中使用行为的数据。对学术大数据所包含的三维数据的深度处理，能让系统"懂资源"；对用户大数据和运行大数据的深度融合和分析，能让系统"懂用户"；三者的结合，让系统具有"懂资源、懂用户"的能力，是"为资源找用户，为用户找资源"的基础，也是智慧管理和智慧服务的基础。

图书馆的应用服务丰富，有实体服务，也有线上的虚拟服务，可以让读者在很多场景下以他们喜欢的方式来使用。项目本身只会记录读者在门户中的各种操作，不能主动捕获其他应用场景的服务行为，但是平台开发接口支持与第三方系统进行使用日志的整合。例如支持与图书馆纸书集成业务系统对接，自动同步纸本书刊的借阅历史数据与当前状态，以便实现馆内资源使用行为的整合。使用日志整合必须要第三方系统开放相关数据接口。使用日志整合可以使我们在后台较完整地看到读者行为数据。平台统计日志能与资源和读者信息结合，能够为图书馆带来更丰富的统计方式，从多个层面分析读者行为。其可以对读者在所有场景的使用情况进行综合统计分析，也支持分场景的独立分析。例如可以只查看在门户上的使用情况，也可以单独查看在实体馆内的使用情况。

（四）大数据框架设计

智慧图书馆的大数据储存的技术框架是按照 10 亿条文献数据存储规模设计的，并支持灵活扩充。大数据处理与存储部分在云端实现，通过 API 实现本地与云端文献数据的传输同步。智慧图书馆大数据的各个模块可通过软硬件升级提高效率，便于独立维护，并且应用与数据完全隔离。通过接口访问，保证数据的稳定与安全。大数据的资源存储备份采用文献数据与其他子系统业务数据分别独立备份的形式，根据实际需求可调整为手动、自动备份或冷热备份等形式，便于独立维护。大数据技术既满足了等级保护的要求，又兼顾了系统技术运维与数据更新的需要。

二、智慧管理技术

拥有大数据中心后，图书馆了解了"图书馆拥有什么""读者需要什么"，使图书馆管理工作具备了升级转型的基础和条件。在借还服务、阅读推广服务、学科服务、情报服务等领域内。图书馆不仅提高了在大数据中心数据驱动模式下的数据管理、采购管理、服务管理等管理工作的效率，而且使其管理和决策更具备科学性和严谨性。

通过对数字资源的数据整合和深度处理，各数据库厂商的数据改变了以往的信息不透明和信息孤岛的状态，使图书馆完全掌握数据真实全貌并拥有管理这些数据的能力。图书馆在数据库采购评估、数据库查重对比、学科资源建设绩效评估、数据资源权限控制与推荐策略等方面获得数据支撑，从而实现图书馆的数据管理和数据服务能力的有效提升。

图书馆拥有海量的纸质馆藏资源，同时这也是图书馆服务的基础。硬件的升级改造以及智能标签等使图书馆实现纸质资源的智能化管理，使盘点、监测、安全防护、采访编目等工作的效率和质量大幅提升。

图书馆门户是衔接用户与图书馆服务的桥梁，智慧门户管理系统既是图书馆馆员的工作平台，也是读者获取图书馆服务的窗口。灵活完备的馆员工作平台可适应不同图书馆的业务管理流程，移动图书馆、微信图书馆等多终端的服务方式能最大限度地延伸图书馆的服务深度。

读者的智能化管理，可与学校信息中心或者图书馆集成服务系统对接账号，或者人工批量导入账号。除了具有基本的可增加、删除、修改账号的功能外，读者的智能化管理还支持读者信息扩展、不同类型的读者账号权限区分、批量账号信息变动、账号异常提醒。智能读者任务可以让读者必须进行某些操作才能继续使用图书馆的服务，从而实现收集或者传递信息的目的。目前，不少高校的新生在开通图书馆权限之前，必须先完成图书馆设定的基础知识学习任务。学习的方式多种多样，有在图书馆主页上学习相关知识后进行答题的；有必须先关注图书馆微信公众号，学习后进行通关小游戏的；也有观看图书馆的 PPT 或小视频的；等等。

三、智慧运营技术

技术的发展促进了信息时代的到来，数据服务、知识服务的诉求对图情行业提出了严峻的挑战，同时也带来了机遇。读者已经不再满足于图书馆基础服务的体验，外围的替代服务逐渐吸引了图书馆的读者群体。图书馆在阅读服务、信息服务、空间服务、情报服务等领域必须要提高服务水准和服务效果才能跟上时代变化引起的读者变化。

学术头条是基于海量的学术数据分析，结合用户行为分析，能实现向用户精准推送学术资源的目标，满足用户轻阅读、准阅读的需求，提升学术数据服务体验和服务黏性的服务。学院数字图书馆以为学院综合资源及服务聚类为基础，以学院专业化服务为目标导向的学院智慧图书馆分馆，为学院共性群体提供专业化服务。科研、教学资源管理系统是以为用户提供资源聚类、成果共享为目标，为学校用户提供价值资源汇编和再造的综合系统，为教学、科研提供价值学术资源积累和共享服务。同时，该系统还可以通过大数据分析，根据共性用户基础行为和延伸共性行为，自动生成主题专题资源库，为兴趣阅读创造更多的资源汇编和推荐数据基础。

智能馆藏资源获取不仅可以实现传统 OPAC 系统的纸书查询、预约、续借等功能，还可以纸电同步的方式让用户快速、高效地实现一站式资源获取，基于纸电合一的分析数据、共兴趣模型用户的行为数据提供智慧推荐服务。

读者和管理层可以通过图书馆运行状态实时系统，挖掘和提炼图书馆业务系统中有价值的动态服务数据。数据以直观的图形、动态的方式展现给读者和管理层，使其能一目了然地看到图书馆的运行状态。一般而言，常用数据有以下几种。

（一）读者流量

读者流量有当天到馆人次，目前在馆人数，当月、当年累计到馆人次，各学院到馆人数。

（二）自修室数据

自修室数据有各电子阅览室、自修室席位空余数，预约数。

（三）图书流通数据

图书流通数据有借出总册次、还入总册次，按学科类别分别统计；最新借出图书、最高借阅频次图书，以封面图片动态显示。

（四）图书更新数据

图书更新数据有每日新上架图书数量（按阅览室分别显示）、年累计上架新书数量，以封面图片动态显示新书推荐。

（五）数字图书馆数据

数字图书馆数据有网站主页点击量、数字资源下载量、参考咨询文献传递量，以日、月、年分别统计。

最新科学技术发展成果的引进能够提升图书馆服务效率和服务体验；人脸识别系统能够改善图书馆用户识别流程体验，在门禁、门户统一认证、移动图书馆用户认证等流程中实现刷脸识别能提升服务乐趣和服务效率；智慧机器人能够提供图书馆实体空间内的问题咨询、空间引导、书目查询等服务，不仅节省了图书馆人力资源，同时也提高了学校的服务水准和服务趣味性；自助借还系统的建设可实现 7×24 小时无人值守借还服务，打破了图书馆物理空间的限制，在学校各重要密集人口区域实现自助服务，延伸了图书馆服务的空间和时间；虚拟图书馆通过三维、VR 等技术，在入馆教学、图书馆虚拟现实方面实现服务的升华；大屏显示系统不仅可以实时展示图书馆大厅通知、公告等信息，还可以集中展示图书馆运行情况，包括当前入馆人数、空座数量、入座楼层分布、人流高峰时段等，为图书馆数据的传递提供了另一高效、有趣的媒体。

读者个人或学院通过定期的阅读报告可以清楚自己使用图书馆服务的详细情况。同时，图书馆也可以通过阅读报告了解读者真实的使用情况，并提供针对性服务。阅读报告支持定期自动生成，可以每年或每月自动向读者生成报告内容。读者可以在门户或者微信公众号中随时查看，更加直观地感受图书馆提供的服务。当学生毕业时，图书馆自动生成学生在校阶段的图书馆使用数据，包括累计入馆次数、借阅图书册次、在馆天数等，这也是一种美好的大学回忆。

图书馆每年对图书借阅情况进行整理，并发布年度图书阅读报告，内容包括基本情况介绍、读者进馆情况、图书借阅情况、专业类图书借阅情况、数据库使用量 TOP10、社会科学类借阅量 TOP10 的图书、自然科学类借阅量 TOP10 的图书和借阅达人等。年度阅读报告可以有效了解读者阅读需求，分析读者阅读行为，为图书馆的资源建设和读者服务提供参考和依据，有利于进一步提升服务质量。

第三节　智慧化系统平台建设

南京大学沈奎林在介绍南京大学智慧图书馆建设动态时提出了智慧图书馆系统架构，如表 2-1 所示。表中显示智慧化系统平台包括下一代图书馆管理系统、学科服务系统、电子书服务系统、物联网蓝牙服务系统、个性化推荐系统。本章节将对下一代图书馆管理系统、学科服务系统和物联网蓝牙服务系统做简要介绍。

表 2-1 智慧图书馆系统架构

应用层	H5、APP、WEB、智能机器人
平台层	下一代图书馆管理系统、学科服务系统、电子书服务系统、物联网蓝牙服务系统、个性化推荐系统
数据层	大数据中心、云计算、云存储
网络层	WSM、Internet
感知层	RFID、IBeacon/Sensor/IPCAM/GPS/Zigbee

一、下一代图书馆管理系统

下一代图书馆管理系统是为了解决图书馆数据共享和全媒体资源管理等问题而提出的，并不是指单一的智慧管理平台。国外比较知名的下一代图书馆管理系统有 Alma、

FOLIO、WMS、Sierra 等。国内使用下一代图书馆管理系统的情况如下：北京师范大学图书馆使用的是 Alma、华中科技大学图书馆使用的是 Sierra。国内也有些图书馆独立开发或与外部机构联合开发下一代图书馆管理系统，如深圳大学图书馆的 CLSP 系统、南京大学与外部机构联合开发的 NLSP 系统。南京大学图书馆的 NLSP 系统对原有系统进行了重新设计，完全面向服务而设计，对图书馆的全媒体资源进行重构和统一管理，并对相应的工作流程进行改革。在资源管理上，NLSP 系统用全球知识库代替分布分散的本地资源库，用云服务部署系统，通过 API 整合多种服务，以帮助读者快速找到所需的资源。

（一）图书馆系统架构对比分析

智慧图书馆的 NLSP 系统与传统图书馆系统相比具有很大的优势，如表 2-2 所示。第一，NLSP 系统采取的是微服务架构，而不是传统的 C/S 架构，也不是 B/S 单体架构，其能够同时服务不同角色的用户。第二，NLSP 系统提供基于 Sleuth 日志分析服务，通过日志分析有助于读者数据分析，而传统图书馆系统是没有日志分析功能的。第三，NLSP 系统采取多级缓存技术，避免了传统图书馆系统的并发瓶颈，让读者能够流畅使用系统。第四，NLSP 系统不需要用户进行系统维护，而传统图书馆系统维护要求用户具备一定的技术能力；NLSP 系统在这方面更简单便捷，无须用户进行操作升级，系统会自行更新，而传统图书馆系统更新需要重新安装系统，从而影响读者使用系统。第五，NLSP 系统相对稳定，安全级别达到了金融安全，而传统图书馆系统则不稳定，也不安全，存在较大的运行隐患。第六，NLSP 系统采取云部署的订阅模式，无须安装、更新和升级，即可进行使用。第七，NLSP 系统与传统图书馆系统相比更为智能，拥有人脸识别、智能采选、自动收割等功能。

表 2-2 图书馆系统架构对比分析

传统图书馆系统	NLSP 下一代图书馆管理系统
C/S 架构、部分 B/S 单体架构	微服务架构
无日志分析功能	基于 Sleuth 日志分析服务
单级缓存	多级缓存
需要用户具备一定系统维护能力	不需要用户进行系统维护
需要手动下载客户端进行升级，重新安装客户端	自动升级
只支持 PC 端	前后端分离开发，同时支持移动端与 PC 端
单体运作，系统不稳定、不安全	支持多节点分布式部署，系统稳定、安全
存在并发瓶颈	支持全文索引，分布式数据库，可多层次并发
单一数据库	多节点分布式数据库
单体应用部署	多节点分布式部署
安全性低	金融级别安全保护
性能低，提升性能需要暂停服务	性能高，在不影响服务的情况下可提升性

	能
平台开放性低	提供开放平台
Delphi、vb 等过时开发语言	全新开发框架，前后端分离，前端 REACT，后端 Java

（二）服务对象扩大化

在传统图书馆服务中，读者是图书馆服务的唯一对象。但在 NLSP 下一代图书馆管理系统中，其服务对象则不限于读者，还包括其他图书馆、资源商、第三方服务平台等。面向读者，NLSP 系统可利用大数据、云计算、物联网、人工智能等多种技术为读者提供区域借阅、文献传递及各种教育休闲服务等；面向图书馆，NLSP 系统可为全国的各类型图书馆提供多租户的订阅型服务；面向资源商，NLSP 系统可为书商、电子资源供应商及出版社等提供集采、数据分析服务等；面向第三方服务平台，NLSP 系统可为其提供开放的开发者平台，可进行沙箱测试，并提供可订阅的应用商城服务等。

二、学科服务系统

学科服务系统是智慧图书馆专门为高校重点学科推出的有针对性的一整套服务内容，不同学校的学科服务系统内容有所不同。如武汉大学图书馆采用美国 LibGuides 内容管理与知识共享平台，已为 31 个学科提供专门的服务平台，以武汉大学图书馆信息管理学科服务平台为例，该服务平台整合了信息管理相关学科资源与图书馆服务，支持学科用户与学科馆员之间的互动交流。该服务平台的主要服务模块包括首页、文献资源、学术机构、资源荐购、学习社区、期刊导航和学术资源可视化。

首页模块包括信息管理领域知名人士的博客、E 线图情的最新资讯、学院信息、相关链接等。

文献资源模块支持对馆藏书目进行检索，同时提供相应的电子图书数据库、全文期刊数据库和分析评价数据库等。

学术机构模块包含国内外信息管理领域知名的研究机构、研究基地、高校院系、研究会或协会等，能帮助信息管理专业学生及科研工作者以最快速度获取国内外该领域有关机构的门户信息。

资源荐购模块有中文图书荐购系统和海外图书采选系统 PSOP，能向读者展示国内外信息管理领域最新的图书信息，读者在了解这些图书信息之后可向图书馆申请采购。

学习社区模块为读者提供了最新的培训讲座信息，以及网络课程和信息资源管理的核心书目信息，同时还为读者提供了信息管理专业的学习软件，以帮助读者提升信息管理专业知识水平。

期刊导航模块为读者提供了信息管理领域相关的核心期刊目录，读者能通过链接访问全文文献。

学术资源可视化模块为读者动态展现"信息管理学院特色课程导航""学科领域研究现况可视化展现""信管及相关中外文期刊发文可视化分析""机构研究现况可视化展现""国家级教育部级资助项目成果可视化展现"五个方面的内容。

南京大学图书馆的学科服务系统与武汉大学图书馆的有所不同。以南京大学 A 类学科图书情报与档案管理专业为例，南京大学图书馆专门提供了图书馆、情报与档案管理服务平台，其服务内容涵盖信息检索、学科头条、学科资源推荐、学科服务等。

在信息检索模块中，读者可在同一搜索框中一键搜索到馆藏所有资源，如期刊、图书、博硕论文、会议、报纸和外文文献等，从而能够方便、快捷地获取服务。学科头条模块包含与图书馆、情报与档案管理相关的最新资讯，还有相关的征文和学术活动等。学科资源推荐模块包含该学科相关的中外文高水平期刊和图书、重要数据库和在线课程中心等。该模块的资源都是图书馆、情报与档案管理领域最为尖端的资源，对提升专业素养和发展科研具有非常重要的作用。学科服务模块包含学科相关机构、学科专家、论文写作、学科关键词动态展示、学科资源统计、学科中外文发文趋势图等。

笔者认为不管是武汉大学图书馆还是南京大学图书馆的学科服务系统都是较为全面的，涵盖了读者及科研人员对该学科可能关心的几乎所有内容，对高校学科发展必然会起到重要的推动作用。

三、物联网蓝牙服务系统

在室外能够通过北斗和 GPS 进行精准定位，但图书馆服务以室内服务为主，在室内无法通过卫星进行精准定位。智慧图书馆可通过物联网蓝牙服务系统来确定物体在图书馆内的具体位置。目前室内定位技术除通信网络的蜂窝定位技术外，常见的室内无线定位技术还有 Wi-Fi、蓝牙、红外线、超宽带、RFID、ZigBee 和超声波，其中 Wi-Fi 技术和蓝牙技术在智慧图书馆定位中应用较多。

（一）Wi-Fi 技术

Wi-Fi 是一种无线网络技术，允许计算机（笔记本电脑和台式机）、移动设备（智能手机和可穿戴设备）和其他设备（打印机和摄像机）等与互联网连接。它允许这些设备之间相互交换信息，创建一个网络。Wi-Fi 一般有四种部署方式：思科移动快捷方式、集中部署、融合部署和基于云的部署，如表 2-3 所示。智慧图书馆一般采取的是 Wi-Fi 集中部署方式。

表 2-3 Wi-Fi 部署方式

部署方式	属性
思科移动快捷方式	思科 Wi-Fi 网络独有的 Mobility Express 是一种适用于中小型组织的简单、高性能无线解决方案。它具有完整的高级 Cisco 功能，这些功能预先配置了 Cisco 最佳实践。默认设置允许快速、轻松地部署，可以在几分钟内投入使用，它非常适合小型企业的基本网络。
集中部署	最常见的无线网络系统类型，传统上部署在建筑物和网络非常接近的校园中。这种部署整合了无线网络，允许更轻松地升级并启用高级无线功能。控制器基于本地且安装在一个集中位置。
融合部署	为小型校园或分支机构量身定制的解决方案。它为客户的无线和有线连接提供了一致性，这种部署将有线和无线融合在一个网络设备（接入交换机）上，并扮演交换机和无线控制器的双重角色。

基于云的部署	使用云来管理部署在不同位置的本地网络设备的系统。该解决方案需要 Cisco Meraki 云管理设备,这些设备通过其仪表板可以全面了解网络。

通过 WiFi 部署,可实现室内复杂环境中的定位、监测和追踪,它以网络节点(无线接入点)的位置信息为基础和前提,采用经验测试和信号传播模型相结合的方式,对已接入的移动设备进行位置定位,最高精确度为 1~20 米。Wi-Fi 定位要参照周边 Wi-Fi 的信号强度,而不能仅根据联网的 Wi-Fi 接入点,否则会导致定位误差。所以智慧图书馆在 Wi-Fi 部署时往往要布置较多的 Wi-Fi 设备,以提升定位的准确度,降低其他信号对 Wi-Fi 设备的干扰。

(二)蓝牙技术

蓝牙通信是一种短距离、低功耗的无线传输技术,在室内安装适当的蓝牙局域网接入点后,将网络配置成基于多用户的基础网络连接模式,并保证蓝牙局域网接入点始终是该微网络的主设备,这样通过检测信号强度就可以获得用户的位置信息。

与其他无线技术不同,蓝牙技术旨在支持两个设备之间的非常可靠的数据传输,为开发人员制订出最能满足其目标用户需求的无线解决方案提供了极大的灵活性。有几个关键因素会影响可靠蓝牙连接的有效范围,即无线电频谱、物理层、接收器灵敏度、发射功率、天线增益、路径损耗等。

无线电频谱从 30Hz 延伸到 300GHz。频率越低,范围越大。但是,频率越低,它可以支持的数据速率就越低。因此,选择无线电频谱需要在范围和数据速率之间进行权衡。

物理层定义了用于通过特定射频(RF)频段发送数据的调制方案和其他技术,这包括可用信道的数量及其利用效率、纠错的使用、防止干扰的措施等。如果将 RF 通信与口头通信进行比较,可以理解为物理层定义了讲话的速度和清晰度。两者都会影响听到的范围。

接收器灵敏度是接收器可以接收的最小信号强度的度量。换句话说,它是接收器可以检测到无线电信号、保持连接并仍然解调数据的最低功率电平。接收器灵敏度可看作衡量能听到的声音或能听到和理解的最安静声音的度量。

选择发射功率电平是范围和功耗之间的设计权衡。发射功率越高,越有可能在更远的距离和有效范围内听到信号。但是,增加发射功率会增加设备的功耗。

天线将来自发射器的电能转换为电磁能(或无线电波),反之亦然。天线位置、封装尺寸和设计会极大地影响信号传输和接收的效率,天线的类型、尺寸以及它们将电能转换为电磁能和聚焦能量方向的效率可能会有很大差异。

路径损耗是无线电波在空气中传播时所发生的信号强度降低现象。路径损耗或路径衰减随距离自然发生,并受信号传输环境的影响。发射器和接收器之间的障碍物会使信号恶化。衰减器可以是任何东西,从湿润的空气和雨水到墙壁、窗户和其他由玻璃、木材、金属或混凝土制成的障碍物,包括反射和散射无线电波的金属塔或面板都可以成为衰减器。虽然无线电波可以穿过物体,但衰减量和有效路径损耗因障碍物的类型和密度而异。试想当尝试听到隔壁房间的声音时,如果将混凝土的墙壁改为木板,那二者可以听到的音量和清晰度是有差异的。

与其他定位技术相比，蓝牙技术稳定性偏差，受各种因素干扰的可能性大，所以在智慧图书馆中一般在单层大厅或仓库内进行部署。读者只要将设备的蓝牙功能打开，物联网蓝牙服务系统就可对其位置进行判断。

第四节　智慧图书馆评价体系

一、评价方法

目前国内关于智慧图书馆评价体系的文献并不多，笔者于 2021 年 10 月 25 日在中国知网中以"智慧图书馆评价"为主题词，共检索到 20 篇相关文献，其中发表在图书情报类期刊的文献有 12 篇，发表在核心期刊的文献有 4 篇，可见在智慧图书馆评价方面的高水平文献不多。这些文献主要对智慧图书馆的资源建设、平台成熟度、用户满意度、情境感知等多个方面进行研究。其中高水平的文献基本在 2021 年度刊出，可见学术界近期才重视对智慧图书馆的评价。

目前有关智慧图书馆的评价主要从智慧感知、智慧管理、智慧服务及智慧决策四个维度进行评价。智慧感知在智慧图书馆建设中起着基础性的作用，智慧管理是智慧图书馆建设的手段，智慧服务是智慧图书馆建设的核心和出发点，智慧决策是智慧图书馆建设的关键。这几个部分是智慧评价的有机整体，任何部分出现问题都会影响智慧图书馆整体水平的发挥。

（一）智慧感知

在智慧感知方面，主要指的是智慧图书馆如何通过各种先进的智能技术感知读者所处的环境及情感需求。了解读者行为的动机，从而让系统自动地为读者提供便捷的人性化服务，省略了读者主动提取信息的过程，显示出图书馆服务的主动性。

（二）智慧管理

在智慧管理方面，馆员与读者均是智慧图书馆的主体，读者是智慧服务的受益者，实现智慧管理需要馆员能够对读者的行为进行分析，深入挖掘读者的个性化需求，然后对其需求进行鉴别，对其需求的信息资源进行深加工，最后通过空间与资源服务来提升读者的满意度。智慧管理具体体现在对读者需求的挖掘，以及对图书馆空间与资源的合理化、智能化管理。

（三）智慧服务

无论是哪种类型的图书馆、哪个阶段的图书馆，其存在的价值都是满足读者的需求，其服务的出发点与归宿都是更好地为读者服务，只是所依赖的技术与资源不一样。智慧图书馆所提供的智慧服务的不同之处在于，通过新技术改变传统的服务模式，为读者提供更为主动、多元、深加工的服务。智慧服务切忌犯技术导向的错误，不能用技术等同于服务，不能直接将技术的先进性等同于服务的智慧化程度。

（四）智慧决策

智慧决策是智慧图书馆高水平的服务之一。图书馆利用大数据等多种技术分析读者的借阅记录等数据，了解读者的借阅爱好，从而为资源采购提供依据。图书馆还可以通过分析读者画像、专业背景、学习成绩相关性等为管理部门的决策提供依据。

二、评价体系

（一）平台

平台是智慧图书馆多种功能服务的主要承载者，可谓是智慧服务的核心组成部分，其功能特征、完整性、有效性及多元性都是智慧图书馆智慧化的具体表现。故笔者认为智慧平台是智慧图书馆评价体系中重要的一环，主要可从读者感知的角度分析平台智慧性、系统功能、平台质量与读者参与度等。

1. 平台智慧性

平台智慧性是指读者在接受图书馆智慧服务时平台所体现出的智慧性，包括网络聊天机器人和实体智能应答设备等。读者在各种智能设备或系统的帮助下能够更好、更快地进行信息检索、查找等操作。读者在使用平台的过程中能够高速流畅使用，避免传统图书馆系统中出现数据丢失、运行速度慢和访问失效等问题。智慧平台中的馆际交流，不再局限于传统的信息交流、知识交流等，而是能够朝着远程协作和决策支持等方向进行延伸，从而拓展馆际交流的内容、形式及深度。智慧平台在容错及自我修复方面也比传统图书馆强，能够解决传统图书馆平台需人工值守和干预的问题，可进行自我修复，从而降低了馆员的工作强度，提升了平台的智慧性。智慧平台还具有一定的主动学习功能，能够通过大数据技术及机器学习技术实现智慧平台的自我完善，从而不断提升读者的服务体验。故笔者认为智慧图书馆的平台评估非常重要，主要可以从智慧平台的系统智慧性、设备智慧性、馆际交流智慧性、平台纠错能力及自我学习能力等方面进行评估。

2. 系统功能

智慧图书馆的系统功能应相对完善，读者可通过网络实现绝大部分功能，如通过网络进行图书检索、图书在线借阅、展览、在线读者交流、在线服务评价等多种功能。智慧图书馆的系统功能应尽可能解决"最后一公里"的问题，能够让读者足不出户就可以享受全方位的服务，如通过网上借阅线下快递到家的图书借阅服务，通过海量的论文资源库进行在线论文下载及文献传递等服务，通过在线咨询快速、直接地解决在图书馆使用中遇到的各种问题，通过在线平台与读者进行实时阅读分享。同时，智慧图书馆系统应满足读者个性化展示的需求，网页设计应符合读者的审美需求，能提供多语种服务。为读者设计的导航清晰明了，能够对知识、信息与服务导航进行区分，针对信息检索呈现出不同层级、专业、知识与类型的文献等。因此，笔者认为智慧图书馆系统功能方面的评价可从系统的完整性、美观性、逻辑性等方面进行。

3. 平台质量

一般而言，智慧图书馆的平台质量可从以下几个方面进行评价。一是数据的完整性，即平台所能收集与拥有的数据是否完整。数据完整性高，有助于数据结构体系的完善，有助于后期的大数据分析，从而挖掘数据之间的关系。二是平台系统的安全性，即系统能否有效抵御外部非法侵入，能否确保读者数据安全。系统的安全性是平台质量非常重要的考量之一。三是平台系统的稳定性，即平台能否确保读者平稳、流畅地使用智慧图书馆系统，以及在不同系统之间切换时是否稳定。四是平台系统界面的友好性，如在页面布局、标识引导、色彩搭配等方面能否让读者感觉特别舒适。

4.读者参与度

当下，读者在智慧图书馆中的参与度越来越高。读者参与智慧图书馆的表现形式主要有以下几种。一是通过读者留言、即时咨询等，向图书馆咨询相关业务知识，或者反馈在使用过程中遇到的问题。在智慧图书馆中，读者希望反馈的问题能够得到及时回复，没有明显的延误、错误等。二是读者通过图书馆智慧服务系统参加各种交互活动，如图书馆组织的各种活动，以及读者自行组织的阅读交流活动。在智慧图书馆中，读者参与线上线下的社交活动更为频繁。三是读者通过智慧平台享有相应的服务，如座位预约、讲座预约、学生签到等，这些服务要求智慧平台反应快速，不存在滞后与错误等问题。所以从读者参与度方面来评价，笔者认为可从读者反馈数量、读者线上线下活动参与数量及读者使用平台进行座位预约情况等方面进行。

5.统筹管理各种对象

智慧图书馆平台应能够对各种资源与服务进行有效整合，包括实体馆藏资源和虚拟数字资源，根据读者画像进行资源匹配，从而实现资源对接，有效解决数字环境下的孤岛问题。

（二）空间

空间是读者进入智慧图书馆时最直接感触到的，也是读者享受馆内服务的环境体现。故笔者认为，空间是读者感知智慧图书馆的最直接元素，是智慧图书馆评价中最为直观的指标之一，空间建设是智慧图书馆评价的重要组成部分。四川美术学院图书馆被打造成田园风，而中南民族大学图书馆采用的是仿古风，这些都是为了能够给读者塑造一个良好的外在形象。智慧图书馆不仅是各种新一代智能技术在图书馆中的应用，也是实体空间进一步变革的体现，这也是空间作为智慧图书馆评价体系之一的原因所在。笔者认为空间评价可从空间整体形象、空间硬件条件、空间感知价值、空间环境智慧化及读者场景偏好等方面进行。

1.空间整体形象

智慧图书馆的空间整体形象可从以下几个方面进行评价：一是所处的位置要交通便利，能让读者方便、快捷地获取相应的服务；二是内部构造及场景布置应符合广大读者的审美，能让读者身心愉悦，从而有助于读者的学习与交流；三是整个社会口碑好，能为读者带来正能量，体现出读者对美好事物的向往。

2.空间硬件条件

智慧图书馆的空间硬件条件是指图书馆为读者提供的各种空间的设施及使用条件等，应符合读者需求。笔者认为一般可从以下几个方面进行评价：一是各空间设施的智能化程度应以满足读者在馆内的学习需求为佳，且智能化程度越高越好；二是馆内各空间的多元化分工问题，图书馆能为不同学科、不同类型的读者规划出不同类型的空间服务，如残障读者空间、研讨室、创客空间等；三是在图书馆开放时间能够满足绝大部分读者的需求，在按需开放空间的原则上进行；四是在智慧空间内应对各种导引标识进行合理、清晰地设计，以便读者根据导引标识自行使用。

3.空间感知价值

空间感知价值是指读者进入智慧图书馆所感知到的价值。智慧图书馆所创造的价值与读者所感知到的价值并不一致。造成这种不一致的原因可能是读者的知识背景结构以及图书馆给读者的相应培训不匹配。读者的智慧图书馆空间感知价值是一种比较主观的评价，源于读者对空间直接利用的感知。笔者认为这种感知是多元的，包括读者使用服务的便利性、对读者个性化需求的满足、对读者隐私的保护、娱乐休闲服务以及对读者学习的辅助等。除此之外，整个图书馆的空间设施设置、设备智能化程度、沉浸式学习氛围，以及抗干扰效果等也会影响读者的空间感知价值。

4.空间环境智慧化

智慧图书馆的空间环境智慧化主要可从以下几点进行评价：一是通过各种传感设备对空间内各种智能设备的温湿度进行智能控制和远程调控，确保各种设备在最佳环境下运作；二是智慧空间的建筑符合绿色建筑标准，其在建设过程中采用环保材质，同时在运行过程中能够起到节能作用，符合当下碳中和的全球发展战略；三是智慧图书馆的各种空间可进行重组，甚至可进行拓展，让空间不再是传统的固定形态，而是根据广大读者需求进行内控空间调整。笔者认为以上三方面可在一定程度上概括空间环境智慧化程度的评价。

5.读者场景偏好

读者对图书馆服务质量是否满意在很大程度上取决于图书馆服务是否达到读者的期望。读者对智慧图书馆服务的期望与现实的满足度决定了读者的满意度。若智慧图书馆服务超出了读者的期望，则会让读者非常满意。在读者期望方面，场景偏好是其中的一个重要因素。场景偏好是一个相对主观的意识，是读者对智慧图书馆整体环境的感知与评价，主要从智慧图书馆的空间布局、色彩搭配、功能设置及学科资源布局等多个方面综合感知而来。智慧图书馆可在不同专业领域的书库、研讨室采用不同色彩的搭配与布局，从而体现出不同专业的特色。图书馆布置环境时可将具有强烈地方特色的资源的象征性元素融合进去，从而帮助读者沉浸其中。

（三）资源

资源是读者对智慧图书馆除空间外，另一个能够直观感知的因素，也是智慧图书馆评估的重要指标之一。读者对资源的直观感知主要从资源的数量、质量、获取便利性等多个方面进行考量。笔者认为，以下几个方面会直接影响读者对智慧图书馆的资源评价。

1.资源丰富

对馆藏资源数量方面的考量，不仅要考虑到读者对资源的绝对数量，而且要考虑到呈现的方式及种类等。如纸质图书的复本量过大的意义不大，图书种类多才更具有实际意义。同时在馆藏资源数量方面，还需要考虑这些资源对读者的可读性。若馆藏资源丰富，却不是广大读者所需要的，那也会降低读者对资源方面的评价。故能为读者提供他们所需要的种类丰富的纸质图书和电子资源是非常重要的。对有代表性的特色资源数据库以及学科权威库，图书馆应及时更新相关数据，从而方便读者获取数据。

2.资源整合合理化

智慧图书馆所管理的馆藏纸质资源、智能设备及数字资源不仅数量多,而且种类多。对这些资源与设备进行合理化整合是非常重要的,杂乱无章的管理会让智慧服务无从谈起。科学有效的资源整合能提升智慧服务水平,使读者享受便捷的服务。笔者认为,资源整合优化可从以下几方面考虑:一是书库布局要合理,应根据学科种类进行布局,或依据读者阅读习惯选取位置,同时借助 RFID 技术进行图书定位,以便读者获取图书;二是对馆藏的纸质图书和电子资源采用一站式检索系统,让读者方便、快捷地发现所需资源,并能够通过智能机器人协助获取资源;三是在资源采购方面,智慧图书馆应能支持智能 PDA 采购,支持线上线下多种采购模式,并能够通过快递或预约的方式获取;四是为读者提供多种服务内容,如热点推荐、根据检索结果进行荐购等服务。

3.人才队伍专业化

智慧图书馆并不是简单地将各种先进技术应用在图书馆中,而是要充分发挥智慧馆员在服务中的作用。故笔者认为,空间与资源是智慧图书馆评价的重要指标,但人才队伍建设也是不可或缺的指标之一。馆员的专业性对智慧图书馆建设起着关键性的作用。古人云:"巧妇难为无米之炊。"但笔者认为,仅有米而无巧妇,也是完全不可行的。在智慧图书馆评价中应将"人"的因素放在重要位置,这也是读者对智慧图书馆权威性、专业性的直观感知。在智慧图书馆建设中,馆员与读者的联系由接触式向非接触式转变,更多地依赖智慧平台进行馆员与读者的交流。笔者认为,馆员人才队伍专业化方面的评估可从以下几点进行:一是沟通能力,这主要体现在馆员与读者的沟通情况,解决读者遇到问题的能力,在团队协作中协同处理问题的能力;二是专业素养能力,主要体现在馆员能否提升读者专业素养方面,如能否进行信息素养、数据素养等方面的培训,能否提供学科服务、决策咨询服务等。

4.资源感知价值

资源感知价值是指读者对智慧图书馆各种资源的一种整体主观评价,主要从读者对馆藏资源的权威性、全面性、及时性等方面进行。权威性是指馆藏资源为来源权威的高质量资源,不会存在明显的错误或漏洞;全面性是指馆藏资源具有一定的系统性,能体现知识脉络发展结构,而不是零散的资源堆砌;及时性是指馆藏资源必须及时更新,跟踪前沿及热点资源,从而让读者获得的信息能够与时俱进。

（四）服务

读者对智慧服务的直观体验主要体现在智慧图书馆的服务模式、服务功能及特色等方面。读者对智慧图书馆进行满意度评价的环节主要有服务的入馆前期望、服务过程感知与后续持续使用意愿等多种构建服务。具体到服务层面上,可以从以下几个角度对读者的感知进行评价。

1.特色服务多样化

智慧服务的一个重要特点是对各种服务及资源进行整合,能为读者提供个性化的、有特色的服务，这是传统图书馆难以提供的。在社交属性方面，智慧图书馆所提供的服务交流性较强，能让读者自主地与馆员及其他读者进行交流，即智慧图书馆与传统图书馆相比更具有社交属性。在信息宣传与推送方面，智慧图书馆能对读者关注的资讯按照重要性、相关性等进行分类后推送给读者。在信息反馈方面，智慧图书馆能够实现虚拟参考咨询，通过网络机器人和大数据处理技术智能实时应答。

2.服务质量

对智慧图书馆的服务质量的评价主要来源于读者与图书馆接触式与非接触式服务的感知。图书馆服务质量一般可通过留言本、口碑网、大众点评网等渠道留存下来，国外也有相关的网站。读者对智慧图书馆的不满及抱怨主要表现在服务条件、服务设施、服务内容及相关模式和服务态度等方面。故馆员为读者提供专业服务时，还应秉持良好的服务态度，即专业与态度必须同时兼备。馆员对与读者密切相关的服务便利性、信息反馈及时性等问题需及时跟进。

3.比较差异

由于不同读者经历不同阶段图书馆的体验不一样，故不同读者对智慧图书馆的预期也有所不同。有些读者经历过古代藏书楼模式、数字图书馆、移动图书馆等阶段，对不同阶段图书馆的经历会在一定程度上影响着他们对智慧图书馆的预期，以及预期与现实差异的接受程度。智慧图书馆与之前其他阶段图书馆相比，在资源与服务获取方面更为智能快捷，能够提供更为精准化、个性化的服务，且提供的服务也更具有主动性和科学性。

4.服务智慧化

智慧图书馆的服务能力与其他阶段图书馆相比有明显提升，主要体现为定位、引导、应答及数据支持等方面更为智能，节省了读者在获取相关信息或服务方面的精力，提升了用户体验。智慧服务的一个特点是使用各种类型的机器人，如智能盘点机器人、智能应答机器人、智能导航机器人等。

三、发展建议

目前智慧图书馆评价尚处于理论探索阶段，国内真正落实智慧图书馆评价的尚未发现。笔者认为我国图书馆可在现有研究的基础上，再结合国外的评估方法和国内智慧图书馆的发展实践，建立起智慧图书馆评价体系，并以此为标准对国内图书馆的实践情况进行评估。具体而言，可从以下几个方面着手：一是由中国图书馆学会牵头组织制订智慧图书馆评估机制，整理一套涵盖申报、现场评估及公布的评价流程，体现出智慧图书馆评价的高度和可应用性；二是对国内智慧图书馆建设进行摸底调研，了解国内智慧图书馆的建设现状，掌握智慧图书馆建设的标准，故这个评估体系既要体现先进性，又要具有一定的代表性和可操作性，从而为全国智慧图书馆的评估做好准备；三是开展试点评估工作，在调研的基础上选择有代表性的智慧图书馆进行评估，对评价标准、过程及结果等进行分析和验证，以便为评估体系的修正及落实应用做好准备。

笔者认为，随着国内智慧图书馆的发展，该评价体系的建立是非常有必要的。评价体系的建立有助于提升智慧图书馆的概念认识和建设标准，也有助于国内智慧图书馆的建设。评价体系的建立，在很大程度上推动了我国智慧图书馆的发展，引领着智慧图书馆的发展方向，使之由以前的盲目发展向有目的、有规划发展转变。

第三章 智慧图书馆馆员队伍建设

在智慧图书馆的概念中，人的因素是相当重要的，其中包括馆员和读者。馆员在智慧图书馆建设中起着不可或缺的作用。任何先进的技术，离开了人的主观能动性，其创造性都会受到很大的影响。在智慧图书馆建设中，图书馆不应该仅依赖花费巨额资金采购的各种智能设备，而应该重视馆员在其中所发挥的主观能动性和创新性，任何脱离了馆员的智慧图书馆建设都是在浪费经费。因此，在智慧图书馆建设中，我们不仅要关注使用了多少智能设备、设备有多先进，还应该重视馆员素质的提升，从而让馆员提供更高水平、更专业的图书馆服务。正如伊安·约翰逊所言，智慧图书馆建设离不开智慧馆员。馆员是整个智慧图书馆建设的实践者，馆员的水平在很大程度上决定了智慧图书馆建设的水平。

第一节 智慧馆员的概念与岗位设置

智慧馆员是在智慧图书馆建设过程中产生的概念。智慧图书馆建设对馆员提出了更高的要求，馆员要适应图书馆的新服务模式，将知识服务跃升为更为主动、专业和个性化的智慧服务。

一、智慧馆员的定义

笔者于 2021 年 8 月在中国知网分别以"智慧馆员"和"智慧图书馆馆员"为关键词进行检索，所获文献较多。但真正在文章题目或关键词、主题词中涉及智慧馆员的文章寥寥无几，绝大部分的文献仅是与"智慧""馆员"相关而已。即使完全与"智慧馆员"相关，对"智慧馆员"进行定义的文献也相当少，绝大部分是在智慧图书馆建设中提到对智慧馆员的能力建设的探索。在这些文献中，被引用次数较多的是英国图书馆研究人员伊安·约翰逊的文章，他在文中提到了"知识工作者"一词，他认为在智慧图书馆建设中，馆员不应该破坏读者的各种行为习惯，应借助各种智能设备为读者提供更快、更好的服务。国内首次给"智慧馆员"定义的是许春漫，其认为智慧馆员具备一定的学科背景，经过相关的专业训练，能满足读者个性化、专业化知识服务的需求，且可以培养智慧读者。这是从智慧馆员所应具备的素质和承担的责任出发来定义的。后来金敏婕也对智慧馆员进行了定义，认为智慧馆员应从读者的目标出发，能深度理解与分析知识结构，并将这些应用在工作中，从而为读者提供个性化、情景化的知识服务。林嘉乔认为，智慧馆员应具备掌握现代化技术的能力，利用智慧方法进行信息收集、分析等，并且能与其他职能部门一起整合资源和提供服务。

从上述对智慧馆员的定义可知，这些定义的框架基本上是智慧馆员应具备一定的能力，并承担一定的责任。这些定义基本上要求智慧馆员掌握一定的现代化信息技术，为读者提供个性化、智能化服务。因此，从这些定义中可以发现，智慧馆员只有掌握智慧图书馆涉及的各种信息化技术，才能为读者提供智慧服务，这也是智慧馆员最大的特征。目前国内外对"智慧馆员"的定义尚未统一，也少有学者对该概念进行定义。笔者认为，随着技术的进步与智慧图书馆建设的推进，"智慧馆员"的定义会动态发展，对"智慧馆员"的要求也会不断变化，这或许是较难定义"智慧馆员"的主要原因。

二、智慧馆员的角色定位

（一）馆员角色的演变

科学技术是第一生产力，科学技术驱动着图书馆向前发展，从古代藏书楼到近现代图书馆，再到随着技术革新而发展的数字图书馆、移动图书馆、智能图书馆，最后到智慧图书馆。不同时期馆员的角色也在不断演变，一般而言，馆员具有图书馆管理员、参考馆员、学科馆员、嵌入式馆员和智慧馆员等角色。这五个角色并不是后者对前者的替代，而是在技术推动下图书馆出现的新角色，他们所要提供的服务逐渐深层化和个性化。这五个馆员角色分别对应不同的图书馆服务阶段。一般认为，图书馆服务经历了文献服务阶段、信息服务阶段、知识服务阶段、嵌入式服务阶段和智慧服务阶段。

在文献服务阶段，馆员在古代藏书楼时期由于重视对图书馆文献的收藏，只负责藏书的保存和借还工作，而不重视对馆藏文献的开发利用，主要承担图书馆管理员的角色。随着计算机的出现，图书馆进入数字图书馆时期，图书馆意识到文献加工整理的重要性，便开始为读者提供参考咨询等服务，于是进入信息服务阶段。在信息服务阶段，馆员主要承担参考馆员的角色，被动地回答读者的问题，且回答的问题相对简单，如馆藏布局、读者指引、文献导读等。随着技术的发展和馆员主动服务意识的增强，图书馆步入知识服务阶段。在知识服务阶段，馆员主要承担学科馆员的角色，重点在于将图书馆服务与教学、科研等相结合，努力将自己变成某个领域的专家，所以一般需要具备一定的专业背景。随着信息化的推进和图书馆服务主动性的进一步加强，图书馆进入嵌入式服务阶段。在嵌入式服务阶段，馆员主要承担嵌入式馆员的角色，围绕着读者，为其提供专业的、随时随地的服务，并且能够主动将图书馆服务嵌入教学与科研中，成为项目组成员、某个领域的信息专员或数据专家。在嵌入式服务阶段，馆员不再将工作地点局限于图书馆，而是经常深入院系、科研单位等，了解读者的真实信息需求。随着智慧图书馆建设的推进，馆员正经历着由嵌入式馆员向智慧馆员的转变。智慧馆员努力将知识、信息和数据转变成智慧成果。

由于经费和技术的原因，当前我国能进行智慧图书馆建设的图书馆较少。因此国内真正能称为智慧馆员的也极少，绝大部分还处于学科馆员和嵌入式馆员的阶段。同时，即使在同一图书馆内，由于所处的岗位不同，馆员所承担的角色也有所不同。一个图书馆不可能所有馆员都是智慧馆员、嵌入式馆员等，根据岗位不同，馆员所承担的角色也不一样。因此，笔者认为，在同一个图书馆中，不同角色的馆员会并存。如在同一个图书馆内，可能同时存在图书馆管理员、参考馆员、学科馆员和嵌入式馆员，这是由分工不同而产生的。但智慧馆员的素质与胜任能力要高于其他馆员，这是岗位职责所决定的。

智慧馆员是智慧图书馆建设的核心组成部分，在很大程度上决定着智慧图书馆建设的水平，其依靠新一代的信息技术，为读者提供智能化、个性化的智慧服务。因此，智慧馆员是智慧图书馆发展的必然产物，是技术驱动图书馆发展的结果。

（二）智慧馆员的角色定位

国外图书馆很少专门设置智慧馆员，对智慧馆员的角色定位也极少涉及。西悉尼大学图书馆设置了智慧学习馆员，角色的定位主要是对读者提出的问题进行评估、给出搜索策略的建议、给出数据库使用的建议、帮助读者发现和修改写作中的错误等。与之相反的是，智慧馆员并不会亲自为读者做这些具体工作，仅仅提供建议而已，如他们不会阅读、校对或编辑读者的参考文献。国内对智慧馆员的角色定位都从理论探讨出发，没有从具体的智慧馆员岗位设置出发，与实践探讨还有一定的差距。金敏婕在对智慧馆员的概念进行定义之后，也对其角色定位进行了探讨，认为智慧馆员的角色定位为阅读引导员、智能学习员、首席数据官。智能学习员的定位与西悉尼大学图书馆的智慧学习馆员的提法类似。阅读引导员可引导读者在智慧图书馆内进行高效的学习与阅读；首席数据官的提法也借鉴了国外的提法，相当于国外的图书馆数据专家。陈凌分别从技术层面、服务层面、馆员素质层面等角度对智慧馆员提出了掌握新一代技术、提供个性化服务与创新服务、提供知识挖掘服务和知识增值服务等要求。

国内外对智慧馆员角色定位的研究极少，主要是目前在智慧图书馆建设方面做得很出色的并不多，专门设置智慧馆员的图书馆更是极少。因此，国内外图书馆科研人员较难对其角色定位进行研究。在现有的研究中，基本上还是在智慧馆员概念的基础上进行重新细化描述，并无新意。结合西悉尼大学图书馆及国内专家学者对智慧馆员的角色定位，笔者认为智慧馆员的角色定位有问题解决专家、智慧学习馆员、首席数据家、"营养师"与贴心服务者等。

1. 问题解决专家

问题解决一直是馆员应该面对的事情。不管图书馆处于何种发展阶段，其本质都是给读者解决问题，只是解决问题的深度与广度不同。由于解决的问题不同，馆员所承担的角色也不同。不管所承担的角色如何，馆员都要解决其岗位面临的问题，此时他就是专家。如在古代藏书楼阶段，馆员承担图书馆管理员角色，主要解决的问题是帮读者尽快找到想要的图书并为其办理借阅。所以在古代藏书楼阶段，馆员在帮助读者寻找图书时就属于问题解决专家。但随着技术的发展，馆员所承担的角色不同，所处理的问题也有所不同。正如前文所探讨的，在同一个图书馆中由于馆员所处的岗位不同，可能同时存在图书馆管理员、参考馆员、学科馆员和嵌入式馆员。在智慧图书馆建设中，智慧馆员要扮演好问题解决专家的角色，同时承担图书馆管理员、参考馆员、学科馆员和嵌入式馆员多个角色。只有具备以上这些角色所拥有的能力，智慧馆员才能对读者的信息需求有求必应。智慧馆员作为参考馆员，能够回答读者有关图书馆活动服务、功能区域划分、借阅规则、智能设备使用等方面的问题，具备解决读者最基础问题的能力。作为学科馆员，智慧馆员应通过新一代技术更全面地了解国内外学科专业知识的发展，并掌握本校专业建设情况及馆藏需求，从而立足于教学与科研的需求，对馆内资源与馆外学科前沿知识进行加工处理，生成最新的学科知识发展前沿报告，实现知识服务升级。作为金字塔顶端的智慧馆员，除了具备学科馆员、参考馆员等应具备的能力外，还应掌握专业的图书情报基础知识，掌握新一代信息技术，利用这些专业知识和先进技术，敏锐地获取专业发展信息，并深入挖掘馆内读者的需求，主动嵌入教学与科研中，为读者提供优质、高效、个性化、智能的服务，从而解决智慧图书馆建设环境下读者提出的各种问题，提升图书馆服务水平。

2. 智慧学习馆员

智慧学习馆员主要辅导读者在智慧图书馆中更好、更快地学习，重点培训读者掌握智慧图书馆中各种新信息技术的使用方法，从而帮助读者提升学习、科研效率。由于国内外专门设置智慧馆员的图书馆极少，故使用百度、谷歌等主流搜索引擎很少能搜索到相关结果。因此，对智慧馆员所应承担的角色也较难界定。西悉尼大学图书馆是本次研究中仅有的设置智慧馆员的图书馆，且其智慧馆员的名称为智慧学习馆员，可见智慧学习馆员的角色非常重要。西悉尼大学图书馆为读者提供的智慧学习服务包括：一是帮助读者访问各种自助资源，二是在线图书馆馆员会在图书馆工作时间内提供作业帮助服务，三是帮助读者提高学术写作能力和学习技巧，四是帮助读者寻找最佳信息和参考资源，五是为所有读者提供数学和统计概念的教学培训。

具体到智慧学习馆员，正如在前文中提到的，西悉尼大学图书馆为读者提供学习方面的建议，而不会去帮读者完成具体的工作。如图书馆会对读者提出的问题进行评估而不会帮读者做作业，会给出搜索策略的建议而不会帮读者搜索，会给出数据库使用的建议而不会帮读者进行文献检索，会帮读者学习如何发现和修改写作中的错误而不会帮读者阅读、校对或编辑作品，会为读者参考引文提供建议而不会帮助读者校对阅读或编辑参考文献。可见西悉尼大学图书馆的智慧学习馆员主要是培养读者在智慧图书馆中自主学习的能力。

3. 首席数据家

智慧图书馆建设中会产生各种来源和各种结构的数据，包括结构化数据、非结构化数据和半结构化数据。特别是非结构化数据，在智慧图书馆建设之后会越来越多。非结构化数据是很难进行挖掘和分析的，所以难以发挥其真正的价值。但非结构化数据在读者画像分析和科研工作中发挥着重要作用。现在图书馆已经步入数据驱动发展阶段，数据服务越来越重要。此部分数据包括各种类型的数据，只是在智慧图书馆建设中非结构化数据的比重及重要程度越来越高。

在智慧图书馆建设中，智慧馆员首席数据家的角色显得越来越重要。作为首席数据家，或数据专家，其应履行以下职责：一是为本校师生提供数据生命周期全周期的服务，从数据产生到数据保管，都要提供专业辅导；二是了解师生的数据需求，帮助他们做好数据管理规划，减少其在时间与精力上的浪费；三是培训师生获取、加工、分析数据等的方法、技术等，提高读者的技术素养；四是主动进行外部数据获取和馆内大数据分析等，生成专业发展前沿报告，为师生的专业发展提供重要参考。

4. "营养师"

智慧馆员可能是图书馆馆员，也可能是教师，也可能是科研工作者，当然还可能同时具备这些身份。首先,智慧馆员是图书馆的一分子,其身份首先是图书馆馆员。其次,智慧馆员具有专业素养和技术素养,完全具备从事相关教学工作的能力,所以国内外许多高校图书馆馆员同时从事教学工作。再次,智慧馆员也是科研工作者,不仅能独立从事科研工作,而且参与高校各个学科的科研工作。因此,智慧馆员可同时具有馆员、教师和科研人员的身份。智慧馆员身兼多个身份,掌握多种专业知识与技能,能为读者提供多种辅导,具体以读者的需求为主,起到"营养师"的作用。面向科研工作者,智慧馆员可以是馆员或教师;面向教师,智慧馆员可以是馆员或科研人员;面向学生读者,智慧馆员可以是馆员、教师或科研人员。扮演多个角色的智慧馆员,源源不断地为在校师生提供各种智慧养料。

5.贴心服务者

服务是图书馆的本质属性,也是图书馆的职责与价值所在。图书馆普遍关注读者服务满意度、图书借阅量、入馆人数、电子资源下载量等指标,这些指标都是围绕读者服务设置的。可见服务质量在很大程度上被视为图书馆发展的生命线。在17世纪,布里埃·诺蒂认为开设图书馆的目的是为公众服务。图书馆在很早以前就把服务视为其存在的目的,随着图书馆的发展,服务理念越来越深入人心,图书馆普遍将工作视为"奉献""嫁衣"等,在服务过程中实现自己的社会价值和经济价值。

在智慧图书馆建设中,智慧馆员更应在服务中发挥图书馆的价值和实现自我价值。智慧馆员有专业的图书馆情报知识素养和相应的技能背景,才能在服务中体现自己的专业价值。智慧馆员在思想上、行为上要善于挖掘读者的需求,主动为读者服务,做读者的贴心服务者。

三、智慧图书馆环境中馆员和读者互动的变化

馆员与读者是图书馆的共同参与者,在智慧图书馆中亦不例外。在智慧图书馆建设中,新时代技术的大量使用,对馆员与读者的互动产生了一定的影响。随着技术的发展与大规模应用,读者对馆员的依赖性越来越小,独立性越来越强,能独立完成一些任务,如办卡、进出闸门、图书查询与借还等,这些都可以自行完成,不需要与馆员进行互动。因此,智慧图书馆建设在很大程度上对传统图书馆的时空进行了重构,也对馆员与读者的互动进行了重构,建立了新型馆员与读者互动关系。

(一)馆员和读者互动的时空发生变化

在传统图书馆中,特别是藏书楼模式下,馆员与读者的互动是以面对面的形式进行的,没有其他方式可选,这种互动模式在时间与空间方面受到很大的约束。在藏书楼模式下,馆员与读者在信息素养方面具有巨大差异,馆员可以完全掌握与读者互动的主动权,双方采取的是不对等的互动模式。随着信息化的发展,读者对图书馆的依赖程度降低,有更多渠道获取信息,同时在图书获取等方面的知识素养也得到了较大的提升。因此,在数字图书馆、移动图书馆中,馆员与读者的互动关系有所变化,与以往相比,馆员与读者进行沟通需要更高的主动性,且应更注重服务态度与服务质量。在这些模式下,除了面对面的互动方式外,馆员也开始尝试网络互动方式。在智慧图书馆建设中,馆员与读者互动关系进一步发生改变。读者对馆员的依赖程度降低,同时读者对馆员的要求

也逐步提高。读者在智慧图书馆中拥有更高的主动性，与馆员的互动也更为对等。在智慧图书馆建设中，网络互动方式逐步增多，面对面互动相对减少。特别是在新冠肺炎疫情期间，网络互动方式明显增多。在网络互动期间，读者与馆员的互动更为平等，接受到图书馆的服务也更为公平，不会因个人面貌、学历、种族等因素受到不公平对待。由于网络互动方式增多，读者能越来越不受时空限制地向馆员咨询业务。因此，在智慧图书馆建设中，馆员与读者的互动时空在发生变化，馆员与读者的互动方式也在发生变化。

（二）读者对馆员的依赖程度下降，导致双方的关系更为松散

在信息化快速发展的今天，人们受网络的影响越来越大。人们越来越多地通过网络表达自己的想法，体现自己的个性。特别是随着短视频平台的快速发展，人们更愿意通过网络来进行自我展示。在智慧图书馆建设中，信息化、网络化得到进一步加强，读者的虚拟身份以及对平等、均等化等的一系列追求不断激发读者想在智慧图书馆平台上独立自主地表现自我，以实现个人价值。所以在智慧图书馆阶段，读者对图书馆的依赖程度下降，能方便、快捷地通过互联网获取信息，同时智能设备的易用性也帮助读者减少对馆员的依赖。在多种因素影响下，读者越来越不情愿接受馆员的指导或思想灌输，更多的是想向馆员争取个性以及平等，从而造成读者与馆员的关系更为松散。在这种情形下，馆员应抛弃传统的思想，不应以喋喋不休的教导方式与读者进行互动，更不能有高人一等的姿态，而应以读者为中心，以读者想要的方式进行互动，如加强在抖音、快手、B站、视频号等平台上的短视频建设，与读者重新构建交互关系。

（三）馆员和读者的博弈更加明显

读者获取信息的方式在很大程度上决定了馆员与读者的博弈关系。在传统藏书楼模式下，读者获取信息的方式非常少，往往通过口口相传或者查阅书籍的方式获取信息。在那个时期，读者掌握的专业知识比馆员要少得多。所以在传统藏书楼模式下，读者非常敬重馆员，这是一种非常不对等的关系。但随着读者获取信息渠道的增多，获取方式发生了改变，读者能通过网络获取想要的资讯，对图书馆的依赖程度不断弱化。由于这种弱化，馆员在与读者的博弈中慢慢从被动服务向主动服务转变，从绝对强势向平等转变。在这个转变过程中，图书馆的权威性与优越性不断下降，读者要求的平等化逐步增强。所以在这个博弈中，读者的需求在改变，馆员的角色也应发生变化。图书馆不能再从自身角度出发，而应从读者需求出发进行构建。因此，在智慧图书馆中，馆员要承担更多的责任，如在管理与传播知识的基础上，还应承担组织活动、指导学习、促进技能学习等责任。

（四）馆员和读者互动出现新特征

在智慧图书馆阶段之前的读者一般是本校或者本行政区域范围内的。如华侨大学图书馆的读者一般是华侨大学的在校师生或校友，厦门市图书馆的读者一般是厦门市行政区域范围内的常住人士。同时，馆员与读者的互动一般以面对面的形式为主，能够实实在在地呈现在馆员的面前，虚拟方式的互动较少。在智慧图书馆阶段，馆员与读者主要通过网络互动，往往通过语言、文本、多媒体等方式进行虚拟沟通。同时由于采取的是网络沟通，读者的传统界线将不复存在，读者极有可能不是图书馆所在行政区域内的人。因此，智慧图书馆下读者的概念已经弱化了物理概念，同时也弱化了具体形象，更多是

采取去中心化的虚拟形式，这是智慧图书馆建设的一个新特征。这种交互方式给馆员与读者带来了很大便利，但也对馆员提出了新的要求。这种交互方式要求馆员能够同时在线与多个读者进行实时互动，强调互动的及时性与准确性。同时，这种互动可以数据的形式记录下来，故馆员在与读者沟通时更应注重自身形象，注意自身的专业性。在互联网高度发达的今天，馆员与读者的互动处在全社会的监督下，应谨慎进行，不能因是虚拟化沟通便弱化馆员的角色与责任。

第二节　智慧馆员的能力构成

正如在前文中多次提到的智慧馆员的能力高低在很大程度上决定了智慧图书馆建设的成败，智慧图书馆建设离不开馆员的发展。智慧馆员是整个智慧图书馆服务的主要参与者，同时对整个智慧服务起到主导作用。智慧馆员在智慧图书馆建设过程中，如在项目立项、实施、试运行和后期运作等工作中，都发挥着重要作用。这些也是智慧馆员所应具备的能力，即智慧馆员的能力相对于参考馆员、学科馆员及嵌入式馆员等，应更为专业、更为综合，才能对整个智慧图书馆建设有先见性，才能为读者提供知识增值服务。因此，智慧馆员的能力对智慧馆员本人和智慧图书馆建设都显得非常重要。智慧馆员的能力可依据其专业背景、职业能力、交流能力等多个方面进行筛选或培养。

一、智慧馆员能力构成研究概况

（一）国外研究概况

国外有不少学者对智慧馆员的胜任能力进行了探索。虽然国外设置智慧馆员岗位的图书馆很少，对"智慧馆员"这一概念进行定义的也很少，但对智慧图书馆中馆员应具备的能力素质有较多研究。印度 SNDT 女子大学图书馆馆员 Dr. Sarika Sawant 分别从个人技能、通用技能、IT 技能等方面对智慧馆员应具备的能力进行了问卷调查，分别见表3-1、表 3-2 和表 3-3。

表 3-1 智慧馆员个人技能表

序号	个人技能	差	%	一般	%	好	%	很好	%
1	分析能力	3	5.90	13	25.49	31	60.78	4	7.84
2	创意（创造的力量）	0	0	11	21.57	31	60.78	9	17.65
3	灵活	0	0	10	19.61	33	64.71	8	15.69
4	反应	0	0	18	35.29	31	60.78	2	3.92
5	可处理不同的用户	0	G	6	11.76	26	50.98	19	37.25

6	适应性强	0	0	9	17.65	30	58.82	12	23.53
7	主动	0	0	12	23.53	23	45.10	16	31.37
8	回应他人的能力	0	0	5	9.80	26	50.98	20	39.22
9	敏锐	0	0	9	17.65	26	50.98	16	31.37
10	自我激励	0	0	9	17.65	22	43.14	20	39.22
11	营销技巧	3	5.90	15	29.41	29	56.86	4	7.84
12	专业的网络技能	1	2.00	17	33.33	27	52.94	6	11.76

表 3-2 智慧馆员通用技能表

序号	通用技能	差	%	一般	%	好	%	很好	%
1	面对面和在线沟通技巧	0	0	10	19.61	28	54.90	13	25.49
2	道德标准和社会责任	1	1.96	15	29.41	25	49.02	10	19.61
3	项目管理和演讲技巧	1	1.96	12	23.53	30	58.82	8	15.69
4	批判性思维	1	1.96	12	23.53	29	56.86	9	17.65
5	团队合作	0	0	4	7.84	26	50.98	21	41.18
6	问题解决	1	1.96	7	13.73	29	56.86	14	27.45
7	领导力	0	0	7	13.73	28	54.90	16	31.37
8	建立战略伙伴关系	0	0	18	35.29	27	52.94	6	11.76
9	研究技能	4	7.84	15	29.41	26	50.98	6	11.76
10	教学和培训技能	0	0	11	21.57	29	56.86	11	21.57
11	谈判技巧	2	3.92	12	23.53	26	50.98	11	21.57

表 3-3 IT 技能表

序号	IT 技能	差	%	一般	%	好	%	很好	%
1	文字处理技巧	0	0	15	29.41	26	50.98	10	19.61
2	电子表格技巧	1	1.96	14	27.50	24	47.06	12	23.53
3	对数据库概念的认识	1	1.96	11	21.60	30	58.82	9	17.65
4	电子演示技	2	3.92	13	25.50	25	49.02	11	21.57

	巧							
5	网页导航技巧	4	7.84	14	27.50	22	43.14	11	21.57
6	网站设计技巧／网络发布技巧	14	27.45	14	27.50	18	35.29	5	9.80
7	电子邮件管理技巧	2	3.92	11	21.60	20	39.22	18	35.29
8	数码相机／闭路电视摄像机	9	17.65	15	29.40	22	43.14	5	9.80
9	计算机网络知识使用	7	13.73	11	21.60	24	47.06	9	17.65
10	文件管理和Windows 资源管理器技能	3	5.88	13	25.50	20	39.22	15	29.41
11	从 Web 下载软件	6	11.76	13	25.50	21	41.18	11	21.57
12	在计算机系统上安装计算机软件	10	19.61	12	23.50	20	39.22	9	17.65
13	黑板教学技巧	9	17.65	15	29.40	24	47.06	3	5.88
14.	视频会议技巧	13	25.49	19	37.30	18	35.29	1	1.96
15	与计算机相关的存储设备（知识：CD、USB 驱动器、DVD）	5	9.80	7	13.70	26	50.98	13	25.49
16	扫描仪知识	4	7.84	11	21.60	23	45.10	13	25.49
17	PDA 知识	9	17.65	16	31.40	20	39.22	6	11.76
18	深度网络知识	11	21.57	15	29.40	20	39.22	5	9.80
19	Web2.0 技能	8	15.69	14	27.50	21	41.18	8	15.69

20	计算机安全知识	9	17.65	16	31.40	19	37.25	7	13.73
21	复印和打印机处理技能	5	9.80	12	23.50	24	47.06	10	19.61
22	在线搜索和信息检索	3	5.88	3	5.88	26	50.98	19	37.25

如表 3-1 所示，智慧馆员的个人技能包括分析能力、创意（创造的力量）、灵活、反应、可处理不同的用户、适应性强、主动、回应他人的能力、敏锐、自我激励、营销技巧和专业的网络技能。在这些能力中，智慧馆员一般在可处理不同的用户、适应性强、主动、回应他人的能力、敏锐、自我激励等方面表现较好，而在分析能力、营销技巧、专业的网络技能方面有待提升。

如表 3-2 所示，智慧馆员应具备的通用技能包括面对面和在线沟通技巧、道德标准和社会责任、项目管理和演讲技巧、批判性思维、团队合作、问题解决、领导力、建立战略伙伴关系、研究技能、教学和培训技能、谈判技巧。智慧馆员在面对面和在线沟通技巧、团队合作、问题解决、领导力方面表现不错，其他方面能力有待加强。

如表 3-3 所示，智慧馆员应掌握的 IT 技能包括文字处理技巧、电子表格技巧、对数据库概念的认识、电子演示技巧和网页导航技巧等 22 项技能。智慧馆员在电子邮件管理技巧、在线搜索和信息检索等方面能力表现尚可，其他方面能力参差不齐。

除了 Dr.Sarika Sawant 外，英国伊安·约翰逊、美国 P. Kaufman 等都进行了相关研究。英国伊安·约翰逊并未对智慧馆员的能力进行划分，而是将智慧馆员的 8 个方面的技能全部列出，包括资质、终身学习、灵活性等。美国 P. Kaufman 也将智慧馆员应具备的能力列出，包括人际交往、环境适应、终身学习、保护隐私、批判思维等 12 种能力。罗伯特教授对智慧馆员提出了资质、终身学习、多元文化、创新性等 7 种能力。总体来说，不管是将智慧馆员能力进行分类，还是直接罗列，我们发现智慧馆员都具有一定的共性，即智慧馆员应具备一定的资质，能够终身学习，拥有多元文化背景，具有灵活性、创造性和批判思维等。

（二）国内研究概况

国内对智慧馆员胜任能力的研究较多，有不少研究成果。郑怿昕认为智慧馆员应具备一定的核心能力，并将其分成认知与识别、服务与行动、协助与沟通、发展与创新四个方面的能力。认知与识别要求智慧馆员能够适应智慧图书馆的工作环境，能够敏锐抓取读者的需求；服务与行动是指智慧馆员能够对信息资源进行组织、开发、应用、传递等；协助与沟通是指智慧馆员具有协助读者、资源商等利益相关者的能力；发展与创新是指智慧馆员具有自我提升和开拓创新的能力。王金娜在对"智慧馆员"这一概念进行定义时，从基础能力、核心能力和竞争能力三个方面对智慧馆员的能力进行划分，同时智慧馆员还要具备业务水平、知识结构等五个方面的能力。武婧对智慧馆员能力方面的描述与国外学者的表达比较接近，认为智慧馆员应具备一定的专业技能，能够终身学习，具有创新能力，愿意接受新事物。孙坦则并未对智慧馆员应具备的能力进行划分，而是列举了信息发现、提供信息素养教育培训、掌握相关管理软件、提供参考咨询和学科服务等9种能力。邱圣晖等认为智慧馆员应具备信息分析、数据挖掘、人际交往、创新等6种能力。

除了对智慧馆员应具备一定的技能进行探讨外，也有些学者从人格、思想品德等方面进行研究。齐凤艳在探讨智慧馆员应具备的素质时提到，智慧馆员应具备与时俱进、知识共享等四个方面的优良品质。其认为智慧馆员除具备相应的专业技能外，还应有高情商，做到德艺双馨，善于发现与管理人际关系。刘亚玲认为智慧图书馆建设中应重视"智德"的作用，要求智慧馆员在"人"和"德行"两个方面提高修养。

笔者发现国内对智慧馆员能力方面的研究趋于一致，主要集中在具备一定的专业素养、具有创新精神与沟通协同能力、能够终身学习等方面。笔者认为智慧馆员的能力结构可借鉴印度 Dr.Sarika Sawant 的观点，将其分成个人技能、通用技能与 IT 技能等。其中思想品质、人格、情商、积极进取等方面的能力归为个人技能。通用技能是指智慧馆员作为图书馆馆员应具备的能力，而 IT 技能则是上升到智慧馆员的层面才需要掌握的。从具体的服务形式来看，智慧馆员通过新一代的信息技术，为读者提供个性化知识增值服务；从服务渠道来看，智慧馆员承担着将智慧馆员的角色嵌入教学、科研和业务管理中的任务；从科研服务来看，智慧馆员利用自己的专业知识与技能背景，为科研工作提供数据管理服务、数字人文服务等；从教育教学方面来看，智慧馆员将为学生提供专业信息素养教育培训，并以学科馆员的身份为学生提供最新的专业发展资讯；从实现目标来看，智慧馆员应依靠智能技术为读者提供更为主动的、专业的业务知识服务。

二、智慧馆员的能力构成

笔者认为智慧馆员的能力构成可分为个人技能、通用技能和 IT 专业技能。这里论述的三种能力与 Dr.Sarika Sawant 的并不相通，仅仅是借鉴了其分析的理论架构。

（一）个人技能

个人技能与 IT 技能等相比比较隐性，较难进行衡量，又可称为软技能，对智慧图书馆来说非常重要。笔者认为与智慧图书馆相关的个人技能有积极进取的思想品质、批判性思维、问题解决能力、人际沟通交往能力、灵活性与可靠性等。

1.积极进取的思想品质

在智慧图书馆建设中，面对日新月异的新技术和层出不穷的读者需求，智慧馆员需要始终具有积极进取的思想品质。智慧馆员只有不断进取，才能跟上时代发展的潮流，才能具有敏锐抓取读者需求的意识。如果智慧馆员怀着一颗一劳永逸的心，那智慧图书馆将很快失去其存在的价值，被时代所抛弃。技术在不断地快速发展，若智慧馆员不能紧跟时代发展潮流，那智慧图书馆所运用的技术将停滞不前，很快就会被淘汰。同时，随着世界的变化，读者的需求将不断变化，对智慧馆员的要求也在转变。智慧馆员只有怀着一颗不断进取的心，才能紧跟技术的发展，才能不断挖掘和了解读者的需求，从而真正发挥智慧图书馆的价值。

2.批判性思维

在智慧图书馆中，智慧馆员应能够使用创造性思维自行解决问题，并通过深思熟虑的分析做出明智的决定。批判性思维对每个行业都很有用，如医疗保健、工程、文化、教育。智慧馆员应能理解问题、进行批判性思考，并制订解决方案。进行批判性思考所需的技能包括创造力、解决问题的能力和好奇心等。批判性思维在智慧服务中显得尤为重要。在智慧图书馆中，读者的主动性、自我表达意识比以往任何时期都强，读者渴望更多地进行自我表达，在与馆员的互动中也更有主动性，甚至是进攻性。可见，在这纷繁复杂的环境下，智慧馆员应对读者的网络表达，以及在与读者的互动中应能够对沟通的内容、价值观、遇到的问题等有自己的批判性思维，坚持正确的舆论导向，而不应一味地满足读者的需求。

3. 问题解决能力

每项工作都需要解决问题，只是解决的问题类型不同、难度不同。在智慧图书馆中，智慧馆员需要解决的问题更多。在智慧图书馆中，馆员从简单重复的工作中解脱出来，将更多的精力用于为读者提供个性化服务。而个性化服务，在很多时候是以问题解决的形式出现的。读者在智慧图书馆中可能面临智能设备使用、学科服务、数据管理等方面的问题。智慧馆员应该是强大的问题解决者，因为他们需要有效而迅速地做出决定，并且要尽量控制住自己的情绪，收集尽可能多的信息，让直觉、逻辑和创新思维推动自己制订最佳解决方案。智慧馆员成为一名出色的合作者并接受读者的想法和意见是非常重要的。智慧馆员不仅需要良好的心理素质，还需要良好的心态。能为问题做出切实可行的解决方案的人都具有出色的解决问题的能力。任何一个拥有正确沟通方式、耐心和良好协作能力的智慧馆员都将是优秀的问题解决者，那是因为他们对每一个问题都足够重视，能做到批判性地思考。

4. 人际沟通交往能力

人际沟通交往能力，是指智慧馆员与周围的人进行交流和互动的技能。智慧馆员应具有出色的沟通技巧，能以更好的方式表达他们的观点并理解其他人的想法。沟通技巧包括说、听、移情和观察。成为一个好的倾听者是成为一个强大的沟通者的关键，智慧馆员在与读者进行互动时应既能分享自己的想法，又能耐心倾听读者的意见。

良好的人际沟通交往能力对智慧馆员尤为重要。在智慧图书馆中，馆员与读者的互动有很大部分是通过网络进行的，这种虚拟的、对等的、不受时空限制的互动提高了读者与智慧馆员的沟通频率。沟通是一把双刃剑，智慧馆员应掌握好与读者的沟通尺度，做到及时、准确、有度。万一未能处理好与读者的沟通，智慧馆员将承受巨大的舆论压力。

5. 灵活性与可靠性

灵活性与可靠性相辅相成，因为灵活的馆员总是可靠的，反之亦然。智慧图书馆需要可靠、有责任感和可信度高的馆员。灵活的智慧馆员可以适应变化，完成超出其职责范围的突发任务，并在必要时改变他们的日程安排。同时，灵活、可靠的智慧馆员也愿意帮助他们的同事，即使彼此不熟悉，也能精诚合作，充分体现出团队协作精神。

（二）通用技能

通用技能是一种可应用于各学科领域的技能，又被称为"认知策略"，或如许多认知科学家所说的"领域独立知识"。一般认为，通用技能主要包括思维能力（如解决问题的技巧）、学习策略（如创建助记符帮助记忆）、元认知技能（如监控和修改解决问题的技巧或记忆创造技术）。通用技能至少包含三个主要部分，最普遍的组成部分是程序——用来执行技能的一组步骤；其次，还需要了解并能够应用某些原则为如何执行每个步骤提供指导，甚至指导何时使用哪个程序（方法）；最后，经常需要记住步骤的顺序一个记忆组件。

笔者认为智慧馆员应具备的通用技能主要有终身学习能力、团队合作能力、领导力、创新性服务能力等。

1. 终身学习能力

终身学习是一种以个人发展为重点的自发教育形式。虽然终身学习没有标准化的定义，但它通常指正规教育机构之外的学习。终身学习并不一定限于非正式学习，最好将其描述为以实现个人成就为目的的自愿学习。实现终身学习这一目标的手段，可能会形成非正式或正式的教育。无论是追求个人兴趣和激情，还是追求职业抱负，终身学习都可以帮助我们获得个人成就感和满足感。

终身学习对智慧馆员来说尤为重要。智慧馆员面对的是变化非常快的智能技术，也正是由于技术的发展，图书馆才从传统型向数字型和智慧型转变。技术不会等着馆员来适应，只能是馆员去适应日新月异的技术。不同技术环境对智慧馆员的技能要求也有所不同，而且呈现出要求越来越高的发展态势。从读者需求角度来讲，随着时代的发展，读者对图书馆的要求也越来越高、越来越多元化。面对技术与读者的不断发展变化，智慧馆员只有在不断地学习中提升自己，掌握扎实的图书情报专业知识，具有过硬的技术使用能力，才能对海量数据、多元化需求进行获取、分析，从而及时地满足读者的需求。为了适应不断发展的世界，以及实现个人的发展，读者也在不断学习中，包括读者对智慧图书馆各种功能的掌握。智慧馆员肩负着知识传递的使命，更应保持终身学习的习惯，保有学习驱动力，只有这样，才能在工作中通过不断学习获得提升。

2. 团队合作能力

团队合作是人们朝着同一个目标努力而付出的联合行动。团队的力量来自相互支持、良好沟通和分享。定义团队的其他特征包括相似的技能、自主权、明确的角色、明确的领导以及实现共同目标的资源。他们不仅有共同的目标，而且使用相同或相似的技能。当团队需要努力改进他们的角色定义或沟通技巧时，可以进行团队建设练习。一个团队需要一个指定的权威人物，这个权威人物能解决团队成员的分歧并做出决定。协作团队与传统团队略有不同，因为其成员具有不同的技能组合。尽管成员专业不同，但他们仍然有相似的目标、资源和领导能力。凭借他们多样化的专业技能，他们能够作为一个群体解决问题。

智慧图书馆与之前的藏书楼、数字图书馆、移动图书馆等的服务方式、手段、理念都有很大不同。智慧馆员所面临的环境更为复杂，因此对智慧馆员的要求也更高。在这种背景下，智慧馆员与以往相比更需要进行团队合作。由于个人专业知识的局限性以及精力的有限性，智慧馆员需要提升合作素养，团队合作，协同发展，共同挖掘读者需求。

3. 领导力

领导力是指具有将他人放在合理位置并激励团队团结一致的独特能力。虽然很多人都渴望成为领导者，但并不是每个人都能成为领导者，这需要个人长时间的能力培养。在智慧图书馆中，每个智慧馆员都应具备领导力，这种领导力主要体现在与读者互动的过程中。虽然智慧图书馆建设让读者与智慧馆员的互动更为对等，但这并不意味着读者在这个过程中能起主导作用。与之相反，智慧馆员应在与读者的互动中处于主动地位，这样才能有理想的结果，才不会被读者的情绪左右，才不会因虚拟交流而被读者误导。因此，智慧馆员的领导力非常重要。

4. 创新性服务能力

创造力是一种以新的或不同的方式思考任务或问题的能力，或者是利用想象力产生新想法的能力。有创造力的人能够解决复杂的问题或找到有趣的方法来处理问题，会从独特的角度看待事物，能找到新的模式并建立联系以寻找机会。有创造力的人有一定的风险意识，表现出有动力去尝试以前没有做过的事情。

创新性服务能力对智慧馆员来说非常重要。在智慧图书馆中，馆员更需要具备发现问题、解决问题的能力，并且能借助新一代信息技术创新性地发现问题与解决问题。新技术为智慧馆员创新性地思考问题、解决问题提供了技术上的可能性。智慧馆员应充分掌握和运用新技术，但不能仅仅用技术替代馆员能力。智慧馆员应在新技术的基础上，对使用其能做哪些事情进行构思，以及对如何运用产生何种结果等进行智慧型探索。技术只是智慧馆员工作中的辅助工具，不能将技术等同于服务。面对虚拟化的沟通与管理、主动服务、个性化服务等，智慧馆员应顺应时代发展潮流，不断创新服务方式以提升服务水平。

（三）IT专业技能

笔者认为智慧馆员应具备的IT技能是掌握新一代信息技术的能力，而一些基础的技术能力不应被纳入。因此，笔者认为IT专业技能主要包括数据挖掘能力和信息分析与预测能力。

1. 数据挖掘能力

正如维基百科中提到的，数据挖掘是从庞大的数据里集中提取有效信息，并将信息转化为潜在有用且最终可被理解的模式，以供进一步使用的一种方法。它不仅包括数据处理和管理，还涉及机器学习、统计和数据库系统的智能方法。数据挖掘技术往往涉及计算机科学技能、统计与算法技能等，是一种综合性较高的技术。智慧图书馆馆员所要收集与处理的数据与以往相比要多很多，且呈现加速增长的趋势，同时所要处理的数据类型也比以往多。因此，智慧馆员不仅要面对快速增长的海量数据，还要面对复杂多变的数据格式。智慧馆员要尝试深入挖掘这些复杂的、海量的数据。只有对这些海量数据进行挖掘，才能发挥海量数据的价值，才能更好地体现智慧图书馆的先进性与馆员的智慧性。在智慧图书馆中，智慧馆员不能仅仅会简单的操作系统管理和办公软件的使用，而应掌握高级的大数据挖掘技术，学会分类算法、聚类算法等技术，掌握数据分析软件的使用方法，这样才能在茫茫大海般庞杂的数据中发现对读者有用的信息，提升图书馆的服务水平。

2.信息分析与预测能力

信息分析能力是指收集和分析信息、解决问题和做出决策的能力。拥有信息分析能力的馆员可以帮助图书馆解决问题，并提高其整体服务水平。智慧馆员能够及时、有效地调查问题，并找到理想解决方案。智慧馆员还能集思广益，观察、解释数据，整合新信息并进行理论化，同时基于可用的多种因素和选项做出决策。智慧馆员在进行信息分析与预测时，一般会用到层次分析法 AHP、聚类分析法 CA、时间序列分析法 TSA 等主流的分析方法。智慧馆员同时也应会运用文献分析软件 Citespace、常用的统计分析软件 SPSS 以及软件 R 和 Python 等进行数据分析。信息分析是智慧馆员需持续做的事情，智慧馆员还需把分析的结果生成相应的研究报告或给读者提供有针对性的服务。智慧馆员应掌握的信息分析软件与方法甚多，故其应具备专业与多元的知识体系，并能敏锐地获取关键信息。

信息分析的目的在于发现读者的潜在个性化需求，或发现潜在的问题，从而为读者提供个性化服务或者做出及时的预测。根据信息分析的结果，智慧馆员可对读者需求、馆藏建设、图书馆服务、科研发展态势走向等做出预测，从而为图书馆管理及科研教学活动提供有力的支持。

第三节 智慧馆员培养存在的问题

目前国内外大部分图书馆出于经济等方面的考量对智慧图书馆建设还处于观望或探索中。因此从整体上而言，我国智慧图书馆建设还处于初期阶段。在这个阶段，智慧图书馆把更多的精力集中于功能实现上，而对智慧馆员能力培养方面的关注还不够。即在智慧图书馆建设中更多的是对原有的设备和空间进行升级改造，而不是对馆员相应的素质加以提升，这就造成了智慧馆员的能力跟不上智慧图书馆的建设的情况。

一、人才队伍匮乏，馆员综合能力明显不足

当前我国很多图书馆是单位引进人才家属的安置部门，现有的专业性人才本身就不多。一方面，新引进的高学历人才和自身培养的人才由于没有合理的机制，很容易被其他部门调走，即专业性馆员建设力度薄弱现象普遍存在。另一方面，图书馆虽然员工众多，但由于年龄、专业背景、自身能力等，许多馆员无法胜任智慧馆员的岗位，造成人多却无人可用的尴尬局面。

再者，国内智慧图书馆建设与研究都更侧重新一代技术在图书馆中的应用，而忽视了智慧馆员作为"人"这一关键因素在智慧图书馆中所起的重要作用。因此，智慧图书馆建设的重点往往是图书馆需要使用哪些技术，能够实现哪些功能，而忽视了如何提升馆员的能力。由于我国图书馆馆员的综合能力整体不高，以及在智慧图书馆建设中又忽视了馆员技能的提升，出现了智慧图书馆建设重设备、轻能力的现象，馆员能力跟不上

智慧服务发展的脚步，从而限制了智慧图书馆的发展。

二、过多关注图书馆的物质技术，忽视馆员知识技能的培育

当前大众通常关注图书馆馆舍的外观设计是否吸引眼球，内部布局是否合理，馆藏是否丰富，阅览环境是否舒适，设备设施是否先进，提供的服务是否高效、便捷等。这些物质和技术构成了智慧图书馆的物质基础，是建设智慧图书馆不可或缺的条件。智慧图书馆也必然对传统图书馆的外观、外形、互联网技术加以继承，促使馆员不断提高自身生活目标和读者对其工作价值的认可度，为馆员人生价值的升华提供现实支撑，但传统的图书馆评估指标已然不适用于智慧图书馆建设。传统的图书馆评估指标往往把纸质藏书量、生均藏书量、电子期刊和数据库等看得相当重要。在智慧图书馆中，这些指标没有以前那么重要，更为重要的是为读者带来的创新性服务、文献利用情况、读者满意率等。也就是说，在智慧图书馆中，智慧馆员更应积极主动地为读者服务，改变传统的被动等待的服务模式，努力为读者提供更多个性化、创新性的服务。馆员应从以往的以体力劳动为主向以智力劳动为主转变，将馆员的专业知识、业务技能应用到分析读者行为、挖掘读者需求上，从而降低读者获取资讯的时间成本与机会成本。从现实来看，馆员的知识智慧和技能培育是提高智慧图书馆服务的软质量，这也恰恰是智慧图书馆建设中容易被忽视的内容。

三、过多关注馆员外在的知识技术，忽视馆员内在智慧人格的培育

刘乾凝在馆员智慧人格构建研究方面有独特见解，他认为馆员的内在价值——智慧是馆员人格的核心要素，也是馆员人格和谐的一个充分条件。从馆员长远的发展角度来看，我们不能过多地强调馆员应具备哪些外在的知识技能，而忽视其内在的动机和个性。我们正处于信息技术大发展的时代，虽然信息技术带给我们前所未有的便利和快捷，但不可否认的是这也会让馆员置身于信息洪流的险境中，一旦缺乏危机意识，就会导致价值取向退化，对信息技术的潜在危险失去抵抗力。正如联机计算机图书馆中心（Online Computer Library Center）的《研究图书馆：危机与系统化变革》报告中所指出的那样，图书馆面临着价值受质疑、技术落后、馆员服务能力欠缺等重大灾难性危险。显而易见，价值受质疑排在第一位。馆员如果过度追求虚无缥缈的物质享受或者固守传统的服务模式，就会忽视自己的个性、尊严和人格的重建，当精神素养和个性化发展让步于物质的追求时，就会慢慢被大数据的洪流蚕食、吞没，等最终醒悟的时候恐怕为时已晚。

四、智慧馆员能力提升制度缺失

正如笔者在前文中提到的，每个图书馆中由于岗位不同，馆员所扮演的角色也有所不同。在智慧图书馆中，可能同时存在学科馆员、参考馆员、嵌入式馆员和智慧馆员。智慧馆员在智慧图书馆中的比例较低，同时起步也较晚，属于新生事物，所以较难有提升智慧馆员能力的制度。目前智慧馆员能力提升的环境还不成熟，一是国内尚未有专门针对智慧馆员的培训；二是对智慧馆员应具备的能力，以及如何提升这些能力尚处于摸索阶段。因此，国内智慧馆员更多的是依靠解决实践中所遇到的问题来进行自我提升。同时，智慧馆员如何进行职称评审、职务晋升等还没有好的借鉴经验，仍处于摸索中，也缺少相应的激励与创新机制，给智慧馆员的驱动力不足，造成在吸引人才、培养人才和留住人才等方面存在很大的困难。

第四节　智慧馆员培养策略

智慧图书馆建设是一个动态发展的过程，不可能在短时间内完成。它需要在实践中不断调整、修改和完善，同时智慧馆员也需要时间去适应、了解和掌握各种系统、智能设备等。因此，在智慧图书馆建设过程中，智慧馆员的能力也需要及时跟进，不断提升。

一、利用智慧开发公式理论，创新智慧馆员培养途径

"智慧开发公式"是最近几年才提出来的一种提升个人能力的方法，目前也有些学者将其引入图书馆馆员培养的相关研究。结合图书馆的职能、架构及智慧馆员的培训目的等多因素进行考虑，笔者认为智慧开发公式能够应用在智慧馆员的培养建设中。

（一）智慧开发公式模型

智慧开发公式主要考量对馆员应具备的知识、学识、见识及胆识的培养情况，以及智慧馆员好奇心与想象力的提升情况。但前面的"四识"与好奇心、想象力并不是一种简单的相加，因为智慧馆员拥有好奇心与想象力之后，再与"四识"相结合，能大幅度提升馆员的能力。除此之外，思考力也是非常重要的。我国姚国章等学者将智慧开发公式以模型的形式表达出来。

$$W = (K+L+E+G)(C+I)^T$$

其中，W是Wisdom的缩写，代表智慧；K是Knowledge的缩写，代表知识；L是Learning的缩写，代表学识；E是Experience的缩写，代表见识；G是Guts的缩写，代表胆识；C是Curiosity的缩写，代表好奇心；I是Imagination的缩写，代表想象力；T是Thinking的缩写，代表思考力。该模型较好地表达了智慧的构成要素，以及它们彼此的关系。

（二）其他智慧开发公式模型

除了姚国章提出的智慧开发公式模型，其他学者也对该公式表示了一定的怀疑，并提出了自己的见解。如杨林霞认为该公式存在几个疑点：第一，好奇心和想象力是获取知识、学识、见识及胆识的前提条件，学识是获得知识和见识的必经途径，因此将这些相加再相乘的逻辑不是很严谨；第二，思考力在智慧开发中起着重要作用，但作为好奇心和想象力总和的指数，有点夸大了其作用。基于以上两个疑点，她认为行动力（Action）在智慧开发中的作用更大，不能停留于大脑意识中，而应将其付诸实践，这样才能体现其智慧性，才能有客观的结果产生。基于此，她将模型修正为。

$$W = (K+E+C+G)^A$$

用文字表述，即为。

$$智慧 = (知识+见识+好奇心+胆识)^{行动力}$$

在此模型中，K、E、C、G 所代表的含义与前文一致，只是出现了行动力 A。但该模型与姚国章的模型还是有很大区别的，主要体现在以下几点：一是用 A 取代了 T，认为 A 的作用相当大，必须要有行动才能体现出智慧，没有行动，任何能力培养都归零；二是少了 L、I、T 三个要素，认为智慧开发应重视对 K、E、C、G 的培养。

（三）智慧图书馆员智慧开发公式模型

笔者认为，姚国章模型比较科学、合理、严谨，把好奇心（C）和想象力（I）相加，并把思考力（T）作为指数，这并未夸大思考力的作用。智慧建立在"知识基数"的基础上，而创新的、智慧的火花往往是灵光一现，需要很强的想象力，有时还需要另辟蹊径，甚至是"天马行空""异想天开"。我国传统的教育基本上围绕着传授知识而进行，忽略了学识、胆识和见识在智慧开发中的重要作用。这就造成了我国所谓的应试教育，以及高分低能的现象，即有些学生在知识学习中掌握情况较好，但其他能力偏科严重，造成整个智力开发出现问题的局面。

把"四识"作为基本参数同样适用于智慧馆员的培养，知识（K）和学识（L）对应了馆员的基础知识以及信息分析、数据挖掘等专业技能，好奇心（C）、想象力（I）和思考力（T）对应了馆员的创新服务能力。需要注意的是，由于智慧馆员职业的特殊性，该模型可以根据职业需要，进行适当的修正，笔者认为，可以考虑两个重要的主观因素：馆员的职业道德（用 P 代表）和行动力（A）。职业道德和行动力是智慧开发的主观前提，缺少了它们，智慧开发将无从谈起，甚至会迷失方向，这两个主观因素与思考力具有同样重要的作用。

基于以上所述，笔者改造和修正了上述模型，并与智慧图书馆环境下的馆员职业特点相融合，设计出开发馆员智慧的数学模型。

$$W = (K + L + E + G)(C + I)^{T+P+A}$$

用文字表述，即为。

$$智慧 = (知识 + 见识 + 好奇心 + 胆识) \times (好奇心 + 想象力)^{思考力+职业道德+行动力}$$

在这个公式模型中，进行智慧馆员培养时要同时注意知识、学识、见识及胆识的培养，也要对好奇心和想象力这两个要素进行提升，还要求智慧馆员必须具有思考力、职业道德和行动力，馆员要主动结合自身知识，在好奇心和想象力的驱使下结出"智慧"的果实。

二、优化机构和岗位设置，提升服务效率

（一）优化智慧图书馆机构设置

机构与岗位设置在很大程度上影响着智慧馆员能力的培养与发挥。良好的机构与岗位设置能加强智慧馆员之间的协同发展，促进智慧馆员自我能力的提升。完善的组织结构和合理的岗位设置能营造良好的图书馆管理文化氛围。分工明确，责任清晰，才能激发智慧馆员的积极性。反之，智慧馆员就会消极应付，从而对智慧图书馆的发展以及智慧馆员能力的提升带来负面影响。

经过多次国内外图书馆网站调研，笔者没有发现真正关于智慧图书馆机构设置的报道，故认为可以从以下几个方面进行初步探讨。

1. 国外一流大学图书馆的机构设置

（1）哈佛大学图书馆。哈佛大学图书馆的机构设置可分为关系组和职能部门组，都由馆长统一负责。关系组是指哈佛大学依据本校学科发展情况，专门设置了社会科学主题图书馆等五个图书馆。职能部门组主要是为了履行图书馆的管理职责，而设置了信息与技术服务部等四个部门。四个职能部门对接哈佛大学的五个主题图书馆。

（2）麻省理工学院图书馆。麻省理工学院将图书馆分为行政部门、学术服务部门、馆藏部门、技术部门、发展部、执行部门、出版社及研究中心等。该模式下每个部门都有专业对接的服务，以便能更好地为师生服务。如学术服务部门可提供数据和专业服务、文献传递服务、研究指导服务等，能为师生提供专业的学术服务。

2. 国内"双一流"高校图书馆的机构设置

高校图书馆根据各馆实际情况设置了不同的模式，大致可分为三类："部室"模式、"中心"模式和"部室+中心"模式。"部室"模式是最基本的模式，存在很长一段时间，其又可细分为单一部室、"部室+校区分馆"以及"部室+学科分馆"。5～8个部室占大多数，尤其以5部室最为典型，它是基于传统的文献处理流程而设置的。5部室即采编部（资源建设部）、流通阅览部（读者服务部）、信息咨询部（参考咨询部或学科服务部）、系统部（信息技术部）以及办公室。

随着图书馆服务的不断深入和细化，部分新业务从原有部门脱离出来单独形成实体部门，新部门由此设立。如复旦大学、北京大学、同济大学等高校的图书馆设立专门的研究与评价部门，与校内职能部门及教学科研单位开展合作，负责对读者行为与需求、业务运行绩效、服务成效或项目实施绩效等开展评价；华东师范大学、中南财经政法大学、华中农业大学、华侨大学等高校的图书馆设立文化推广或文化传播部门，负责新媒体环境下各种图书馆资源与服务的推广与宣传，包括图书馆官方微博、微信公众号、抖音等平台的运营和管理，加强文化讲座、影视欣赏、读书节等校园文化建设；华东理工大学、中国矿业大学、兰州大学等高校的图书馆设立空间服务部门，负责充分挖掘并利用图书馆的空间为读者提供服务，包括各类展览管理、空间设计和改造、氛围营造、研讨间使用管理等；北京师范大学、清华大学、郑州大学、华侨大学等高校的图书馆设立特藏部门，该部门负责对校内原生资源及特色资源的开发与利用、对古籍珍藏的保存与展示等研究。传统部门的设立代表了图书馆的"根基"不可动摇，而新部门的设立则是对图书馆转型发展的进一步深化，代表了图书馆未来发展方向。

3. 智慧环境下的图书馆机构设置

笔者认为，我们可以学习国内外先进图书馆的经验，结合智慧图书馆自身的特点，对现有图书馆机构进行适当调整，设立以下几个主要部门。

（1）人力资源管理部。馆员素质对图书馆至关重要，因此，图书馆增设一个人力资源管理部是十分有必要的。虽然图书馆在人员引进方面并非都有自主权，但是人员引进后的管理和培训等环节是比招聘什么样的人才更重要的步骤，只有当馆员具备自己岗位相对应的能力，各司其职又相互协作，才能以最高效率发挥最大效益，满足读者的需求。

（2）资源建设部。资源建设部主要负责纸质藏书与电子资源的建设，包括负责图书馆的资源采购、文献加工、典藏、地区资源整合、区域资源共建共享等，以及图书馆电子资源建设与管理等工作。资源建设部在智慧图书馆建设中起着重要的作用，因为资源是智慧图书馆评估中的重要环节。图书馆只有拥有丰富且优质的资源，才能让各种智能设备有使用之地，才能真正发挥它们的作用。

（3）公共服务部。公共服务部主要负责各功能馆舍的管理及各项读者活动的开展，包括图书、期刊文献资源的对外服务；负责学生助学团队及义工团队的管理和指导；负责馆际互借、共享馆（分馆）资源调配；负责捐赠接收、证卡办理及挂失等；负责读书日活动的安排及服务。公共服务部不仅要对空间进行管理，也要对书刊报纸、各种智能设备进行管理，同时开展相应的读者活动等。

（4）信息技术部。信息技术部主要承担整个图书馆各种系统与设备的维护工作，如对电子阅览室机房的维护管理，对图书馆管理系统、自助借还系统、公共检索系统的维护管理，对电子资源的咨询、检索与培训等工作。信息技术部既要保障智慧图书馆各种设备的正常使用，又要评估可能引入的技术与设备，确保智慧图书馆使用的技术与时俱进。

（5）资讯服务部。资讯服务部承担图书馆的学科服务工作，负责学校所有院系信息服务、企业信息服务、共享馆信息服务，负责专题数据库建设、区域共建共享知识培训、读者培训和图书馆人力资源培训，以及为院系提供专题信息资讯、学科发展前沿报告等。

（6）综合管理部。综合管理部是一个负责综合性事务的部门，与前面提到的人力资源部、资源建设部等专职部门不同，其主要负责图书馆资产管理、财务管理、计生管理、档案管理、宣传报道、读者交流、外事交流及部门公告、快报等工作。

科学合理的机构设置，是图书馆整体能够有序、系统和高效运作的保障。智慧图书馆要立足自身需求，结合实际情况进行顶层设计，以读者需求为中心，贯穿于机构重组的全过程，更要渗透于图书馆管理与服务的各个层面。首先，为满足读者不断变化的需求，图书馆要重视调动读者参与的积极性，可事先开展大规模的读者调研活动，收集和整理读者对图书馆的各项建议，为机构重组提供参考意见。其次，智慧图书馆的机构重组过程需要经历一个较长的摸索和调整阶段，并非一成不变，而是要根据内外部环境的变化及时做出相应的调整与优化。再次，图书馆要做好机构重组的效果评估工作，一方面要自我剖析和评价，明确自身的机构设置及业务开展情况能否满足读者需求，这有利于及时发现问题，并采用有效方案，将不利影响降到最低；另一方面可以聘请第三方机构进行评估，检验智慧图书馆的改革措施是否节省了经费，是否有效地提高了图书馆的读者服务水平和工作效率，是否深化了图书馆服务内涵、发挥了自身价值，是否为社会提供了全方位的资源与服务支撑。此外，个别传统的业务部门，如编目部可逐步淡化，甚至大胆地全部外包，将有限的专业人员扩充到资源建设或参考咨询部门中，将资源建设和咨询服务工作做大做强，夯实图书馆的服务基础。

（二）智慧馆员岗位设置

当前很多图书馆都存在人才缺乏的问题，解决这一难题的应急措施是外包非核心业务和提升馆员层次。随着外包业务的发展，图书馆可以把繁杂琐碎的手工性业务外包，从而集中有限人力开展智慧服务。积极培养有能力、有奋斗精神的馆员，通过继续培训或学历学位教育，为图书情报人员补充学科知识，为有学科背景的人员补充图书情报知识，使之成为合格的智慧馆员。在对原有馆员进行培训深造的过程中，要注重分类和分级的原则。根据原有馆员的年龄、学历、专业背景、原从事的岗位等方面，采取自愿与选拔相结合的方式，对馆员进行分类和分级培养。

同时，智慧图书馆还采用先进的技术手段来实现智慧运行管理。虚拟现实技术、无人借还技术、智能机器人技术的应用等，在很大程度上减少了对人员数量的需求，如取消图书借还岗、书库管理岗、期刊管理岗等常规服务岗位。智慧图书馆的运行管理以无人管理或少人管理和操作为目标，需要对图书馆传统岗位的结构模式进行创新和变革。智慧图书馆的馆员岗位宜精不宜多，"精"要在数量和质量上均有所体现，岗位可以按照绩效目标量化、任务明确、层层负责、制度约束的方式设置，并实施智慧管理，努力将智慧图书馆框架下服务体系的构建质量及其运行效果达到最优化。智慧图书馆主要考虑设置以下几种类型的馆员岗位。

1.智慧数据馆员岗位

陈湘等学者在研究中发现，国外图书馆界为适应智慧图书馆的发展需求，及时对图书馆的服务模式和岗位设置进行转型和调整。值得注意的是，欧美世界一流大学已经开始了数据素养教育工作，并确立了数据馆员制度，其对任课的数据馆员提出了较高的要求，包括岗位职责、任职能力、职业技能等方面。美国图书馆界率先设立数据馆员岗位。数据馆员将资源检索、学术交流、咨询、数据集成等服务延伸至数据层面，以期有效地发现、采集、共享和应用科学数据，使图书馆服务更具有针对性和实用性，从而为科学研究提供更便捷和高效的服务，确保读者更好地认识世界和解决实际问题。

当前我们正处于大数据时代，传统的图书馆员在面对多种多样的大数据时，往往会显得力不从心。而数据馆员能在数据层面开展、研究数据管理与服务工作，进行管理咨询、数据评估、管理计划制定、数据分析、数据存储、数据引文、数据出版、资源统一标识符制订等。由数据馆员提供的服务能够解决管理平台科研数据管理混乱、不统一，数据资源开放和共享困难，数据利用率低等问题。

在岗位职责方面，数据馆员负责参与智慧图书馆信息化平台中基础科学数据平台建设，负责科学数据管理咨询、服务宣传和培训工作，负责科学数据平台的可访问性、安全性和共享性，参与科学数据管理政策制定，负责数据提供者、数据使用者和各合作单位间的沟通与协调工作。

2.技术运维岗位

智慧图书馆建设与之前的数字图书馆、移动图书馆等相比，使用了更多的新技术与智能设备，应用了新一代信息技术，包括人工智能、云计算等多种技术。智慧馆员要熟练掌握这些新一代信息技术，利用设备或软件进行信息加工、清洗、归纳总结、保存，从而实现信息的自由传播与共享，并为师生开展相关的指导或培训。智慧馆员可以通过知识发现平台、一站式服务平台等进行数据获取与分析，并向读者进行个性化推荐或提供研究报告。在智慧图书馆建设中，由于强调数字资源建设，重视资源数字化加工，故建议由专门负责数字加工的技术人员负责馆藏珍贵资源的数字化加工工作。

3. 知识型服务岗位

智慧图书馆各方面的运作和服务与之前的数字图书馆、移动图书馆等图书馆有所不同，在服务师生以及教学科研方面的深度与广度差异也较大。为了适应新时代读者的需求，更好地应用新技术，实现自助式的智能管理服务，图书馆的服务岗位设置应更多地体现出知识型服务。

（1）场馆运行咨询服务岗位。场馆运行咨询服务岗位是一个比较笼统的提法，主要是以总服务台为主，同时兼顾一些特殊区域的岗位，从事图书馆阅读与活动的指导工作，包括活动策划、文化创新、知识培训等具体内容。该岗位设置数量较少，视读者数量以及开展活动数量设置1~3个。

（2）资源开发服务岗位。资源开发服务岗位主要承担及时采集和发布最新、最前沿相关信息的责任。因此，该岗位的智慧馆员应熟悉本校重点学科、特色学科的国内外学术研究进展及实践，掌握最新的政策、技术与服务要求，熟练掌握相关的技术与数据库，通过现有的馆藏资源进行开发，为读者提供服务。

①纸质资源采购与服务。智慧图书馆虽然更重视电子资源的采购与建设，但纸质资源建设依然不容忽视。这既是为了达到我国图书馆生均标准的要求，也是为了满足师生对纸质图书的需求。在智慧图书馆，读者可通过平台向图书馆进行纸质图书采购推荐，智慧馆员将根据现有馆藏资源的实际情况决定是否采购图书。当纸质图书采购回来之后，智慧系统会及时向读者推荐，形成了读者与智慧馆员纸质图书采购互动模式。

②电子资源采购与服务。在智慧图书馆建设中，电子资源显得越来越重要。国内外高校图书馆普遍存在电子资源采购经费高于纸质图书采购经费的现象。在校师生可通过智慧平台向图书馆进行电子资源采购推荐，智慧馆员会依据相关专家学者对潜在购买的数字资源的评估结果，最终决定是否采购。在电子资源服务中，智慧馆员可通过邀请专家以讲座的形式对师生进行使用培训，同时也可通过QQ、微信、微博、智慧平台等为师生提供一对一服务。

③信息素养课程嵌入教学。智慧馆员承担着学科馆员、嵌入式馆员的责任，所以他们可以很自然地嵌入教学过程。与相关专业教师合作，智慧馆员将涉及信息素养部分的课程嵌入课堂教学，使之成为课程设置的一部分，提升了学生的信息素养；智慧馆员还可将研究工具、信息检索、文献管理等内容嵌入专业课。

（3）战略伙伴型智慧馆员。战略伙伴型智慧馆员是指与学校的相关院系、部门合作，为学校提供专业的咨询服务的智慧馆员。战略伙伴型智慧馆员一般应具有图书情报专业背景知识，同时还要具备某个领域的专业知识。因此，战略伙伴型智慧馆员并不是通用型人才，而是某个领域的专家，原则上应具有硕士研究生及以上学历，并在相关领域有一定年限的工作经验。只有拥有这样的知识背景和经历，智慧馆员才能得到相关部门的认可，才能更好地开展专业合作，起到战略伙伴型关系的作用。

①监测评价指标服务。监测评价指标是战略伙伴型智慧馆员的职责之一。我国于2017年正式开始"双一流"建设工作，取消原有的"985"和"211"建设工作。全国高校都希望能够提升自己的能力，进入"双一流"建设名单。在"双一流"建设中，智慧馆员应跟踪对接院系的各项评估指标，如论文引用数据。国内外也有不少评估指标，影响力较大的有高影响力分析机构、高影响力学者/科学家榜单。智慧馆员应以国内外知名的大学排行榜为研究对象进行重点研究，关注对接领域的专业发展、指标态势发展，从而做到知己知彼，为对接部门提供参考。

②学科情报服务。学科情报服务是图书馆中一项比较常见的服务。智慧馆员通过文献计量等相关分析工具从海量学科信息资源中挖掘数据，提取与处理信息，以便为在校师生提供某个主题的文献资源服务。学科情报服务主要有开题文献服务、相似文献服务、个人成果分析服务、院系发文分析服务、学科前沿热点分析服务等。开题文献服务主要是根据准毕业生的开题需求，向其推荐必读文献、经典文献，以及可能用到的技术与研究方法等；相似文献服务主要是根据共被引分析、文献耦合度等推荐特定主题的相似文献成果；个人成果分析服务主要是对科研人员的科研成果从期刊、关键词、文献计量等多角度进行分析；院系发文分析服务主要是通过多源数据与文献计量分析方法对院系发文的学术影响力进行分析；学科前沿热点分析服务主要是通过知识图谱分析，抓住相关领域的最新研究方向，从而做出相应的学科分析报告。

③ESI 学科服务。基本科学指标数据库（ESI）是能深度分析科研成果的研究工具，收录了 1.2 万种高水平期刊和 1500 万篇文章，深受全球高校与科研单位的认可。智慧馆员可通过 ESI 分析本校的论文发布情况和影响力，进而发现本校重点学科的重要研究成果和潜在的发展趋势，以便对科研人员论文写作与投稿进行规范性的指导，最终形成基于 ESI 的学科服务中心。

④为学校人才引进提供依据。随着学校的发展以及人才的正常流动，人才引进成为高校发展必须重视的一项工作。招聘单位在招聘人才时会列出岗位、任职条件等，任职条件中一般会对专业与学历有明确要求。图书馆招聘也是如此，如国家图书馆于 2021年 2 月公开招聘智慧馆员，要求图书情报类、计算机类等专业，具有博士学位的人才。这些是符合该岗位的硬性条件，但在综合考核时还要注意其学术能力。学术能力在高校发展中显得更为重要。智慧馆员可对本校现有的人才资源进行扫描，确定哪些领域的人才需要引进，通过中文社会科学引文索引（CSSCI）、北大核心论文发表情况，以及国外的社会科学引文索引（SSCI）、科学引文索引（SCI）等四大检索机构的论文发表情况，了解其发表论文的影响力以及在某个领域的影响力，对人才进行综合评估，以期为高校人才引进提供学术能力参考。

（4）深度服务型智慧馆员。战略型智慧馆员面向的是院系、部门等，而不是具体的人。深度服务型智慧馆员与之相反，面对的是具体的人而不是院系、部门等。深度服务型智慧馆员一般为本校有较大学术影响力的教师服务。图书馆可根据入手的情况来决定服务对象范畴，基本上以教授为最低服务门槛。在高校，教授的数量普遍较多，但智慧馆员的数量却很少，想深度对接那么多教授难度较大。故可以在教授职称的范围内选择学校重点学科或根据科研需求进行细化，为他们提供图书馆专业知识、技术支持，助力科研发展。

①科技查新服务。高校一般在科研立项、科技成果获奖与鉴定、验收等环节需要科研人员提供相应的科技查新报告。但科技查新服务并不是每个图书馆都能提供的，提供科技查新服务的图书馆必须配备具有相关资质的科技查新员。

科技查新机构主要分为科学技术部和教育部设立的查新工作站。原中华人民共和国国家科学技术委员会给各科技系统下属信息咨询单位颁发查新资格证书，1990～1997年共分三批给38家科技信息机构颁发了一级查新单位资格。之后，再无其他单位获得国家行政单位的资格认定，中华人民共和国国家科学技术委员会或之后的科学技术部也没有进行过资格认定工作。教育部科技查新工作站是1992年之后为规范高校科技查新工作而进行的资格认证，之后于2003年重新进行了认证，并先后分四个批次对高校科技查新中心进行了认证，目前已有66家高校图书馆获得了查新资质。高校图书馆则派出专职或兼职的学科馆员参加教育部科技发展中心举办的科技查新员培训，通过考试并符合一定条件的可以向教育部申请科技查新站资质。目前，教育部已停止科技查新站的资格认定工作，根据相关规定，各高校图书馆可以自行设立学校科技查新中心，由经过专业培训并取得资质的查新员为校内外科研人员提供科技查新服务。

②查收查引服务。根据教师提供的文章名称、作者姓名与单位、期刊名称与卷期、发表时间等，智慧馆员可提供 WOS、EI、中国科学引文数据库（CSCD）、CSSCI 等数据库的收录与引用情况，以及期刊影响因子、分区等，为教师职称评审、科技成果申报、人才认定等提供重要依据。

③专利情报服务。智慧馆员通过国内外知名专利数据分析系统，为教师提供专利发展态势、专利价值评估、专利申请辅导等服务，还可为教师提供专利系统使用培训等服务。

④嵌入式科研服务平台。智慧馆员应密切接触学校重点科研小组，了解他们的科研信息服务需求，嵌入课题组以及整个科研生命周期，并为后期的成果保管与开发应用提供有针对性的学科服务。

⑤建立机构知识库。机构知识库是机构在网络环境下建立的一个共享数据库平台，能收集、整理、保存和管理本机构成员的数字化学术资源，包括已公开的论文、著作、项目、专利、奖项等科研成果及未发表的研究报告、学位论文、课件、科研数据等灰色文献。它具有保存机构的学术产出，提高机构的知名度、可访问性、声望和公共价值的重要作用，日益成为机构知识基础设施的重要部分，以及支持数字科研和数字教育的重要工具。具体来说，机构知识库是机构学术展示和宣传的窗口，能帮助寻找潜在的合作对象，促进学术项目团队优化，方便查找相关研究领域成果；学生能通过机构知识库了解老师，寻找和确定个人的发展方向；机构的管理者能通过机构知识库实时、清晰地掌握本机构的学术动态，全面分析机构知识库数据，同时机构知识库也能为机构的管理者提供决策服务。

三、完善智慧馆员招聘准入机制

以建设智慧图书馆为根本出发点，从源头上制定符合其发展要求的招聘标准，招聘具备扎实的专业功底且有一定实践经验的馆员。此外，为更好地履行智慧图书馆的服务职责，需要因岗配人，为具有核心职能的岗位配置那些熟练掌握专业技术、具备较高信息素养的智慧馆员，从而最大限度地提升服务质量。

（一）国内外高校图书馆员的招聘要求

1.国内高校图书馆员的招聘要求

笔者尚未发现国内高校图书馆在网络上专门招聘智慧馆员，何正如前文提到的，笔者发现国家图书馆于2021年进行了专门的智慧馆员招聘，其要求是40岁以内的博士，图书情报、计算机、电子信息等专业，具有较强的团队合作能力和执行力。由此可见，聘用智慧馆员在学历、专业的要求上较为严格。由于尚未发现高校有智慧馆员的招聘，故以其他馆员的招聘为例进行论述。天津大学图书馆招聘馆员，招聘要求包括具有良好的思想道德素质，具有全日制硕士以上学位，有较强的沟通与写作能力、计算机操作能力、团队合作精神，身体健康。复旦大学图书馆招聘文科学科馆员，招聘要求包括具有全日制硕士以上学位，优先考虑人文学科类博士；优先考虑有相关工作经验的人员；沟通与写作能力强；具有良好的英语表达能力；具有学习图书情报知识的能力；具有团队协作能力。武汉大学图书馆招聘学科馆员，招聘要求包括全日制硕士以上学位；年龄35周岁以下；有人文社科专业或工科专业背景；熟练掌握数据分析软件；文字写作能力强和有一定的外语水平。从以上可见，国内高校图书馆的馆员要求相对较高，要求全日制硕士以上学位，优先考虑博士，具有一定的学科背景，熟练掌握信息分析软件，具有较强的沟通能力与团队精神等。

2.国外高校图书馆员的招聘要求

国内知名图书馆专家于良芝对美国高校专业馆员进行研究时指出，美国的专业馆员已经获得高校图书情报等专业的硕士学位。也就是说，美国的专业馆员的本科专业可以是其他学科，但研究生阶段必须是图书馆学或情报学专业，且获得硕士以上学位。美国高校图书馆专业馆员招聘的要求普遍包括图书情报专业硕士学位，有相关经验者优先考虑；具有一定的计算机操作能力；具有团队合作能力；具有创造力，了解图书馆各项服务；具有较强的沟通能力与文字写作能力。可见，国外高校图书馆专业馆员的招聘与国内的要求并无太大区别。

（二）构建智慧馆员选拔机制

1.建立智慧馆员准入制度

在建设智慧图书馆时，也应做好智慧馆员选拔工作。在馆内选拔，是智慧馆员岗位最快配置的方式。智慧图书馆可依据智慧馆员岗位应具有的能力进行馆内筛选，如学科背景、学位层次、计算机能力、沟通能力、写作能力等标准。图书馆可根据这些标准进行筛选，然后对被筛选出来的馆员进行适当的培训，他们在了解岗位职责、工作任务后就可以正式上岗。若现有馆员的能力与智慧馆员岗位要求的能力相差甚远，无法满足智慧服务时，图书馆则应制订人才需求计划，向外公开招聘。智慧馆员与传统馆员的要求有较大区别，其更注重综合服务能力，同时还应具有图书情报专业能力与计算机能力等，故图书馆不管是内部选拔,还是外部招聘,都不应降低标准,要从制度上规范智慧馆员的准入标准。

2.高学历和综合能力的要求

结合国内外高校图书馆员的招聘要求,我们可以设定智慧馆员聘任的基本要求,再根据不同岗位需求,对学历、学位、专业背景做出明确规定。原则上要求硕士以上学历,同时对计算机操作技能、外语能力、信息素养、管理能力、沟通协调能力、口语表达能力和文字写作能力等方面也提出了更高要求。在选拔智慧馆员的时候,图书馆要根据实际情况,除基础专业知识测评外,还应将情商作为考虑因素,确定专业知识与情商的权重,选择那些在学科文化素养和情商测试中均表现良好的候选人。

3.智慧馆员进馆入编考试

笔者认为,图书馆可以改变陈旧的馆员招聘方式,在满足专业方向和学历水平要求的前提下,由上级主管部门(通常是省市文化部门)组织统一的智慧馆员资格认证考试,统一命题,全面考核。考试内容主要包含专业知识与计算机知识,其中专业知识以图书情报学为主,加上部分管理学与心理学内容;计算机知识包含大数据、物联网等新一代信息技术知识。这个考试既可以作为智慧馆员招聘的入职测试,也可以作为他们今后阶段性的职业能力测试,从而避免很多馆员入职之后因图书馆的整体环境比较轻松自由而开始懈怠,渐渐不能胜任其岗位工作的现象,确保馆员保持持久的学习热情,拥有可持续发展的知识结构,形成良性竞争与有效监督的氛围。

4.人尽其用,实现价值

图书馆在对通过选拔入职的智慧馆员进行岗位安排时,除依据他们的兴趣爱好、专业特长以及沟通与写作能力等外,还要考虑馆员自己选择的意向岗位。当意向岗位发生冲突时,图书馆依据智慧馆员的意向进行适当的调整,在尊重馆员选择和图书馆发展需求的双重考虑下进行统筹安排。这样做,既能满足智慧馆员的意愿,稳定人才队伍,发挥他们的聪明才智,又符合图书馆的长期发展要求,能有效提升智慧服务水平。同时,图书馆还可以定期开展智慧馆员之间的交流活动,或考虑定期轮岗。

图书馆在安排智慧馆员岗位时,也应将年龄、教育背景、职称等因素纳入考虑,如刚毕业的年轻馆员可从事技术相关的岗位;拥有一定的职称、工作经历和表现较好的馆员可从事管理岗位;年龄再稍大一点的学历高、拥有良好服务经验的馆员可从事领导岗位。只有根据能力、特长等多因素考虑智慧馆员的分配,才能实现"1+1"远大于2的效果。

(三)建立高校图书情报人才培养机制,输送新型智慧型馆员

随着越来越多的图书馆步入智慧图书馆建设,图书馆对智慧馆员的需求也将越来越大。我国图书情报学硕士培养单位应注意到这方面的发展趋势,从而在人才培养方面做出改变。为了培养更多的高水平智慧馆员,我国图书情报学硕士培养单位应做出以下相应改变:一是在研究生招生时,鼓励跨专业报考,如鼓励计算机、英语等专业学生报考图书情报学专业;二是在研究生培养阶段,研究生除了以学习图书情报学专业知识为主外,还应选修计算机等相关专业;三是在指导研究生进行科学研究时,鼓励他们从学科

+图书情报学的智慧馆员培养方面进行重点研究；四是加强智慧图书馆与研究生培养单位的合作，将智慧图书馆作为研究生的校外实训基地，让研究生能及时调整知识结构，以便就业后能更快地适应智慧服务工作。同时我国高校与公共图书馆在招聘智慧馆员时，要优先考虑具有不同学历间跨学科的图书情报研究生，从而对高校智慧馆员培养起到指引作用。

（四）引入外机构专业人才

图书馆在配置智慧馆员时应灵活设置岗位与用人机制。智慧馆员岗位并不是一成不变的，大部分岗位可以相对固定，也可以临时设置某些智慧馆员岗位。某些需求通常是突发性的、临时性的，当图书馆无这方面的专业人才时，可引进外机构的专业人士临时担任智慧馆员。这样既可以解决临时的用人需求，又可以加强馆内智慧馆员与外机构专业人士之间的沟通与交流，使馆内智慧馆员不断学习新技术、接触新事物。

四、构建智慧馆员终身学习和培训机制

（一）倡导终身学习

正如在前文中提到的，智慧馆员应具有终身学习的能力。技术在快速发展，读者需求在不断改变，为了跟上时代发展，满足读者复杂多变的需求，智慧馆员必须坚持终身学习，不断"充电"。智慧馆员只有在不断学习中充实自己，提升自我，才能对自己的专业知识与技能进行查缺补漏。图书馆本身拥有海量的优质馆藏资源，又能与内外部专业机构保持良好联系，这些有利于智慧馆员进行终身学习。特别是临时性的、突发性的、特定领域的服务，更需要智慧馆员及时学习。智慧馆员只有不断地学习，才能走在发展前沿，掌握最新的技术和方法，才能更好地为读者服务，体现出服务的智慧性。

（二）建立智慧馆员培训机制

1.对不同类型的馆员有针对性地开展培训或继续教育

图书馆应对智慧馆员进行有针对性的培训，国内图书馆每年都要进行继续教育活动。目前国内高校与公共图书馆对馆员的继续教育更多是为了完成任务，馆员真正能学习到有价值知识的较少。我国图书馆可依据智慧馆员的年龄、岗位、学历、专业、职称等差异，为他们开展有针对性的培训。如年纪稍大的智慧馆员领导，由于他们平时在工作中直接接触技术的机会较少，对新技术的认识与掌握不够，所以应重点培训他们掌握新技术；年轻的智慧馆员，由于他们能快速接受新事物，且接触技术的机会较多，但缺少实践能力，所以可安排有丰富经验的优秀的智慧馆员对他们进行业务指导和实战培训，形成以老带新的局面；对缺乏某个学科领域知识的馆员应进行有针对性的培养，邀请相关专业的人员对他们进行辅导。智慧馆员的继续教育也可以邀请外机构的专业人士，从而帮助馆员更好地了解外面世界的发展。定期的智慧馆员培训既能提升馆员整体的素质，又能提升图书馆的智慧服务水平。

2.智慧馆员的培养方式"贵精不贵多"

笔者认为智慧馆员的培养方式应在于精而不在于多。智慧馆员每天工作量大、工作难度大、压力大，要是给智慧馆员安排的培训非常多，容易加大馆员的负担，甚至造成在岗教育的时间比业务服务的时间还多的局面。笔者认为必须对智慧馆员的培养方式和时长进行控制。在培养方式上，笔者认为以老带新、馆际交流、专业讲座等方式的效果较好。以老带新能够让智慧馆员快速熟悉业务工作，这是让新馆员最快进入工作状态的方式，效果相对理想；馆际交流，特别是去标杆图书馆进行现场业务参观访问、业务交流，能帮助智慧馆员快速找出差距，并得到标杆图书馆的现场业务指导，投入少、见效快；专业讲座能够帮助智慧馆员在短期内大幅提升业务关注的高度与广度，了解最新的学科发展前沿，对提升馆员能力有重要作用。

3. 参加多种形式的专业技能培训

图书馆可为智慧馆员安排各种形式的专业技能培训，取得普遍好评的专业技能培训有以下几种。一是图书情报领域的专家培训。国家图书馆、中国图书馆学会、武汉大学、南京大学、北京大学、中山大学等开展的在国内图书情报领域有较大影响力的专家培训是非常有含金量的，可以帮助馆员快速提升图书情报专业素养。二是供应商组织的产品培训。图书馆各种数字资源的供应商为了推广他们的产品一般会上门免费提供产品培训。如 Patentics 公司是专门做专利分析的，为了推广专利分析数据库他们会为馆员免费提供各种在线培训视频或 PPT，并在线解答馆员在使用他们产品时所遇到的各种问题，使智慧馆员的专利检索水平得到快速提升。三是馆内人才培养。以老带新是一种常见的馆内人才培养方式。根据野中郁次郎（Ikujiro Nonaka）的 SECI 模型，以老带新能够将显性知识与隐性知识进行相互转化，从而提升新智慧馆员的水平。四是跨学科通用型技能培训。如让智慧馆员参与高级论文写作研讨班、研究方法与能力提升班等，从而培养馆员的写作能力与科研能力，这不仅有助于馆员的职业发展，而且有助于服务教学科研部门。

（三）提升职业道德，不断完善智慧馆员的人格

1. 提升职业道德

国际图书馆协会联合会认为图书馆的职业道德是保护知识自由、言论自由，获得知识、信息和文化的自由以及遵守思想、政治和宗教中立原则等。图书馆员和信息专业人士应该是值得公众信任的人，应秉承严格的职业道德。图书馆员和信息专业人士的道德准则定义了基本原则，对该行业的所有代表具有约束力，并确定他们的社会使命和包括在其职业活动的所有环境中所承担的道德责任。我国《中国图书馆员职业道德准则》把馆员的职业精神概括为"敬业精神、诚信精神、专业精神、平等精神、团队精神、合作精神、创新精神"。笔者认为在智慧图书馆中，智慧馆员比以往掌握更多读者的隐私信息，所以应恪尽职守保护读者的个人隐私。同时，智慧馆员还应确保读者能够平等地获得知识信息服务，不将个人情绪带到智慧服务中，尊重读者，不借助图书馆谋取私利，从而提升职业道德。

2. 不断完善智慧馆员的人格

笔者认为智慧馆员的人格可能有偏于传统的，也有偏于社交的。但不管如何，智慧馆员应热爱阅读、注重细节、紧跟技术趋势和自律。

（1）热爱阅读。智慧图书馆员要热爱阅读，他们的整个职业生涯都是围绕着阅读展开的。智慧馆员应多了解或阅读所有年龄段、所有类型的书籍，还应了解当前畅销流

行的书籍。通过阅读各种书籍，智慧馆员拓宽了视野并发现可用于教育计划或可添加到收藏中的新书籍。智慧馆员还应了解当前的电影和音乐，更重要的是阅读有关图书馆学的各种材料，不断提升自己的专业素养，进行终身学习教育。

（2）注重细节。智慧馆员工作的很大一部分是组织和维护媒体收藏，包括书籍、电影、音乐等。因此，他们必须高度组织并注意每一个细节。例如，他们需要在图书馆的分类系统内工作，正确地按字母顺序排列项目，并为顾客保留请求的项目等。

（3）紧跟技术趋势。实体卡片目录已成为过去，智慧馆员负责使用和维护的大量技术，包括读者使用的计算机、借阅数字资料的服务、图书馆工作人员使用的系统和软件，以及新一代信息技术等。智慧馆员必须熟悉计算机和其他形式的技术，以帮助读者研究并决定他们的图书馆应该使用哪些硬件和软件。

（4）自律。智慧馆员的主要特征包括对自己的职业和工作充满热情、能坚守自我。优秀的图书馆员往往认真负责，严格遵守纪律，不会以公谋私，而是以饱满的热情积极主动为读者提供高质量的服务。

虽然智慧馆员应具有良好的人格，但智慧图书馆也应该为智慧馆员良好人格的形成创造良好的人文环境。目前我国智慧图书馆建设还处于摸索阶段，图书馆不能完全沿用以往的规章制度去约束和妨碍智慧馆员的人格发展。

（四）建立良好的协作、激励和考核机制

1.建立良好的协作机制

图书馆应为智慧馆员建立良好的协作机制。笔者认为可为智慧馆员建立与读者、本馆馆员及馆外同行的协作交流机制。

（1）与读者的交流机制。在智慧图书馆建设中，智慧馆员与读者的交流沟通更多是通过互联网、虚拟场景进行。在这种模式下，智慧馆员需要处理更多的读者需求，也会通过网络主动为读者提供个性化信息推荐。在该模式下，图书馆要对智慧馆员的读者需求处理情况以及主动服务情况进行考核。

（2）与本馆馆员的协作机制。图书馆应加强智慧馆员与本馆其他馆员的沟通交流，通过智慧网络平台让智慧馆员与其他馆员在举办活动、读者业务导引、技术交流等方面开展合作，从而提升整个图书馆的服务水平。

（3）与馆外同行的交流机制。图书馆可以安排智慧馆员与标杆图书馆进行业务交流，也可以组织本馆馆员去标杆图书馆进行现场业务沟通，还可以邀请标杆智慧图书馆的馆员到本馆进行业务指导，从而让智慧馆员能够扬长避短，查缺补漏，促进本馆智慧服务健康发展。

2.建立合理的激励机制

合理的激励机制对任何行业的内部管理都至关重要。智慧馆员的素质比一般馆员要高，所处理的读者问题的难度大，完成的质量和读者满意度通常较高，因此应对智慧馆员设置合理的激励机制，以保障他们的工作积极性。概括来说，激励机制可从物质激励、信任激励和发展激励等方面进行。

（1）物质激励。笔者认为物质激励是最直接有效、最重要的激励。毕竟对智慧馆员的综合能力要求高，其工作难度大、工作量大，从按劳分配的角度出发，智慧馆员理应比其他馆员获得更多的物质激励。智慧馆员获得相应的物质激励，才能获得物质和心理上的满足感，才能更好地发挥他们的聪明才智，从而留住人才。物质激励主要体现在工资、绩效与评优上。工资与职称、学历挂钩，智慧馆员是研究生以上学历的人才，工资收入理应高一点；绩效部分图书馆具有较大的自主权，可将智慧馆员的绩效系数提高，鼓励他们获得更高的绩效；同时在年度评优的时候应优先考虑智慧馆员，或者将智慧馆员的评优比例设为最大。

（2）信任激励。图书馆应给智慧馆员更多的信任，包括让他们与师生沟通交流时有更为宽松的环境，在资源采购、设备采购方面拥有更多的话语权、参与权，以及更高的采购经费额度等。这样能够让智慧馆员在图书馆中有更多的归属感与参与感，从而发挥他们的积极性与创造性。

（3）发展激励。图书馆应根据各智慧馆员的不同情况进行发展激励。一是职业培训。职业培训可根据馆员的具体情况制定职业规划，并分阶段进行相应的培训。如对技术能力强的智慧馆员进行科研能力与职称发展的针对性培训；对管理能力突出的智慧馆员加强智慧业务管理的知识培训。二是继续教育培训。这个在前文中有提到，对领导人员加强技术知识培训，对新入职的技术强人则加强管理能力的培养。三是职称晋升。职称晋升对每个智慧馆员来说都非常重要，影响到每个馆员的职业发展和切身利益。图书馆可为智慧馆员在职称评审中设置更多的加分事项，并对照职称文件为他们争取机会，从而帮助智慧馆员晋升职称。四是岗位晋升。为有技术、有优秀服务经验且有管理能力的智慧馆员争取岗位晋升的机会，让他们从事领导工作。

3. 建立科学的智慧考核机制

对智慧馆员的考核，笔者认为可从以下几方面进行：一是工作量考核，根据工作日志、对接读者的次数、主动为读者提供个性化服务的次数、相关研究报告以及举行的相关讲座等进行统计；二是工作质量考核，主要是抽取一定比例的读者进行满意度评价，以及馆员与领导对其工作质量进行评分；三是日常考勤考核，这个是常规性考核，没有针对性，但也应纳入考核体系；四是科研成果考核，考核其能否将日常工作上升到理论高度，能否有新的见解，发表的论文数量，主持或参与的课题数量，撰写的可行性报告等。图书馆应从这四个方面制定出详细的考核指标，并按学期或年度进行考核，从而激励他们终身学习，不断提升智慧服务水平。

（五）加强外部交流，发散智慧思维

加强智慧馆员与外部交流是非常有必要的，这能够让智慧馆员学习其他智慧图书馆的先进经验，开启新的服务模式。目前我国智慧图书馆业务交流有两个较好的平台：一是"中国高校智慧图书馆（馆长）论坛"，规格很高，在图书馆业界有较大影响；二是"智慧图书馆发展论坛"，由国内高校图书馆、公共图书馆、生存与服务企业及智慧服务领域的专家共同参与，现已经举办了五届，是国内影响力最大的智慧图书馆论坛。这两个论坛都是每年举办一次，智慧馆员应积极参加这些论坛，图书馆也应鼓励馆员参会并提供相应的帮助。通过参加论坛，智慧馆员可以学习最先进的信息技术、管理理念与最佳的实践经验，同时还可以与同行互相学习和交流，激发智慧思维。

除了参加发展论坛，我国图书馆也可邀请国内智慧图书馆领域的知名专家举办讲座，如邀请国家图书馆饶权、南开大学柯平教授、武汉大学陆伟教授等到图书馆指导智慧图书馆建设。

第四章　智慧图书馆特色数字资源建设

第一节　智慧图书馆特色数字资源概述

一、特色数据库概念

目前，各图书馆、信息服务机构对"特色数据库"叫法不一，图书馆网站上已有的"特色资源""特色收藏""特色馆藏""自建特色资源""专题特色库"等基本上都是指"特色数据库"。图书馆作为社会信息系统的重要组成部分，担负建设、开发、利用文献信息资源的责任，特色数据库建设是智慧图书馆数字资源建设的重要任务。对图书馆来说，特色数据库是指图书馆依托本馆的特色馆藏和丰富的网络资源，针对用户的信息需求，对某一学科或某一专题有利用价值的信息进行深层次揭示、系统化地组织和加工处理、存储，并按照一定标准和规范将其数字化，以满足用户个性化需求的信息资源库。可见，在智慧图书馆，特色数据库是在充分开发和利用馆藏文献信息资源和网络信息资源的基础上建立的。特色数据库具有体现本馆馆藏信息资源特色，充分展示学校重点学科建设特色，为用户提供个性化信息服务，按照一定标准和规范建设而成并可供共享等特征。

二、智慧图书馆特色数据库建设指导原则

特色数据库的建设已经成为评价一所智慧图书馆信息资源建设的重要标准。各智慧图书馆应从本馆、本校的实际需要出发，建设具有地方高等教育特色或资源特色的信息资源数据库，尤其是重点建设教学和科研需要的、具有学科专业特色的、能够取得显著使用效益的数据库。特色数据库的建设要坚持"四性"原则。

一要坚持标准规范性原则。标准化与规范化建设是高校图书馆特色数据库建设质量的根本保证，是实现信息资源共建共享的重要前提。特色数据库的规范性反映在从资源建立到平台建设的各个环节中，数据的采集、著录、标引、加工、录入等每个环节都要以规范性为前提。只有建立和遵循关于数字化加工、资源描述、资源组织、资源互操作和资源服务等方面的标准和规范，才能保证数据库的可使用性、可操作性和可持续性。

二要坚持特色性原则。资源内容具有特色是特色数据库建设的根本所在，不同特色数据库主要区别在内容上，必须从多维度、多渠道收集各类有价值的特色信息资源，对特色数据库的内容进行丰富和完善。特色数据库在内容上应具有鲜明的资源特色，如地域特色、专题特色、学科特色。高校图书馆在进行特色数据库建设时，应充分发挥自身的专业优势、资源优势和技术优势，重点开发利用那些能体现馆藏特色、学科专业特色、地方特色的资源。不能求大求全，要突出本校、本馆的专业特色，要考虑数据库是否在

本行业具有特色和权威性。此外，服务方式也要有特色，各高校图书馆应树立特色服务的理念，充分利用自身的资源优势，提供特色服务。

三要坚持实用性原则。特色数据库的建设应以更好地发挥本馆的各种馆藏资源的作用，使之最大限度地为读者所用为基本目标。因此，建库时应遵循"用户至上"的原则，充分调查研究用户的信息需求，全面分析数据库的实用价值以及社会效益和经济效益，保证所建数据库能面向读者、面向社会需要，能进行深层次开发，实现增值效应。评价一个特色数据库的价值和存在的意义在于它是否能用、有用、实用和好用。建库时要考虑与专业人员合作，以实用性为原则，使建成的特色数据库操作简便，检索高效，服务周到。

四要坚持共享性原则。共享是特色数据库建设充分发挥功能和价值的灵魂。共享可以节约特色数据库开发、维护、使用成本，可以让更多的用户参与到特色数据库的建设中，如通过用户反馈信息，改进特色数据库建设，提高特色数据库质量。因此，在特色数据库的建设过程中，必须尽快打破各自为政的局面，实行分工合作、联合建库，通过相互协作提高开发和利用特色资源的综合能力，从而实现特色资源的合理配置和有效利用。

第二节　智慧图书馆特色数字资源建设现状及内容

一、智慧图书馆特色数字资源建设现状

（一）特色数据库评价体系构建

智慧特色数据库的建设要有一定的评估标准，并组织人员定期进行考核检验，以确保特色数据库的建设质量。图书馆应在特色数据库的数据资源、著录标引、数据库系统、服务平台、推广应用等方面制定合理的评价指标，主要检验数据库专题收录是否具有专指度，有无鲜明特色；资源搜集是否全面，数据是否可靠，资源标引是否规范，数字对象链接情况；检索功能如何，检索结果是否正确；用户界面是否友好，栏目设置是否合理，后期应用推广维护是否到位；等等。

建立科学的特色数据库评价体系有利于指导数据库系统的建设、规范资源的选择和标引。统一建设中的技术标准，增强互操作性，保障特色数据库建设的质量，为资源共建共享打下基础。本书在综合已有研究成果的基础上，借鉴相关的评估标准，确定了特色数据库评估的一级指标，将其数据资源、资源组织、资源导航、检索系统及功能和使用情况作为一级指标，通过对五个一级指标进行阐释获得二级指标 24 项，对每项二级指标做了具体解释和补充说明，分解为更具体的三级指标 39 项。

1.特色数据库中的数字资源评价指标分析

要成为一个具有实用性的文献信息系统，特色数据库必须具有一定数量的数据资源。考察特色数据库数据资源的建设情况可以从以下几方面进行。

（1）专题收录的专指度。通过浏览特色数据库，判断所收录的资源与专题相关性程度，是否含有与此专题无关或相关性不大的资源。

（2）收录覆盖面。数据资源的收集要全面。数据是数据库的核心，因此数据的收集是数据库建设中十分重要的环节，要确保收集信息的完整性和权威性。根据浏览或检索条件等，判断资源收录的年限是否包括专题所应追溯的年限，资源收录的文献种类是否包括历史资料、报纸、杂志、图书、会议论文、学位论文、科技报告、专业网站等，资源类型是否包括文本、图片、音频、视频等。

（3）收录内容的权威性。该指标考察的是数据来源的权威性，数据是否来源于正规、权威途径，是否经过专家审核。在实际的评估过程中，还要考虑这些资源的学术价值，可以邀请学科专家鉴别，也可以通过该资源点击率来衡量其价值。

（4）特色性。目前，中国高等教育文献保障系统（CALIS）将图书馆特色资源分为三类：一是馆藏特色资源；二是地方特色资源；三是学科特色资源。我国智慧图书馆的特色数据库主要有以学校教学和科研成果为特色的数据库、与区域特色和人文环境相关的数据库、与学校重点学科有关的数据库、与图书馆深化服务相关的数据库，因此应把数据库的内容是否具有特色性、是否真正体现某一方面的特色作为评估的一个指标。

（5）标准化。标准化反映在特色数据库建设的各个环节中，包括对文献的著录和标引。特色数据库数据资源的著录、标引应遵循我国数字图书馆标准规范研究项目所推荐的相关标准、元数据标引格式规范、文献著录的有关国际标准和国家标准。该指标就是考察特色数据库对这些标准的执行情况。

（6）数据总量。这是一个客观的指标，特色数据库中数据资源的数量必须达到一定的规模，否则就失去了建设的价值。当前，对特色数据库资源总量的考察主要是依据不同的资源类型确定的。比如，对于纯文字资源，以资源的总记录数来评价；对于视频资源，不仅考察资源的总记录数，还需要总体计算视频的时长。资源量越大，特色数据库存在的价值就越大。

（7）数据质量。数据质量的高低直接影响着数据库的质量。在评估时，我们应该关注两方面：标引质量和标引深度。对特色数据库中的数字资源进行规范化的著录，并从多个维度对内容特征和外部特征进行深度揭示，有利于提高资源的利用率，便于资源相互关联。其中，标引质量主要考察标引的正确性与专指度，标引深度主要考察对资源内容的揭示深度。此外，数据可靠度和信息完整性也是评估数据质量的两个重要指标。

（8）内容的更新频率。该指标是考察特色数据库是否具有可持续性。特色数据库内容不可能永远不变，内容更新的及时性、连续性也要纳入评价的范畴。数据库的内容更新越快，其时效性越强，数据库就越有价值，通常以日更新或周更新为最佳。滞后时间如果过长，就会影响数据库的时效性和质量。

（9）资源类型。对于不同的应用，需求的信息资源类型是不同的。该指标就是反映特色数据库对期刊、图书、科技报告、学位论文等这些资源类型需求的满足程度。这是一个客观指标。指标的值越高，表示被评估的数据库水平越高。

2.特色数据库的资源组织评价指标分析

特色数据库的资源组织就是根据内容属性、受众对象和其他特征，将杂乱无序的信息分门别类地列出，并按照一定体系有机组织起来的一种手段，是建立资源导航的基础。特色数据库的资源组织评价指标主要包括以下几方面。

（1）资源分类的合理性。主要看特色资源是否按相关主题、学科门类、课程、时间、类型、字顺等分类，分类是否合理、科学，是否易于用户使用，整体设计类目是否清楚。

（2）数据的规范使用。主要看是否采用统一的数据规范和标准，如文字型数据采用 RTF、TXT 和 XML 文档格式，扫描图片数据采用 JPEG、TIFF、PDF 格式，音频数据采用 MP3、WAV 格式，视频数据采用 MPEG、AVI 等格式，确需采用专用（非通用）格式的，应能根据需求实现与通用格式之间的转换，若不存在相关标准，是否能提出一个合理的资源组织标准。

（3）资源组织的用户适用性。主要看特色资源是不是根据用户类别进行组织的，是仅限在图书馆内部使用还是其他用户都可通过 Internet 访问，是否有用户个性化组织在内，是否参加了地区或更大范围的资源共享并提供文献信息传递服务。

3.特色数据库资源导航评价指标分析

由于用户的信息素养和信息检索能力的限制，很多用户在使用特色资源库时难以自己构建检索表达式。因此，特色数据库中的资源导航就显得特别有价值，用户可以通过资源导航，按顺序浏览相关资源，找到相关资源。因此，导航的任务就是帮助用户有序地浏览内容，引导用户找到自己所需要的信息。特色数据库资源导航评估指标包括以下几方面。

（1）导航菜单的合理性。资源导航菜单的设计要符合用户习惯，尤其是对某些专业性的特色数据库更有必要，否则用户难以找到资源的入口，也就难以找到相关的资源。

（2）相关链接支持。在主页上，是否有相关的多种链接，包括内部检索结果的链接、内部相关数据库的链接、外部其他相关专题特色数据库的链接、公共检索引擎的链接等。

4.特色数据库检索评价指标分析

数据库所提供的检索系统是衡量一个数据库的重要指标之一，要衡量数据库的检索性能是否完备、检索途径是否快速多样、检索入口是否实用，就需要有一套广泛适用的评估指标，以此判断特色数据库在检索方式上的优劣。由于不同用户对检索系统的感觉是不同的，加上对检索系统的功能评价难以用量化指标来分析，所以对特色数据库检索系统的评价是最复杂和最难的。

特色数据库检索系统主要考察是否提供检索页面以及是否提供多途径检索，方便用户查找信息资源。在检索方式上，是否支持简单检索、高级检索；在检索技术上，是否提供全文检索，是否支持布尔逻辑运算；在对结果的处理上，是否支持二次检索，是否支持定制查询结果、每页显示的记录数量以及改变排序方式等；在特色数据库的用户服务上，是否提供多种信息服务，包括专家咨询、文献传递、定制服务、推荐服务和常见问题浏览等服务；特色数据库是否有使用指南，帮助用户更快地查找信息资源。

5.特色数据库利用效果评价指标分析

特色数据库建设的最终目的在于利用，因此建立高质量的数据库，就要注重数据库的使用情况。对特色数据库使用情况的评价主要是遵循定量和定性评价相结合的原则，包括以下几方面：访问次数（用户打开资源链接的次数）、点击次数（通过网站访问量、数据访问和下载量等统计结果分析资源的利用率）、检索次数（用户提交检索式的次数）、资源的下载数量（用户从特色数据库中下载资源的数量，包括各类全文资源以及视频、图片等非结构化的资源）、用户意见反馈（用户使用特色数据库后，能否根据数据库的易用性和实用性进行反馈）。对反馈进行回复与处理能体现特色数据库的服务能力。

（二）智慧图书馆特色数据库建设存在的主要问题

1.特色数据库建设标准不统一

标准化、规范化是数字资源实现共享访问的基础，而建设特色数据库的一个重要目标就是为了促进资源的广泛利用。通过调查发现，当前特色数据库的建设存在着严重的标准不统一的问题。绝大多数图书馆在建设特色数据库时，元数据标准、用户接口标准、资源检索标准等都不统一，这导致资源在馆内难以共享，不利于资源的利用和迁移。不同的图书馆采用了相同的技术平台，但在资源元数据管理、元数据提供等方面都未形成统一的数据标准，这导致特色数据库无法形成馆与馆之间的资源深度融合。

2.资源组织方式单一

良好的资源组织体系有利于用户有效地获取各种资源，但通过对"211"高校图书馆的特色数据库调查发现，大多数特色数据库中的资源组织方式都十分单一，往往只是按照标题或作者等资源的外部特征进行组织，而未通过有效揭示资源内容特征来对资源从内容上进行组织。同时，对标签等 Web3.0 元素的应用较少。

3.特色数据库的交互性较差

提升系统的交互性有利于提高系统黏性，提高资源的访问频率，吸引用户长期使用。现阶段，绝大多数特色数据库都只是单向地为用户提供服务，而没有提供任何交互式功能，用户无法对资源进行评价，也无法对自己感兴趣的资源进行个性化管理和利用。

4.资源检索功能存在不足

资源浏览和检索是用户访问特色数据库中的资源的入口，强大的资源检索功能便于用户快速地获取所需资源，但现有的特色数据库大多只提供资源查询功能，因此提供全文检索、布尔逻辑检索等功能对特色数据库来说至关重要。提升检索功能，并对检索结果进行二次组织是当前特色数据库检索必须改进的地方。

二、智慧图书馆特色数字资源建设

（一）特色数据库建设选题分析

选题是构建智慧特色数据库的第一步，是整个建设项目的重中之重。合适的选题不仅关系到特色数据库的质量，还影响着特色数据库建设工作的开展。智慧图书馆要使自己的特色数据库充分发挥特色化信息资源的功能，就必须重视建库前的调研工作，做出尽可能详细的可行性分析论证，选择用户迫切需要的数据库作为开发研究对象。

1.特色数据库建设选题原则

选题是特色数据库建设的关键。智慧图书馆特色数据库的选题应以本馆馆藏特色为立足点，以本校研究优势为出发点，根据学校的学科建设需要，围绕学校图书馆特有的服务对象和服务任务，有重点地开发、建设某一领域或某一主题的文献信息资源，体现馆藏特色或地域特色，并以此确定特色数据库的建设方向。智慧图书馆特色数据库建设在选题上应遵循以下原则。

（1）避免重复。由于各馆人力、物力和财力非常有限，如果重复建设将导致人、财、物的浪费，因此应尽可能地避免因重复建设所带来的各种弊端和问题。在特色数据库的建设前期，要对我国已有的或在建的特色数据库信息资源分布状况进行认真、细致的调查，通过论证确定主题。

（2）内容和形式上是否体现特色。主要看特色数据库的选题在内容选择和编排上是否具有鲜明的资源特色，如能否充分体现地方特色、学科特色、高等教育特色等，形成特色优势，满足用户对特色信息资源的需求，并考虑本数据库是否在本行业乃至全国高校范围内具有特色权威性，是否是其他综合型数据库无法替代的。

（3）选题是否突出自身优势。各高校经过长期的学科建设，在自己的重点学科领域已显示出独特的优势。在选题时要充分发挥本校专业优势、资源优势和技术优势，要考虑建成后的特色数据库是否基于本校相关重点学科的长期积淀，是否以特定专题、交叉学科或前沿学科为建设对象，能不在较长时间内保持领先地位。

（4）是否具有较高的学术价值和利用价值。要考虑建成后的特色数据库在国内外是否具有较高的学术价值，能否满足科研需要。另外，还要考虑其是否具有实用性。特色数据库的建设选题要立足用户需求，要面向教学和科学研究的实际需要，考虑其实用价值和需求程度。

选题是特色数据库开发的关键，好的选题是在充分调查、研究、分析、比较的基础上确定的。选题不仅要体现特色，还要有明确的使用对象。特色数据库的选题应遵循需求第一、特色为重、优势互补、不重复建设的总原则。总之，图书馆应在建库前，在充分调查论证的基础上，结合本部门、本单位的馆藏特色、文献风格、人力、物力、经费等的现实条件和社会发展的需要，选择适合的主题。

2.特色数据库建设选题方法分析

建设特色数据库必须选好题，特色数据库建设选题要论证充分，特色明显。要先看选题论证方案是否建立在科学的需求分析、用户调查、专家评估基础上，然后确定特色数据库的建设方向以及数据资源的采集计划。

（1）需求分析法。任何特色数据库的建设都是为"用户"所用的，都要以用户利用率的高低作为数据库建设的价值尺度。因此，在进行特色数据库的选题时，必须考虑社会需求，全面掌握、了解读者和用户需求。分析需求可以从两个方面入手：一是从资源中提取用户的需求，即从本校的馆藏或网络资源中选取用户最集中的信息资源；二是从用户的需求中找资源，即根据用户的需求，从馆藏资源或网络资源中提取所需要的资源。

（2）系统分析法。利用集成管理系统对馆藏资源的利用率进行监控分析，对借阅率、续借率、预约率高的以及读者集中关注的教学参考文献进行数字化加工，将其制作成电子文档。

（3）读者调查法。可以采取网上调查、问卷调查等方式，征集读者对特色数据库建设或数字化资源建设的需求与建议。在建库前，要组织有关人员对我国特色数据库信息资源分布状况做认真细致地调查，在调查的基础上针对馆藏信息资源状况、重点学科设置、服务对象的需求等因素，确定适当的主题范围和文献类型的数字化建设项目。也可通过网上调查或问卷调查的方法对拟建选题的特色数据库的社会需求面有多大、是否具有较好的社会效益和经济效益进行调查，有针对性地确定符合实际的项目选题，避免重复建设。

（4）专家评估法。专家评估工作是确保和提高特色数据库质量的重要环节。根据以上三种方法确定特色资源库建设候选主题，将候选主题提交给相关领域专家，由专家对选题进行定性和定量的评估、打分，最终选定合适的主题进行建设。

智慧图书馆要建设特色数据库，在选题上必须考虑本馆的性质、信息资源状况、服务对象、用户需求等因素。经过认真分析、反复论证，通过用户调查，甚至邀请专家对其进行评估之后方可确立主题。在这个过程中，要注意遵循"用户至上，需求第一"的原则，使建设的特色数据库一直保持实用性、先进性和可发展性。

（二）特色数据资源收集与整理方法

特色数据资源的收集是数据库建设中十分重要的环节，对收集到的多类型、多载体的原始信息资源进行分析筛选是信息资源组织的基础工作。

1. 特色数据资源收集原则

资源收集是特色数据库建设的基础，特色数据库的建设要求其数据收集要确保系统性、完整性和权威性。为此，在特色资源收集时需要确定合理的收集范围、信息源的类型、数据库的类型、信息来源渠道、数据收集标准、数据收集的时间等。

数据资源收集过程中应遵循以下原则：一是在收集数据时需要确定合理的收集范围，包括地域范围、学科范围、文种范围、时限范围等。二是在数据源类型上，追求一个"全"字。数据收集要涵盖图书、期刊、会议论文、学位论文、专利文献、图像、音频、视频等多种类型的文献。三是在数据收集的渠道上，拓展一个"广"字。不仅要最大限度地挖掘本馆馆藏文献资源，将馆藏印刷型特色文献资源进行数字化加工，还要选择本馆已购买的电子全文数据库，将其中与所建数据库相关的内容进行下载、加工、重组，并充实到自建特色数据库中。另外，还要进行必要的外部调查，即到全国各高校、科研院所乃至行业协会收集有关的信息资源。总之，要保证文献信息的收全率。四是在数据收集的标准上，突出一个"专"字。收录的数据与所建数据库的选题定位一致，杜绝因追求数量而造成信息繁杂。五是在数据收集的时间上，遵循一个"宽"字。文献信息的收录时间越早越好，收录范围越全越好，因为时效性是衡量特色数据库水平的一个重要指标。在数据库类型上，涉及全文型、书目型、文摘型、题录型等。

总之，特色数据库的信息资源收集必须建立在对信息资源的正确评价、统筹规划和有效甄选方案的基础上，尽量避免靠经验、推断等主观意愿来判断取舍特色资源的收集。

一是要保证所收集资源的质量，尽可能做到专业、全面、有特色，力求所选择的资源能直接服务于教学与科研。二是要确保各种信息资源分类明确，并且能够连续、系统地整合在一起，以保证特色数据库的完整性、即时性。

2.特色数据资源收集途径

一般来说，特色数据库的数据来源主要有三方面：一是整合馆藏特色文献；二是对网上信息资源的收集，即从综合性数据库中选择具有特色的资源进行收集、分类、存储或通过共享链接利用网上数据；三是通过全面收录本校师生的科研成果、收集本学科非正式出版物、实地考察等途径收集建库资源。

（1）整合特色馆藏资源。建设特色数据库，要优先选择现有馆藏中的特色文献，因为本馆馆藏资源是最方便利用的资源。一般来说，图书馆经过长期的积累，已经收藏了较为完备的资料。除了印刷型文献外，还包括光盘、录像、电子书、电子期刊等各种载体的文献。尤其是学术及研究价值高、特色性强的历史文献资源，这些资料现存数量较少，具有数据准确可靠、相关性强、无知识产权问题等优点，因此这部分文献作为建库的主要信息来源应得到充分的挖掘、利用。

馆藏文献分门别类，分布广泛，内容繁杂，有的甚至分散在各个学科中，应集中精力对馆藏古籍、图书、期刊等进行认真地甄选。这些传统图书馆中使用频率高、具有较高价值的本学科专业特色馆藏资源是图书馆建设特色数据库的最有利条件。尤其是重点学科的文献，要注意专业性、学术性、权威性资料的收集。图书馆经过调研后，利用本馆的收藏优势，有重点地开发某一领域或某一品种的数据库，不仅可以起到吸引用户、扩大图书馆社会影响的作用，还能为今后与各图书馆的协作打下坚实的基础。

（2）充分利用网络信息资源。网络资源是图书馆数字化建设的重要信息源。网络资源具有信息量大、内容丰富、方便利用等特点，是特色数据库建设中取之不竭、享之不尽的资源源泉。因此，网上信息资源的整合就成为近年来特色数据库建设的重要途径之一。建设特色数据库时，可以利用搜索引擎采集网上信息，根据研究的主题确定收集的范围和文献类型，将符合研究主题的信息按专题或某主题进行甄选提炼、整合分析后添加到数据库中，也可以通过共享链接利用网上数据。需要注意的是，在利用这些网络信息资源时，要采取严格的质量控制，防止不可靠信息进入数据库。根据特色数据库的需要，有选择地利用和下载网络资源可以节省经费并加快数据库建设进程，还可以提高馆藏特色数据库的质量，方便用户检索使用。另外，特色数据库具有相对的独立性和开放性，在搜集网上信息资源时，必须遵守版权法所限定的范围，合理使用网上信息资源，保护作者的知识产权。

（3）全面收录本校师生的教学科研成果。广大师生既是信息资源的利用者，又是信息资源的生产者、提供者，要高度重视他们在教学和科研中的成果，并将其作为特色数据库资源建设的重要内容，全面收录。此外，要重视本学科非正式出版物的收集，凡是对本学科的研究开发有重要参考价值的信息都应重点收录，如本专业的学位论文，专家、学者的课堂演讲及学术报告录像。

3.特色数据资源的加工整理

以特色资源为依托的数据库建成之后要达到有效满足用户的需求，必须对这些原始信息资源进行深加工。从原始信息资源中提炼挖掘出相关信息资源和知识，使各种信息从隐含到明显、从重复到精练、从分散到集中，满足用户对信息的直接利用需求。在加工馆藏文献资源之前，要根据文献的题名、作者进行查重，防止重复加工；在加工处理中，要注意存储媒介、格式、转换程序，文档均应标准化。

信息加工技术一般包括自动标引技术、人工标引技术和元数据技术。自动标引技术以主题词表和分类表为基础，可以对数据资源自动生成主题和分类。人工标引是直接由标引人员对信息记录进行分类标引或主题标引，赋予特定的检索标志。但由于标引人员水平的不同和信息资源所存在的语义歧义，同一篇文献不同人员标引会不一致。自动标引可以对人工标引进行校对。在信息资源的加工过程中，也可以用元数据技术描述和定位相关信息资源，对这些特色信息资源进行著录和标引，以便用户通过这些元数据信息快速准确地找到自己所需要的信息资源。

（三）特色数据库系统框架研究

建库主题、建设模式以及资源载体类型等都对特色数据库系统的具体建设框架有一定影响。特色数据库系统框架应该满足如下设计原则。

1.实用性与可用性原则

实用性要求整个项目的设计思想体现易学易用、简洁明了、个性化、人性化，保证系统的运行效率和使用效率。可用性要求系统应采用成熟的开发技术，商业化的应用服务器、数据库和安全系统。系统具有成熟、稳定、实用的特点，其实用性和可用性需要通过严格论证和测试得到检验。

2.先进性和成熟性原则

智慧图书馆进行特色数据库建设，避免重复建设是第一要务。在整个系统设计上，应充分考虑未来发展，最终实现面向企业级的资源优化而不是简单的信息管理。在技术架构上，可采用先进的容器与服务结构，所有应用在同一容器中运行，容器提供各种通用的功能性引擎的接口，每个业务应用只需实现本业务的具体功能，通用的功能由容器提供系统所需的公用服务。面向服务、面向组件的先进技术和理念具有发展潜力，能保证未来若干年内仍占据主导地位。这也是已被业界广为使用的成熟、稳定的技术。技术、设计方案应顺应平台化、集成化与人性化的应用软件发展的三大趋势，构建在此业务基础平台的行业应用也将引领教育行业内应用软件技术发展的全新方向。

3.开放性与标准化

特色数据库建设总体框架支持开放的且符合业界主流技术标准的资源系统平台。该平台独立于网络、硬件环境、通信环境、软件环境和操作系统。由于系统平台都按照功能模块进行松散方式架构，用户可以根据需要新增各种功能模块。同时，系统的后台管理平台要基于工作流引擎，用户可以根据工作的需要，方便增加新的功能应用。另外，在资源采集、资源加工、资源描述、服务提供等方面都要求严格按照全国信息技术标准化技术委员会教育技术分技术委员会的各种标准规范或其他标准规范，并可根据学校的实际情况，引入学校自定义的标准，真正做到系统标准化。

4.可扩展性和易升级性

应用建设的长期性和内容的广泛性决定了系统在构建和使用过程中必然面临着各类扩展性需求，如业务规模的扩展、业务类型的扩展、集成范围的扩展等。随着时间的推进、信息技术的变化、资源采集能力的提高，其功能模块有可能进行扩展。特色数据库系统总体框架内系统模块间完全独立，接口清晰，内部的业务流程升级和改造与其他模块无关，所有模块基于组件 EJB、Web services 等开发，可插拔，并为二次开发提供开发 API 等，因而极具扩展性和升级性。

5.可靠性与稳定性

从系统基础设施结构、系统软件、技术措施、设备性能、应用设计、系统管理等各个层面确保系统运行的可靠性和稳定性，达到最大的平均无故障时间。要充分考虑特色数据库中不同资源的访问特点，对缓存控制、静态页面控制、存储控制等方面都应做重点考虑，保证系统的可靠性与稳定性。

第三节　智慧图书馆特色数字资源系统的实行

一、特色数据库系统详细功能设计

（一）系统配置管理

系统配置管理功能模块包括特色数据库系统服务器管理流程，系统参数设置，对各种资源库基本信息的登记，实现对基本库、资源库及表单信息的登记、修改、删除等相关功能。

1.服务器管理

特色数据库系统服务器类型有存储服务器、Web 应用服务器、数据库服务器、图片服务器、流媒体服务器等，系统将对这些服务器进行注册。服务器管理流程如下：先配置好各硬件服务器，然后在系统内进行注册登记，并对相应的参数进行记录。

2.系统参数设置

系统中有些功能性数据是以参数的方式进行配置的，系统参数设置则是对这些数据进行配置，它可以在系统实施前或者运行过程中进行修改。

3.基础资源库管理

基础资源库管理用于登记各种资源库基本信息。资源库基本类型有视频库、图片库、音频库、文本库等，每种类型的资源库都可以有多个具体的资源库。我们把视频库、图片库、音频库、文本库、PPT 课件库等称为基本库。

4.基本库管理

基本库管理实现对基本库信息的登记、修改、删除等相关功能。基本库是资源库的基础，在系统中相当于对资源库进行类型设定，是其他具体资源库的模板。

5. 基本库字段管理

基本库字段是基本库的基本属性，它包括资源库的元数据字段。特色数据库系统中的基本库字段是在元数据标准的基础上，整合其他机构的参考标准，并加入系统管理基础信息形成的。基本库字段分为基础性字段和扩展字段两部分，两者共同形成基本库字段模板。在系统实施过程中，可以对基本库字段进行添加、属性修改等，并加入批量操作功能。字段一旦启用将不允许删除，因为它是其他资源库的基础性数据。

6. 资源库管理

资源库管理是对资源库基础信息进行管理。资源库基础信息管理是对系统内资源库的基本信息进行记录，如在系统内登记视频库、图片库、文档库等资源库的标志、名称、资源量等。在系统中，将实现资源库登记、修改、删除、禁用等功能。资源库一旦启用将不允许删除。

7. 资源库字段管理

资源库字段是资源库的基本属性。同基本库字段一样，它也由两部分组成，即基础性字段和扩展字段。资源库基础性字段将不允许修改，扩展字段可以进行添加、属性修改、禁用启用等操作。

8. 资源库表单管理

资源库表单是指每种资源库的管理中需要使用到的表单，包括添加表单、修改表单。资源库表单管理即实现添加、修改、删除资源库表单的功能。

（二）资源管理功能

资源管理功能模块包括实现资源的自定义分类功能，将系统内各种类型的资源按某一主题方式进行分类、分组管理，对频道基本信息、前台频道展示模板的设置及频道资源管理，提供对资源各个环节的统计功能等。

1. 自定义分类体系管理

资源分类是按照一定的分类体系，如学科分类体系等，对资源进行分类。资源分类是资源组织的一种重要方式，它不但有利于对资源进行学术研究，而且对用户的访问使用起到了重要的作用。特色数据库系统中实现了资源的自定义分类功能，系统管理员可以设置多种分类方式。具体的功能包括添加、修改、删除自定义分类。删除自定义分类的前提是该分类及其子分类下不存在任何数字资源。

2. 资源分类管理

资源分类管理即将资源归入相应的分类，在具体实现上有两种途径：一是根据资源分类下载资源；二是将资源进行分类。资源分类管理实现的两项基本功能为添加分类下的资源和删除分类下的资源。

3. 资源分组管理

资源分组是将系统内各种类型的资源按某一主题方式进行分组。同一资源可能属于多个分组，每个分组可以包括多类资源。系统实现添加、修改、删除、禁用资源分组等功能。

4. 频道管理

频道的概念用于前台资源展示系统，也可以理解为资源包的分类体系。频道可以有多个级别，一级频道代表各个资源包，二级频道是该资源包下的分类，以此类推。在特色数据库系统中，频道的基本信息包括频道名称、频道级别及显示模板等。频道管理功能有添加频道、修改频道信息、设置频道模板。我们可以按课程或者某一个专题设置频道，如可以将某一次学术会议的视频设置为一个专门的频道，从而组织资源。

5. 频道显示模板设置

频道显示模板即前台频道展示时使用的页面模板。通过页面模板，管理员可以较为方便地控制页面显示，在更换时也较为容易。系统提供了显示模板的添加、修改功能。频道显示模板设置的一般流程如下：先采用页面编辑软件 Dreamweaver、Editplus 等设计好页面源文件，然后在系统中的管理界面进行设置。

6. 频道资源管理

频道资源管理即对频道分类体系中各个分类下拥有的资源进行管理，它与资源分类管理类似。通过本项功能，系统将各种数字资源以集成的方式呈现给用户。一个资源可以属于多个频道，一个频道也可以拥有多种资源、多个资源。在后台频道资源管理功能中，实现对添加频道资源、删除频道资源及频道资料显示顺序设置等功能。

7. 资源统计分析功能

系统提供对资源各个环节的统计功能，主要包括如下几方面。

（1）资源数量统计。统计各种资源库中的资源数量、所占存储空间大小、存储空间分布，通过资源数量统计识别各库资源量与预计量的对比分析。

（2）资源存储统计。统计各种资源库所占存储空间大小、存储空间分布、文件类型等，据此实现资源存储空间报警等相关分析功能。

（3）资源著录统计。统计系统中已著录资源量、待著录资源量、著录入员工作量。资源著录统计分析可为资源著录任务分配提供依据，起到决策支持作用。

（4）资源分类统计。按资源分类体系和资源类型进行资源统计，并将已有资源量与预计资源量进行对比分析。

（5）资源分组统计。统计资源分组下各库资源量。

（6）资源访问统计。对每一个资源实例进行资源访问统计，由此得出资源的欢迎度、资源建设方向等相关信息。

另外，资源统计分析在呈现方式上有三类，即 HTML 页面表格展示、二维或者三维图形展示、Flash 展示。

（三）外部资源采集管理

外部资源采集管理功能模块主要根据用户定制收割参数，完成网络信息、博客信息、视频信息的定制抓取及其他异构系统的元数据收割，将抓取回来的数据与系统中已有数据比较，进行自动排重。

1. 外部资源收割管理

主要根据用户定制的收割参数，从外部收割各类相关资源。

2.关键词管理

支持用户自定义收割关键词，并能由关键词构建逻辑表达式。

3.收割参数设定

完成资源收割的基础信息定制，包括服务器参数定制、收割数据格式、文件大小、发布时间、数据来源等。

4.网站信息定制抓取

根据收割参数完成网络信息的定制抓取。

5.博客信息定制抓取

根据收割参数完成博客信息的定制抓取。

6.视频资濒定制抓取

根据收割参数完成视频信息的定制抓取。

7.其他异构系统定制收割

根据收割参数完成其他异构系统的元数据收割，并采用合理的技术方案，实现异构系统资源迁移。

8.自动排重

将抓取回来的数据与系统中已有数据比较，进行自动排重。

（四）视频库管理

视频库的管理流程包括对视频进行上传、加工、著录、审核、发布、播放等。

1.视频上传

视频上传功能属于系统资源上传功能之一。资源上传是通过客户浏览器端将以文件形式存在的资源上传到服务器端统一管理。资源上传是系统中的一项基础性公共功能，其具体功能如下：一是单文件上传，即通过浏览器将单个文件上传到服务器上进行存储，二是批量上传，实现在浏览器中进行大文件批量上传功能。三是压缩文件上传及自动解压。压缩文件上传后在服务器端自动解压。四是分布式存储分配，文件上传时根据服务器端压力或者由用户选择的方式分配存储服务器。

系统拥有足够的资源上传容错能力，资源上传出错情况及系统中相应的处理方式如下：一是单文件上传过程中出错。该情况发生时，服务器端并未存有文件，即上传失败，系统中不需要做特别处理。二是批量上传过程失败。该情况发生时，服务器端可能已存在相应的资源，即已上传成功资源，对于已上传成功资源不需要重复上传。在用户上传时，可以查看有上传而未著录的资源，为用户提供上传参考帮助。三是压缩文件上传失败。压缩文件上传失败说明服务器端未能成功接收到压缩文件，不会运行解压过程，也不需要特殊处理。

2.视频加工

日常的教学资源视频源格式有多种，如 AVI、MPG、RMVB、DAT 等。特色数据库系统为了满足展示的需求，也为了保护视频资源版权，将对视频进行加工处理。系统视频加工功能如下。

（1）视频格式转换。在服务器端利用视频转换系统将各种格式的视频转换为 FLV 流媒体格式。

（2）视频分辨率转换。视频源文件分辨率一般都比较大，由于前台展示和网络带宽的限制需要将视频分辨率进行转换，以使前台播放一致且较为流畅。

（3）视频截取。同一个视频内可能有多个片段，系统提供人工参与下的视频截取功能，截取视频片段。

（4）视频加盖水印。为了保护视频版权，需要在视频上加盖相关标志。在前台视频播放时，用户看到的都是加盖有水印的视频。

（5）视频截图。为了前台展示需要，系统提供如下几种视频截图管理功能：一是系统自动截图，截取某一时刻的图片；二是指定时刻截图，由用户指定在某一时刻进行截图；三是上传截图，即先由用户在线下通过软件截取视频中的图像，然后通过上传功能上传到服务器，以该上传图片作为视频截图。

3. 视频著录

视频著录即对视频资源实例的各种属性进行描述，从信息组织的角度来理解，是对资源的各项元数据进行描述，它揭示了视频的外在特征和内容特征。视频著录在教学视频管理中是一个重要的资源管理环节，在系统中提供了相应的著录功能，具体如下。

（1）单视频著录。单视频著录即只针对一个视频资源进行著录，其基本方式是根据视频的一些外在信息和视频的内容，对该资源的数据项进行描述。这些数据项来源于视频资源库字段。

（2）视频批量著录。该功能用于对一批具有共同属性的视频资源进行共同著录。例如，如果数个视频资源同属于某个学术会议或者某门课程，则它们具有共同的时间、主办单位、来源等，就可对这些视频资源进行批量著录。

（3）视频分节著录。视频分节著录即对视频资源所提示的内容进行进一步细分，有可能同一个视频中有多个节目或片段，则在分节著录中对这些片段进行内容上的描述。因此，系统提供了视频分节管理功能。另外，系统还可以根据视频分节信息，对视频进行加工，截取出相应的视频片段，形成该视频的子资源。

为了更好地进行视频著录，系统中还提供了一些辅助管理功能：一是视频著录任务分配，即将未著录的视频分给相应的工作人员，并对其著录任务进行管理和审核。二是视频著录任务管理。该功能项是提供给著录入员使用的，著录入员登录系统后可以查看到自己的著录任务。在该任务列表下，著录人员逐项完成视频著录。三是视频著录修改。系统提供了著录修改功能，对已著录的视频信息进行修改、完善。

4. 视频审核

在视频审核环节，管理员将审查视频资源著录情况，包括基本资料是否完备、视频文件是否正确、资源是否已正确分类等。根据以上基本信息，管理员审核资源是否通过。对于未审核通过的资源，由著录入员或相应操作人员进行修正后，再提交审核。系统中提供单项审核功能、批量审核功能。

5.视频发布

对于审核通过的视频资源，管理员可以选择是否进行资源发布。已发布资源能被前台注册用户所访问，而对于未发布的资源，前台注册用户是无法访问的。系统提供的视频发布功能有视频发布、取消视频发布、视频发布顺序等相关功能。

6.视频播放

在视频播放中，将展示视频基本信息，即视频的著录信息，同时将通过前台植入Flash播放器控件的方式实现视频流媒体的功能。特色数据库系统将采用Red5作为流媒体服务器，播放器作为播放终端，实现通过浏览器即可播放视频的功能。在视频播放环节，系统将做好视频的访问控制，主要手段如下：一是采用流媒体的方式防止直接下载；二是通过在Flash播放器中加入相应代码实现客户端观看控制。通过以上两种方式屏蔽视频真实地址，从而实现视频保护功能。

（五）检索功能

特色数据库系统在提供按分类体系进行浏览的同时，提供丰富的检索功能，以实现快速查找资源的目的。该系统主要检索功能有以下几种。

1.简单检索

简单检索是指对特定资源库中特定字段进行检索，在执行简单检索前需要先选择资源库和该资源库的字段。简单检索字段限定性比较强，能够较为精确地查找到具有某一属性的资源。

2.高级检索

高级检索是指在特定资源库中对多个字段进行限定性检索。高级检索执行过程中需要先选择资源库和设定资源库字段。该方式能够从多个维度、多种资源属性对资源进行检索，其限定性比简单检索更强。

3.单库全文检索

单库全文检索是指对某一特定资源库重要字段进行全文检索，在执行前需要先选择一个资源库。单库全文检索功能能够在某一资源库中较为全面地找到与关键字相关的所有资源。该检索途径为用户提供了更为方便的检索服务，检索较为精准、全面，同时易于用户使用，对用户的检索技能要求较低。

4.跨库全文检索

跨库全文检索功能是对多个资源库的重要字段进行全文检索，在执行前需要先对资源库进行设定。跨库全文检索能够在多个资源库中较为全面地找到与关键字相关的多种资源。该方式便于用户一次性查找多种资源。

5.热点检索

根据用户的检索提问频率，为用户推荐热点教学资源，实现热点检索。

6.相关检索

采用基于教学本体的相关检索技术，对用户提问进行智能分析，实现相关检索。

（六）用户交互功能

用户界面设计的质量直接影响着用户对数据库的评价，因此在界面设计上添加了用户辅助著录及审核功能、用户评论及审核功能、标签管理和用户收藏管理等功能。此功能对征求用户意见、跟踪用户需求、实现优质高效的数据库建设是非常必要的。

1.用户辅助著录功能

用户辅助著录功能是指注册用户通过前台界面对资源的基本信息进行修改，从而辅助管理员对资源进行著录。辅助著录功能只有注册用户才拥有使用权限。

2.用户辅助著录审核

注册用户通过前台提交辅助著录后，需要由管理员对其进行审核，判断辅助著录的可靠性和真实性。若审核通过，则由辅助著录信息代替原著录信息；若审核未通过，则抛弃该辅助著录意见。

3.用户评论

注册用户浏览相关教学资源后，可以发表一些个人评论。该功能只有注册用户才能使用，非注册用户只能查看他人评论，无法添加评论。

4.用户评论审核功能

注册用户提供评论后，需要管理员审核通过后方可在前台显示。审核时，需要就评论的内容进行判断，若评论合法、合理，则予以通过，相反，可以删除。

5.社会化标签管理

社会化标签又叫大众标签，是用户对资源进行的大众分类或个人描述。特色数据库系统中加入该 Web3.0 元素，可以增加资源描述功能。注册用户登录后可就某资源添加自己的社会化标签。

6.用户收藏管理

注册用户可以根据自己的兴趣爱好添加收藏资源，该权限只有在注册用户登记后方可使用。系统为用户提供了添加收藏资源、修改收藏资源信息、删除收藏资源等功能。需要注意的是，这里的所有操作都不是对资源本身进行修改和删除，而只是收藏信息。

二、核心功能模块技术实现

（一）资源采集功能

资源采集功能能够针对特定的网站，分析其网页结构特征，从中摘取相应的数据，实现模型化、结构化的资源采集。该程序利用了 CNKI 检索结果列表页面中的一些结构特征，得到论文的部分元数据信息。

（二）资源添加功能

资源添加功能用于向特色数据库系统中添加各种特色信息资源，其实现方式是将特色资源对象的元数据信息存储在 JCR 内容仓库中。以视频添加为例，通过获取元数据信息和资源实体的比特流，分别存储入 JCR 内容仓库中和服务器文件系统中，资源对象的元数据对应 JCR 内容仓库中的对象属性。

（三）资源著录功能

资源著录功能是指对特色资源库中的对象进行规范化的元数据描述。在实现过程中，通过资源对象所使用的元数据模型解释用户的著录请求，得到资源对象的实例，传入内容仓库中修改相应资源对象的属性值。

（四）资源检索功能

资源检索功能可以实现对资源元数据描述的全文、多属性检索，灵活地根据用户请求进行资源检索。具有资源检索功能的核心程序在底层实现中利用了 Jackrabbit 的 XPath 检索语法。

系统开发完成后，特色数据库系统能够实现模型化、结构化的资源采集功能，向特色数据库系统中添加各种特色信息资源，通过资源对象所使用的元数据模型解释用户的著录请求，实现对资源元数据描述的全文、多属性检索，灵活地根据用户请求进行资源检索。

第五章　智慧图书馆数字资源选择与组织

第一节　数字资源选择的原则

一、数字资源的选择

长久以来，资源选择都是图书馆资源建设的核心问题。目前，数字资源已成为图书馆信息资源建设的重要组成部分，而其内涵与形式也在不断发生变化。

（1）数字资源选择与图书馆发展的契合

数字资源的选择不是一项单独的业务活动，它是与图书馆开展的各项服务，以及图书馆的发展目标、使命、所服务的社区、用户需求及已有的资源紧密联系在一起。成功的数字资源选择活动是充分考虑以上因素综合作用的结果。

数字资源选择是图书馆数字资源建设的初始环节，应将数字资源选择的原则和实施置于数字资源建设与利用的整个过程中考察，并与图书馆和馆藏发展战略保持一致，即图书馆数字资源选择要符合图书馆发展的要求，与图书馆的发展目标、使命相一致，并为图书馆资源服务利用的开展提供支持。当前，图书馆的发展面临诸多挑战。传统的研究主要是以实体图书馆为主要研究来源，而现今由于互联网的发展，实体图书馆的研究已经不能满足人们的需求，研究逐步由单一化向多元的网络数字化方向发展。一方面，出版机构、出版商不断扩展自身的服务内容，改进对外服务方式，形成新的数字化资源服务平台，提供更多的直接面向终端用户的全面数字资源服务。另一方面，网络搜索引擎（如百度、谷歌）不断扩展对深层学术资源的组织、发现和提供能力（百度学术、谷歌学术）。由于搜索引擎已经成为大众查找数字资源的首选来源，当百度、谷歌将足够多的图书馆资源组织到自己的搜索引擎旗下后，很有可能取代某些实体图书馆而成为大众用户的主要信息来源。①这些信息行业的竞争导致图书馆出现去职业化、被边缘化的危险；②图书馆能否不断挖掘和发展核心竞争力，不断开拓和深化服务，将成为其保持竞争力和吸引力的关键问题；③为应对环境的变化，国内外图书馆不断深化服务内涵，探索新的服务理念，面向终端用户需求开展形式多样、内容丰富的资源服务，并纷纷提出新形势下图书馆的战略发展目标。

（2）数字资源选择的两大关系

图书馆在数字资源的选择过程中应处理好两大关系。

1）长期使用关系

长期使用关系有两个方面的内容：一方面指图书馆在数字资源选择时应注意资源的系统性和连续性。图书馆只有系统、连续地订购数字资源，才能充分发挥数字资源在馆内的作用，尤其是一些重点和特色的资源，更要保持资源的完整和连续。因为对于一些连续性出版物，有些订购的只是使用权，如果停止续订将无法继续使用该数据库，从而造成无法弥补的损失。如 Scholar 是一种高价的租用数据库，必须有长期的经费保障，否则，一旦停订将一无所有。另一方面是指数字资源存储与利用的条件，主要包括海量信息数据的存储能力、资源利用所需的网络环境及各类资源的整合或跨平台检索技术的应用情况等。如有些重要的学科相关数据库应尽可能做本地镜像，使之得到完整的保存。

2）与现有资源关系

与现有数字资源关系就是要综合平衡建设图书馆的整体资源体系，要有一定的规划与目标。在各类数字资源中内容有的相交叉、有的可互补，选择时要考虑不同学科、载体类型、存取方式的资源能否在数量、质量和使用方式上相互补充，合理分配。既能突出重点和特色，又能最大限度地满足用户需求，以较少的投资取得馆藏数字资源整体效用的最大发挥。如中文图书全文数据库一般可作为现有纸质图书的补充，其不占馆藏面积、价格较低，大量订购可弥补纸质图书馆藏的不足。

二、数字资源选择的原则

图书馆在采集数字资源的过程中需要遵循一定的原则，一方面可以使所采集的资源遵循一定的标准，另一方面，可以为后期的资源组织和用户利用带来便利。根据图书馆资源建设的实际情况和数字资源的相应特点，在选择数字资源的过程中，应当遵循下列的原则。

（1）针对性原则

具体而言，针对性是指在进行数字资源采集时，应当依据图书馆的性质、服务对象、软硬件条件、任务及发展目标等来确定要采集的数字资源，进而满足用户的需求。采集到的所有数字资源，对于图书馆而言既是不现实的又是没有必要的，而针对性原则可以提高数字资源采集的准确性和价值性。

（2）全面性原则

全面性原则是对数字资源采集的又一个具体要求，可以使用户得到尽可能多的数字资源服务。并且，当前的信息社会也需要准确而又全面的信息。图书馆在进行数字资源采集时，要将当前和将来结合好，一方面解决当下的利用问题，另一方面也要为未来发展做好考虑。为此要根据本馆的资源建设规划，对所需数字资源尽可能地进行全面的采集。

（3）时效性原则

对于数字资源而言，时效性是很重要的。这一点对于随时在变化的网络数字资源尤为重要。对此，一方面要及时收集最新、有效的相关数字资源，同时也要更新原有的数字资源，只有这样才能使数字资源得到有效的保存，为用户提供优质的数字资源。

（4）选择性原则

具体来讲，选择性原则就是指图书馆在进行数字资源采集过程中应按资源的来源进行选择，着重选择那些信誉度高、稳定性强的网站的资源。因为高质量的信息源往往能提供高质量的数字资源。另一方面，资源采集方法也要进行选择，通过多种途径与方法相结合的方式进行数字资源的采集，有益于数字资源采集的全面性。采集时应把质量放在首位，有选择而不盲目。

（5）协调性原则

协调性是指通过对图书馆传统资源与数字资源采集比例进行协调，进而解决印刷型资源建设和数字资源建设在资金使用上的矛盾。同时，协调性原则还指要协调馆际之间数字资源的共建，建设有特色的数字资源馆藏，以此达到资源的共享，合理利用人力、物力和财力资源，有效实现数字资源的采集，从而避免资金的浪费和采集的盲点。

（6）需求性原则

需求性原则是指所采集的数字资源在时间、空间上的配置要满足用户对数字资源的需求性。因此，应当首先进行需求分析，之后再强调有效性。

（7）互补性原则

数字资源采集的组织主要针对的是图书馆数字资源的不足，图书馆可以在内容、形式及数量上组织对所收藏的数字资源予以补充。因此，要以数字资源获取为补充，从而实现数字资源与馆藏进行相互衔接，进而形成布局合理、结构优化、功能强大的数字资源保障体系。

（8）有效性原则

用户的有效利用应当是数字资源采集时首要考虑的。因此，要针对数字环境下信息服务工作的特点，及时进行适应性调查，积极探索新的信息服务模式，从而使网上组织的数字资源得到有效利用。

第二节　数字资源的采集

数字资源采集是指从资源使用者的需求出发，通过各种渠道和方式获取相关数字资源的过程。数字资源采集是利用计算机技术、通信技术、多媒体技术等一系列方式和途径，根据特定的目标数据源，及时进行数字信息的抽取、挖掘和处理，并将数字资源纳入数字馆藏体系的过程。

数字资源采集的意义包括：通过数字采集、存储所需资源；将数字资源与本馆资源融为一个整体；实现一站式的数字资源检索；减少用户获取数字资源的经费开支。数字资源与传统文献资源采集有所不同。

（1）采集的目标不同

传统文献资源采集是在确保用户借阅需求的前提下，对文献资源实物进行购买的方式。因此，传统文献资源采集目标是拥有全部的文献资源；而数字资源采集的目标是数字资源的存取，这是因为图书馆数字资源平台为用户使用数字资源提供了很大的便利，随时都可以访问共享的数字资源。

（2）采集的难点不同

对于传统文献资源采集，由于存在具有相同内容但文献出版社不同的情况，因此采集的难点是选取最优的出版社和资源版本。同一文献收藏数量过多或过少，不仅会使采集经费使用不合理，而且也会影响用户的文献信息需求。而对于数字资源采集，采集的难点是确定最优的价格策略和资源采集方式（政府采购、集团采购、单馆自主采购）。互联网上存在大量有价值的免费资源，图书馆员也可以利用搜索引擎，从网上搜集下载所需资源，并进行组织。数字资源采集要保证用户的可获得性，使之与数字资源的开发利用相平衡。

一、数字资源采集途径、方式与模式

（1）数字资源的采集途径

数字资源的采集要按照一定的规范和步骤严格进行。

1）订购

要经常与出版发行部门及数据库商联系，方便做好订购工作，要主动介绍图书馆的业务情况及对数字资源的多种需求，以便获得最新、最全、最准的数字资源。订购分为政府采购、集团采购与单馆自主采购。

2）交换

这是数字资源交流的一种形式，也是资源收集的一条重要途径。通过交换可以获取某些不能通过贸易渠道得到或者不公开发售的非卖品，便于填补数字资源的空缺。尤其是在网络资源交换上，大家已经达成共识，利用 P2P 方式交换资料就是一种非常好的资源搜集方式。

3）现场搜集

通过参观访问或参加专业研讨会、经验交流会、各种讲座等方式进行文献的现场搜集，可以获得学术会议报告、纪要与会议论文等一手资料，这也是一种有效的资源采集办法。学术会议上的资源通常都是最新的，最能反映某专业领域的学科动向和研究成果。采用这种方式获取的资源具有用时少、针对性强、可靠性强、实用性高的特点，易于满足大力传播学术信息的需要。

4）索取

有些资源是免费的，比如各种产品展览会上的产品说明书、介绍书等，可向主办者索取这些资料，也可以在网络上发帖寻求所需资源。

5）委托收集

关于一些学科前沿热点的资源，可以委托资深专家、著名学者收集。

6）转换

将其他类型的数字资源转换成系统所需的统一格式的数字资源。例如，不少企业为了网络宣传的需要，将 VCD、DVD 格式的视频数字文献统一转化为 RMVB 格式，将 CD、WAV、ASF、RA 等格式的音频数字文献统一转化为 MP3 格式，进而实现网络的快速传输。

（2）数字资源的采集方法

数字资源的采集方法主要有以下几种。

1）通过浏览器

现在使用最普遍的是 WWW 服务器模式，而其中 IE 浏览器使用得最为普遍。具体方法：只要在 IE 浏览器的地址栏中输入统一资源定位符，选定想要得到的 WWW 服务地址，即可登录具体的网站，浏览该网站的主页，寻找所需要的资源。

2）通过搜索引擎

搜索引擎是当前使用较为普遍的一种方法。一些站点通过提供搜索引擎，对网上的内容按照一定的主题进行自动分类排序，建立起超级链接，以方便人们找到所需信息。在寻找外文资源时，常常可以通过谷歌、雅虎等较为常用的搜索引擎，而中文搜索引擎则有百度、搜狗之类的网站。在具体使用的时候，一方面可以通过学科分类体系来查找，另一方面可以通过搜索关键词的方法。例如，在搜索历史资料时，只需要在具体的搜索引擎上输入想要搜索的相关主题词即可。

3）通过专业网站

在一些学科的专业领域网站中或者相关学术单位网站的导航库中，往往设有一些类似于网络导航的栏目，其中链接了一些相关专业的具体网站网址，可以通过这些网站找到相关且有价值的国内外学术研究网站。

4）通过讨论区域

在一些讨论组、新闻组、BBS 中专门设有学术讨论区，在查看学术讨论、观点的同时，还会发现一些具体的最新学术站点的介绍，进而可以获取相关资源。

5）利用其他网络检索工具

例如，FTP 类检索工具，其中比较知名的有谷歌学术搜索、百度学术文库等；另有 Gopher 类检索工具，如 Gopher 服务器信息检索工具 Veronica。

数字资源采集的方法并非只有以上几种，还可以通过查阅专业性期刊、资料、各类网址类检索工具书，咨询学科专家等方法进行信息资源采集的补充。

二、数字资源的采购模式

（1）单馆自主采购

单馆自主采购是指由图书馆根据本馆的需要，自愿与数字资源提供商谈判价格，并且自行签署购买使用合同，由各馆自己支付数字资源购买费用的行为。此类采购适用于价格低且利用率高的一些数据库。目前，我国图书馆对大部分中文数据库均采用单馆自主采购模式，如清华同方的 CNKI 系列数据库、万方数字资源系统等。一些适用范围不广且专业性比较强的数据库也可采用这种方式。

（2）集团采购

数字资源的集团采购是指多个图书馆组织起来形成一个联盟，凭借联盟的联合购买力为数字资源的购买寻求一个更优惠的价格。联盟越大，价格越优惠，有数据表明，就同一资源集团采购一般比单馆自主购买优惠 25%～40%，进而减轻了数字资源价格上涨给图书馆资源采购带来的经济压力。以此可用最少的经费，获取最优的价格、最佳的服务模式和最符合需求的数字资源。这是在网络环境下图书馆资源共建共享产生的一种新型模式，也是目前图书馆应用较多的一种数字资源采购模式。具体来说，由某些图书馆自愿组成一个集团，共同推选谈判代表，与数字资源供应商商洽价格和使用条款，最终采购合同由加盟馆与供应商签订，购买费用由集团内各成员馆自行支付给供应商。在集团内部，成员之间的关系是平等的；集团内价格是透明、公开的；集团是开放、松散的，任何图书馆都可以自由加入或退出；集团采购召集馆是集团的代表，集团采购成员馆和数据库供应商既是卖家和买家的关系，又是合作伙伴的关系。在数字资源日益丰富的情况下，数字资源使用价格极为昂贵，使得各图书馆以集团采购模式采购数字资源变得更为迫切，因此受到世界各国的重视。

数字资源的集团采购模式主要有 2 种出资方式：

①会员制模式。每个成员馆通过集团购买资源，独立支付费用，并享受集团内部的优惠价格和服务活动。这是当前主要采纳的采购模式。

②合作制模式。集团组织者和各成员馆合作，统一出资购买资源，集团联盟组织补贴部分经费，各成员馆自行支付剩余经费。

（3）政府采购

政府采购机制在国外已有数年的实施历史，我国政府采购的政策与法律环境已日趋成熟，图书馆对数字资源实施政府采购大的环境条件已经具备。政府采购是政府参与数字资源建设活动，并对数字资源采购支付全部或部分资金的一种购买方式。

数字资源的政府采购模式主要有 3 种出资模式：

①统购型。国家统一集中购买相关的数字资源，全国各地的计算机均可通过互联网访问。国家自然科学基金委员会购买的 ScienceOnline，使其成为我国第一例全国公民可以免费访问的数字资源。冰岛教育科学文化部是典型的统购型国家采购。

②补贴型。国家支付一部分数字资源的费用，其余的需要各馆自行支付，国家只起到补贴的作用。加拿大创新基金会提出的全国性的数字资源建设项目（CNSPL）是典型的补贴型国家采购。

③平台型。国家建立一个统一的数字资源采购与共享服务平台，并集中管理全国的数字资源采购。该平台的服务运转费由国家支付，但是一些数字期刊的费用需要各馆自行支付。由英国 JISC 领导建设的 NESLI 项目是最典型的平台型数字资源采购。我国有些省市的数字资源共享平台也是由省市政府负担部分经费，各参加单位自行支付特定资源采购费用，全省市集中管理。

3 种政府采购出资模式相比较，统购型和补贴型具有以下优点：政府参与程度高，基层图书馆可公平获得的访问权比较彻底，得到的实惠也比较多。但它们之间也有差别，就是政府资助程度不同，同时数字资源的成本效益较大。平台型的最大优点是解决了数字资源的永久保存问题。

统购型和补贴型的政府采购有一定的局限性：①适合于人口少、地域面积小的国家。比如，冰岛 IP 提供机构只有 5 个，可以方便提供商控制全国的 IP 地址；②适合于信息基础设施完善且教育文化程度较高的国家。比如，冰岛国内没有文盲，80%的公民可以上网，这是对统一采购非常有利的条件；③适合于综合性的数字资源，专业性强的数字资源使用的人数不多，统一购买的成本效益并不理想。平台型数字资源的政府采购也有其缺点，全国建立一个采购数字资源的平台，会导致其垄断数字资源的交易，造成数字资源价格上升，会损害基层图书馆的利益。

（4）3 种模式比较

数字资源的采集模式从单馆自主采购到集团采购再到政府采购，其组织者范围逐步扩大，政府的主导性也逐渐增强，但采集的资源范围和类型逐步缩小。这 3 种模式各有其优势和不足，在实际的工作中应根据各馆的实际情况来选择最佳的采购模式。

单馆自主采购的优势是：能够有针对性地对本馆数字资源的需求进行购买；可以根据用户的需求来定制个性化的服务；自主性强，可以自由对数字资源进行增添、删除或修改。不足是：对数字资源的采集比较盲目，采集的成本高，长期保存的代价也比较大。

集团采购的优势是：可以明显降低数字资源采购的价格，节省人力、物力和财力；能基本解决数字资源的长期保存问题；可以减少不同规模的图书馆之间的差距，有利于数字资源的规模化升级；有利于共享、整合数字资源，促进馆际之间的合作。不足是：集团利益和成员馆利益之间的冲突和矛盾是不可避免的；各成员馆单位分散，互相沟通存在一定的问题。

政府采购的优势是：有利于改善数字资源的平等访问权，同时消除数字鸿沟带来的负面影响；促进数字期刊与印本期刊的分离；在国内与某省市组成一个统一的市场，在价格上能享受到最大的优惠；国家政府的财政资助有利于缓解基层图书馆的经济压力；为数字资源的整合和长期保存创造了条件。不足是：对数字资源采购的针对性不强，降低了基层图书馆的自由选择权。

三、有偿数字资源访问和资源共享采集模式

开放存取影响力日益扩大，给图书馆数字资源共享带来了机遇和活力。开放存取有两层含义：一是指资源使用完全免费，任何公众都可以直接使用；二是指资源使用上的开发性，系统为公众用户提供开放、快捷的访问途径，用户甚至可以通过百度、谷歌等通用搜索引擎获得这类资源。

（1）有偿数字资源访问方式

图书馆要选择最佳的用户访问方式，就必须考虑本馆用户的需求和经费预算。

（2）图书馆有偿数字资源共享采集模式

数字资源的采集是数字资源共建共享的一种方式，数字资源采购之后，各成员馆和集团组织者最关心的问题就是如何真正实现资源的共享，这也是数字资源采购的最终目的。集团采购和单馆自主采购都需要采用不同的资源共享方式，主要有以下几种。

1）共享并发用户个数

在集团采购的模式下，各成员馆共同购买一定量的数据库，共享同一时间与服务器交互的在线用户的数量。各成员馆根据资源规模的大小等规则支付数据库的使用费。其优势是：各成员馆所承担的费用不多，而且还可以享受到众多的资源。不足是：如果集团扩展，同一时间与服务器交互的在线用户的数量就会不断地增加，网络不好的一些成员因为登录太慢，在并发用户的使用上占劣势，所以当前这种共享模式应用较少。例如，CALIS 购买的 OCLC 数据库使用的就是这种方式。

2）获得资源复本许可

各成员馆分别拥有一个数字版的复本，集团内采购的复本越多价格就越低，对数字资源的总体拥有量也就越高。数据库的使用许可是以图书馆（在高校中为校园网）为单位的，这是当前应用较普遍的一种数据库使用模式，前期国内图书馆购买的数据库大多采用这种方式。

3）合力购买共同使用

随着集团采购模式经验的逐渐增加，集团组织者研究探讨了第 3 种资源共享模式：集团采购的各成员馆各自购买数据库的一部分内容，各馆共同拥有一份数字版，然后集合成一个大的数据库，再由参加集团采购的各成员馆共同使用。这种模式的特点就是将多个小的力量合并成一个大的力量，让所有参与者受益，也就是每个成员馆只需要贡献少量的一部分资金就可以使用很丰富的资源。此种模式初期主要是集中在数字期刊采购上，共同使用一份数字期刊；发展后期，各成员馆则直接投入购买数据库的一部分。这种模式由于实现了真正意义上的共享，因此是目前较为广泛的应用模式。

4）分布式、集中式和复合式资源传递

现代意义的资源传递是在信息技术的支持下从馆际互借发展而来，但又优于馆际互借的一种服务。通过开展资源传递服务，不仅缓解了图书馆经费、资源不足与用户日益增长的资源需求之间的矛盾，而且对教学科研起到了很好的支撑作用。

四、免费数字资源的采集模式

伴随着网络的成熟发展，很多有价值的数字资源可以通过网络免费获取，这不仅为图书馆节约了资金，而且也扩大了用户获取数字资源的途径。免费数字资源采集主要有以下 5 种方式。

（1）选择性采集

选择性采集是指：根据网站数字资源的历史价值、文化价值、研究价值和经济价值，有选择地对其进行甄别、采集。

选择性采集对所选择的数字资源进行仔细地判定，决定了哪些数字资源应该优先采集，

因此其采集质量相对比较高，但也存在一些缺点：①对所采集的数字资源进行归档时，归档主题的选择存在很强的主观性；②选择性归档的内容是有限的，会遗漏许多有价值的数字资源；③选择性采集割裂了原资源所链接的资源，因此会丢失一些可能对原资源有价值的信息；④这种采集方式需要投入大量的人力和资金。

（2）全采集

全采集是指：利用自动采集机（如网络爬虫 Webcrawler、网络蜘蛛 Webspiders 等）将对象网站上的所有信息全部保存下来，也称为自动获取方式。

全采集方式的优点：①使用自动采集机将整个域名内的网站资源自动获取，人工投

入少；②由于是对网站数字资源的全部采集，研究人员可获取网站上的所有信息；③这些资源处于一个完整的背景之中，因为这些资源包括链接信息。其缺点是：①由于有一定的获取时间要求，一般每隔 6 个月自动获取一次，因此在这期间任何产生和消失的资源都会被遗漏；②获取的是网站全部资源，数量较大，进行质量检测时，只能是抽样检测；③由于资源数量多，下载、存取的成本较高；④无法访问那些设有访问权限的网站，也无法获取深层网站、孤立网站（与其他网站没有任何链接的单独网站）中的资源。

（3）联合采集

联合采集是指：将全采集和选择性采集结合，首先采用全采集的方式，获取网站大量资源，对于不能通过全采集获取的资源，如深层网站上的资源，则采取人工介入。然后由专家对这些资源进行筛选，即采用选择性采集的方式获取筛选的数字资源，进行保存。

（4）自动定制

自动定制是指：图书馆可通过 RSS 定制等服务，定制经过选择的数字资源，随时接收推送的资源。这种方式的优点是：①图书馆投入人力、资金较少；②能保证所采集资源的时效性。缺点是：①对站点服务的稳定性要求较高；②将所采集的数字资源限定在特定的主体、类型中，会遗漏部分有用的资源。

（5）呈缴采集

呈缴采集是指：基于呈缴本制度的采集方式。呈缴本制度，即出版单位有义务向国家指定的图书馆（通常是国家图书馆和版本图书馆）送交一定数量作品的制度，并且国家指定的图书馆有权向出版单位索取一定数量的作品，而不支付费用。将呈缴本制度扩展到网络资源领域，即出版社根据协议定期将被选择的网络文献通过物理媒体移交或通过网络传递给图书馆，或者是图书馆根据协议从出版社网站上进行镜像复制或直接使用软件获取。

从以上 5 种采集方式可以看出，无论采用哪种方式，都要获得网络所有者的支持。这 5 种采集方式不是相互独立排斥的，图书馆可以根据自身的实际情况，选择其中的一种或几种方式。

第三节　数字资源组织的标准

一、数字资源组织标准化的必要性

随着科学技术的发展，计算机和网络影响着人们生活的方方面面，随即，数字资源成为

人们日常学习和工作过程中必不可少的一部分，不仅带给人们大量有价值的信息，而且还有利于人类自身的不断进步。但是，数字资源具有内容丰富、数量巨大、存储空间小、传播范围广、格式化存储及多格式等特征，给人们的操作带来不便，因此，数字

资源组织标准化成为必然趋势。

（1）便于图书馆数字资源的共建共享

图书馆数字资源体系是由各个相互作用、相互联系的数据库整合成的有机知识体系。系统论认为，推动系统协调发展的动力，正是来自有一定差异的不同子系统的互动整合，但不同子系统的差异有条件和阈值的规定，并非是无极和无量的，否则，协调发展的系统将无法生成，反而还会造成系统肢解甚至破裂。

如果各个图书馆的数字资源库利用服务受限制，就会形成一个个信息孤岛，造成数字资源分布不均。按照齐普夫的最小努力原则，用户会因为在使用数字资源过程中产生的种种麻烦而最终放弃使用行为，造成资源利用率低下。因此，把这些独立的数字资源整合成一个完整的数字资源体系，就成为一项必然且非常重要的工作。数字资源组织标准化，有利于图书馆完整的数字资源体系的形成，能发挥数字资源利用的最大效益。

（2）有利于不同系统之间的数据交换与有效沟通

数字资源的存储和使用者在标准化的数字资源组织中，能够通过现代化设备和信息技术进行数据交换。在过去，各数字资源服务单位虽然存储大量数字资源，但是其使用率低，数字资源建设过程中，资源购买缺乏目的性，浪费开支。在过去，用户对于数据库的使用，往往是单一的需求一给予，而且用户在查询获取数字资源的过程中因为标准不一，困难重重。通过数字资源组织标准化建设，能够实现用户与数字资源服务单位的有效沟通，形成良好的互动，开展合理的数字资源建设与利用。

总之，数字资源组织标准化是一项基础性的工作。数字资源组织的标准主要包括数据标记格式标准和数字资源描述标准。

二、数据标记格式标准

数据标记格式标准是指对不同类型数字文件的格式进行限定，可实现数字资源在不同计算机系统间交换的标准。数据标记格式标准包括页面著录标准（如 PDF）、图形格式标准（如 TIFF、GIF）、结构信息标准（如 SGML）、移动图像与音频格式等，其中通用标记语言（SGML）、超文本标记语言（HTML）与可扩展标记语言（XML）是用于数字资源组织方面的结构信息数据格式标准的典型，属于元数据编码语言。

（1）SGML

SGML 全称为标准通用标记语言（StandardGenericMarkupLanguage），它是由国际标准化组织（ISO）于 1986 年制定的描述文档资料结构与内容，实现文档交换和共享的国际标准。

SGML 主要从结构和内容两个层次对数字资源进行描述，它也是一种元语言，即一种描述标记语言的语言，可用来定义更专门性的标记语言，例如，HTML 就是由 SGML 定义的专门用于 WWW 上的标记语言。它制定的每一种特定文献类型定义（DocumentTypeDefinition，DTD）都定义了一种文档，每一个 DTD 文档规定了这类文档的结构，如文档中所能使用的标记符类型、属性、排列次序和位置等相关规则。简单来说，SGML 将不同的原始信息（如图形、文本、声音、动画、视频文件等）归结到同一个文件中，DTD 可自由地定义文件结构，给文件添加标记，这种标记不依赖于任何软件和硬件，因此，其具有独立性。通过 SGML 标记的文件可在不同计算机系统之间交换，不会出现信息遗失。SGML 标记语言与 MARC 编码语言不同，它并不是通过预先定义的标记或专门为特定文献制定的标准来标记文献，而是运用一些普遍适用的方式和元数据语言来对数字资源进行系统化、标准化描述，具有通用性，可支持不同类型的文档，如书目、报告、手册、信函和备忘录等。

SGML 的原理：它将文档看作由 3 部分构成，即结构、内容和样式。结构是描述文档内容之间的顺序和相互关系，SGML 通过定义 DTD 文件为文档结构提供框架、制定规则；内容是指文档信息本身，SGML 通过加标签的方法来确定内容在 DTD 中的位置；样式是确定内容如何显示，SGML 定义了自身的样式设置标准，即文档样式语义和规范语言（DSSSL）。

SGML 的特点：①适用性强，能描述各种类型的文档；②通用性强，可创建与平台、应用系统无关的文档，实现文档在不同信息系统间的交换；③复杂度高，不仅 SGML 本身复杂度高，而且相关软件也很复杂，因此，使其难以在 Web 上进行传播，缺少厂商的支持，限制了 SGML 的普及；④费用高，由于 SGML 的复杂度高，制定 DTD 文档时需花费很长的时间，相关费用也很昂贵。

SGML 的应用：其主要可应用于数字出版、数字数据交换、图书馆自动化系统、专家系统和超媒体超文本文档中。我国应用 SGML 开发的数字式中文全文文献通用格式，可对各种类型的文档进行标引，如普通图书、学位论文、录音资料、影像资料、缩微资料和计算机文档等。它可与先进的国际标准接轨，实现文献编码、目录和文献内容的一体化处理。

（2）HTML

HTML 全称为超文本标记语言（HyperTextMarkupLanguage），是经过简化的 SGML 的 DTD 具体应用实现，是一种专为 WWW 网页显示及浏览而设计的简易标记语言。HTML 语言简洁易用，它提供了一种文本结构和格式，通过建立超文本、超媒体文档来进行信息表示，使用户可随时在浏览器上进行访问。作为 ASCII 文件的增强版本，其增加之处是将标签加入文件中，使得各种字体、图形可以显示，除此之外，还增加了头元素、列表、段落等结构标签，提供了链接 Intemet 上其他文档的超链接。HTML 自身的优势使其成为 Web 上的通用语言，为 Web 的不断发展打下了坚实的基础。

HTML 通过标记符号显示网页中的各个部分，其结构包括头部分（Head）、和主体部分（Body），头部分提供网页信息，主体部分提供网页具体内容。HTML 不仅可以显示各种字体、图形，而且还包括各种声音、影像，超链接。

HTML 的特点：①语法简单、标记简洁，是人人都易上手、所有计算机都能理解的标记语言，迅速占据 Web 世界;②格式固定、难以扩展、个性化弱、交互性差，它的标记是预先定义好的，用户无法自行删改，在某种程度上限制了其交互性；③注重显示、淡化内容，它是专门为在 Web 上显示信息而设计的标记语言，缺少对信息内容的描述；④结构不规范，其高度容错性造成 HTML 代码过于随意，不便于进行分析文档结构的工作。

XHTML 是由万维网联盟（W3C）使用 XML 对 HTML 重写的结果，在继承 HTML 优点的基础上，又对语法进行了更加严格的规定，最大特色是它的模块化，可根据需要，通过忽略某些模块达到简化标记的效果。

（3）XML

XML 全称为可扩展标记语言（eXtensibleMarkupLanguage），是 W3C 于 1998 年 2 月推出的标准。随着 Web 的不断发展，简易的 HTML 显示出明显的局限性：其过于简单，运用起来很难达到用户满意的效果；其所定义的标签是固定的、无语义的，不能根据用户需求进行扩展；没有 DTD 描述因而丧失了 SGML 的大部分功能;没有将数据和数据的表现形式相分离，为计算机阅读和处理带来极大的不便。出于对这些局限性的考虑，开发下一代的互联网标准语言刻不容缓。集 SGML 的丰富功能与 HTML 的易用性于一体的 XML 的出现，为业内人士带来了曙光，其突出的优势，立刻吸引了软件开发商和程序开发人员的目光，表现出强大的生命力。

XML 文档由 3 部分组成：文件头、正文部分和结尾部分，其中文件头和结尾部分是可选的，即不是必须存在的。

XML 的特点：①简洁开放。XML 的简洁性体现在其规范简单明了，它由许多规则组成，这些规则可用于创建标记语言，并能用一种被称作解析程序的简明程序处理所有新创建的标记语言。XML 的开放性表现在市场上有许多成熟的软件可用来编写、管理 XML，有许多该领域内的公司与 W3C 合作，共同确保 XML 文档的交互操作性，保证使用不同系统和浏览器的相关人员顺利满足自身需求，完成实践工作，并且在实践中对 XML 标准进行完善改进。②可扩展性。用户可根据自身实际需要自主定义含有一定语义的标记，也可与他人共享标记，XML 携带语义的标记可明确提示标注内容，达到更为精确的搜索目的。根据用户自身需求扩充标记，具有很大的可扩展性。③国际性。XML 支持世界上的大多数文字，可称得上是一个国际化的标准。它既可以在不同计算机系统间传递信息，又可以在不同文化、不同国家间交换信息，因此当之无愧地成为通用的国际语言。④高效实用。XML 将数据内容和数据显示相分离，还克服了 HTML 的一些弱点，使它以 20% 的 SGML 难易度实现了其 80% 的功能，具有高效性；XML 适用于具有较深数据结构、需长期保存与再利用的资源，具有严密但不复杂的规则，可使用在广泛的应用程序中，具有实用性。

XML 除了能对数字资源内容进行表示外，还提供了数字资源的结构信息，能够表示各种类型的信息，凭借自身优势，赢得了广泛关注。

三、数字资源描述标准

元数据规范和著录规范是对数字资源进行规范化描述的两种方法，也就是以字段为单位，对数据库中所存储的数字资源的各个属性（如题名、作者等）进行描述。用户可根据这些描述信息对数字资源进行评判，也为信息检索、管理和利用奠定了坚实的基础。元数据是描述数字资源的数据，它对数据进行解释、描述，不仅方便用户理解，还使信息检索的查准率得到提高，满足不同用户的信息需求。元数据在数字资源组织中具有区分、定位、组织、识别和保存不同数字资源的功能，其中对数字资源进行描述是其最基本的功能。

对数字资源进行描述成为数字资源建设中必不可少的环节，国际上相关标准化组织为了规范对数字资源的描述制定过许多标准、规则，例如，书目及通用元数据方案（如ISBD、

AACR2、DC）、专业领域元数据方案（如 ISAD（G）、EAD、FGDC），其中 ISBD、AACR2、DC 在图书馆领域具有较大的影响力。

（1）ISBD

ISBD 全称为《国际标准书目著录》，是由国际图书馆协会与机构联合会（IFLA，简称国际图联）主持制定的一套供各种类型资源描述著录的规则。它规定了描述数字资源时所使用的元素及其排列顺序，还有元素的标记符，以达到促进国际书目信息交流，实现资源共享的目的。一经问世，在各个国家众多相关领域（如图书馆界、书目机构等）得到了广泛的认同和应用。

为适应编目工作不断变化的环境和条件，ISBD 从最初单一的专著著录规则（ISBD（M））逐渐发展到适用于描述不同类型资源的著录规则（ISBDs），2011 年又演变为统一的文本。其中，ISBD（G）为国际标准书目著录总则，为各分则的制定提供了框架，起到了控制作用。设计独立的分则是总则具体化的体现，为描述具体类型的数字资源提供解决方案。分则与总则及分则与分则之间相互联系、相互参照，构成了一个统一体，为数字资源描述提供方法准则。

到目前为止，IFLA 颁布的 ISBD 系列标准有：ISBD（G）（总则）、ISBD（M）（单行出版物）、ISBD（S）（连续出版物）、ISBD（CM）（地图资料）、ISBD（NBM）（非书资料）、ISBD（PM）（印本乐谱）、ISBD（A）（古籍）、ISBD（CP）（析出文献）、ISBD（CF）（计算机文件），以及 2011 年发布的统一版（ISBDConsolidatedEdition）。ISBD 规定要通过描述的方式将各类资源的所有特征进行标记，使其独立于任何检索点。ISBD（G）（总则）包括了 8 个著录项目，分别是：著录项目 1 为题名与责任说明项，著录项目 2 为版本项，著录项目 3 为资料（出版类型）特殊细节项，著录项目 4 为出版发行项，著录项目 5 为载体形态项，著录项目 6 为丛编项，著录项目 7 为附注项，著录项目 8 为标准号及获取方式项，其中有 6 个项又分为若干元素。在使用 ISBD 时，因其符号、使用顺序都是预先设定好的，暗含了其后出现的元素符号，因此，必须严格遵循 ISBD 所规定的著录项目及其顺序，以及著录表示符的使用规则。

ISBD 的发布使信息编目标准化得以实现，促进了世界各国文献机构的交流与合作，作为国际标准，显示了其通用性。目前，亚、非、欧美的一些国家都采用了这个条例，而且，许多国家还以此作为制定或修改各类编目条例的重要依据。

（2）AACR2

AACR2 全称为《英美编目条例（第 2 版）》，是 1978 年由英国、美国图书馆协会，加拿大编目委员会，不列颠图书馆及美国国会共同提出、编制出版的国际编目规则，成为许多国家编目规则的参考。自 AACR2 发布后，已经被修订过若干次，特别是 1988 年、1998 年和 2002 年这 3 次的修订，使其不断完善，以适应外部环境与内部实况的变化。

随着信息环境和需求的不断变化，编目工作领域逐渐出现了新的问题，为了解决这些问题，AACR2 于 2002 年再次被修订。AACR2-2002 修订的内容主要包括测绘资料、数字资源、连续出版物和组合资料的著录规则。

AACR2 的重大举措之一是对数字资源的修订。主要是由于从 20 世纪 90 年代中期开始，数字资源和网络资源飞速发展，开始之初，它没有对这些资源编制描述规则。因此，数字资源出现之后，很多图书馆采用对期刊的数字版用单记录著录，对网站不做任何记录或用流行的元数据来处理等这些变通的方法进行编目。2002 年修订本对第 3 章和第 9 章做了大幅度的修订，如：为了能更好地了解测绘资料的特征及其著录规则，在第 3 章增加了数字测绘资源的著录规则；为了能够更恰当地表达第 9 章所涵盖的内容，将第 9 章的名称由原来的 ComputerFile（计算机文档）更名为 ElectronicResource（数字资源），并对数字资源的相关方面做了详细的解释，如数字资源的概念、范围、存在方式、著录规则等。2002 年修订本除了对数字资源的修订外，还对舆图资料、连续资源这两章做了整体性的修订。AACR2 修订的指导思想是：尽可能与《国际标准书目著录》（ISBD）保持一致，以便于国际范围内的书目数据交换，2002 年的这次修订更是如此。

为了使 ISBD 各项目的编号与各章节的编号相对应，AACR2-2002 对各项规则都编了号，如：规则 5.1 为题名和责任者项，规则 5.2 为版本项，规则 5.3 为资料特殊细节项，规则 5.4 为出版发行项。上面的例子是 AACR2-2002 第 5 章的 ISBD 项目规则，从中可以看出，这样的方法既能有效指导编目实践，又能使各国、各地区的编目规则相统一。

AACR2-2002 发布以来，受到了业内人士的强烈关注。张秀兰认为，AACR2-2002 对数字资源的修订迎合了时代的要求，有利于各国信息机构在统一规则下，有效、规范地整理和组织数字资源，并认为修订以后的 AACR2 使用面更广，实用性更强。孙更新等认为，AACR2-2002 继承了前期各版的精华，融合了 1999 年、2001 年修订本的内容，增加了 2002 年批准确定的新条款。修订的重点突出，在编目理论上也有新的开拓，并归纳出 4 个主要特点：①关注编目标准的国际化，特别注意与 ISBD、ISSN，以及国际标准化组织（ISO）的标准保持一致；②在组织结构和组织方法上对条例进行了改革，使之与现行的编目程序接轨；③更新了主要款目编目的内容，如新界定了著者的概念，对责任者统一编目的规定更具通俗性，扩大了统一题名的范围等；④根据不同类型机构对编目的不同要求，增强了条例使用的灵活性，尤其是规定的 3 个著录级次，可以满足不同编目机构的要求。

（3）DC

DC 全称为都柏林核心元素集（DublinMetadataCoreElementSet），简称都柏林核心（DublinCore，DC）。1995 年 3 月由 OCLC（美国联机计算机图书馆中心）和 NCSA（美国超级计算机应用中心）联合赞助，在美国俄亥俄州的都柏林举办了第一届 DC 研讨会。参加会议的是跨国家、跨学科领域的专家，如出版者、计算机专家、图书馆员、目录学家等，他们就网络信息资源描述与检索问题进行了探讨，启动了都柏林核心元数据的研究项目，创建了包含 13 个元素的元数据集（DCSet）。后来，经过各届会议的研讨，最终形成了当前包含 15 个元素的元数据集，这些元素根据其存储的信息被分为 3 组，分别是：描述资源内容相关的元素、描述知识产权的元素和描述资源外部属性相关的元素。

在其后的应用过程中，为了增强其在不同体系之间的互操作能力，提供一种能够可扩展描述的方法——限定 DC，使 DC 更加完善。

DC 发布之初，曾确立了 4 个原则：①核心集可以根据特定团体的需要补充更多的元素；②所有元素都是可选的；③所有元素都是可以重复的；④任何元素都可以利用一个修饰词或多个修饰词进行限制。上述 4 个原则确保了核心元素可被用于简单或复杂的元数据描述，以创建任何搜索引擎和数据库结构可用的元数据。它可实现不同体系之间的互操作，可与其他元数据兼容，这些优点使得它能够被任何组织和单位用于描述和标引数字资源。

DC 的简易性、通用性、兼容性和可扩展性等优势，使得 DC 当之无愧地成为国际范围内通用的适用于描述网络资源的元数据标准。目前，DC 已被翻译为多种语言，在世界范围内广泛使用，其影响很大，是一种十分具有前景的元数据格式。

（4）RDF

RDF 全称为资源描述框架（ResourceDescriptionFramework），由 W3C 组织于 1999 年颁布，制定的目的主要是为元数据在 Web 上的各种应用提供一个基础结构，使应用程序之间能够在 Web 上交换元数据，实现互操作，以促进网络资源的自动化处理。

在 RDF 中，定义了一种由资源-属性-值 3 种对象组成的基本模型，通过这个基本模型为定义和使用元数据建立了一个框架，元数据可看作是所描述资源的属性。例如，一个文件（Document）被称为一个资源，那么格式（Format）、创建者（Creator）、语种（Language）是其性质，每一种性质都有一个值，如创建者（Creator）的性质值是作者（Author）这种资源，其又有自己的性质，如此链接下去，表现出了资源与资源之间的关系。但是倘若这个模型被用于交换元数据，则一定要提前明确说明。RDF 采用 XML 作为其描述语法，在其描述语句中可以使用已定义的 RDF 模式，可达到复用的目的，减少了创建新元数据模式的工作量。

RDF 以其特有的优势，为网络资源提供了一个统一的框架描述模式，受到许多相关机构的关注，越来越多的组织单位采用 RDF 作为资源描述的标准。

四、中文数字资源描述标准的研究与应用

作为一种文献著录规则的信息资源描述标准，总是在继承中不断发展，例如，ISBD、AACR2 都是得到国际普遍接受和认可的标准和规则，特别是 ISBD，它的出现，使文献著录实现了国际统一。但是，由于文化和语言的差异，总会存在一些不可避免的问题，因此，我国信息工作者在保证遵循国际规则的前提下，融合本民族的特色，制定出符合中文文献特点的文献著录标准。20 世纪 70 年代末，我国开展了对规范控制的研究，多年来，共颁布了信息与文献的国家标准 45 项，其中使用 ISO 国际标准 29 项，采用 IFLA 国际标准 6 项，国家标准局先后批准了 20 多项有关文献信息著录的标准；国家图书馆也于 1990 年主持制定了《规范数据款目（草案）》及相应的《中国机读规范格式（试用本）》，1995 年制定了《中文图书规范数据款目著录规则》《中国机读规范格式（试用本）》的修订本，1997 年推出了《中国机读规范格式使用手册》《中文图书主题规范款目著录规则》，2002 年编制了《中国机读规则格式》，2004 年修订出版了《中国文献编目规则》（第 2 版）。

我国在使用元数据方面，坚持标准、开放、可扩展的原则，引进一些成熟规范的编码体系，如对 DC 的研究、应用，将其中的元素合理地加以组合，以形成符合用户需求、适应中文资源特点的规范标准。这样使得我们节省了从头开始设计元数据格式的精力，而且逐步与国际接轨。如国家图书馆、北京大学图书馆、万方数据公司等都是基于 DC 元数据设计其元数据标准的。

第四节 数字资源组织的方法

网络时代的到来，使我们受到了数字资源的冲击，拓宽了信息资源空间，但也造成了信息杂乱无章的局面，使用户面对信息有一种无从下手的感觉，因此，数字资源组织显得尤为必要。数字资源组织的方法不同于数字资源组织的方式，前者是研究数字资源组织的途径，即如何揭示数字资源，后者是讨论数字资源组织的形式，即采取什么标准样式组织数字资源，如文件方式、超媒体方式、主题树方式和数据库方式等。数字资源组织的方法主要有分类法、主题法、Ontology（本体）、主题图法。

一、分类法

分类是人类认识客观世界、区分客观事物的一种逻辑思维活动，也是根据事物的共性与特征聚集相同事物、区分不同事物的手段。传统分类法是用于传统图书馆中组织文献信息的一种有效方法，它是以文献内容的学科属性为聚类的主要依据，形成一个以学科分类为基础的分类大纲，再以学科之间的等级隶属关系，自上而下层层展开分类，从分类大纲到各级子目的排列，都反映了类目之间的内容和逻辑联系。这种分类法以数字号码作为文献的检索标识，满足用户对文献信息的检索，达到很高的检全率。随即，出现了许多著名的分类法，如杜威十进分类法（DDC）、国际十进分类法（UDC）、美国国会图书馆分类法（LCC）、中国图书馆分类法等，都得到了广泛的应用。

分类法在组织数字资源方面发挥着巨大的作用，其组织数字资源主要有以下几种方式。

（1）文献分类法

随着分类法数字版的出现，部分相关机构，如大学图书馆、学术性网站和学术性数据库等利用网上现成的 DDC、UDC 和中国图书馆分类法等作为分类工具，对数字资源进行组织，构建了相应的网络信息检索系统，如：OCLC 使用 DDC 建立了名为 NetFirst 的分类网络信息系统、美国艾奥瓦州立大学使用 LCC 建立了网络数据库（Cyberstacks）、中国教育系统机构运用中国图书馆分类法建立了中国教育科研网等。数字分类法易于浏览、实现字顺检索等优势使得其成为分类检索的补充，使一些隐约、深层次、更为详细的主题的检索相对容易。学科信息门户（SubjectInformationGateway，SIG），致力于将特定学科领域的信息资源、工具与服务集成到一个整体中，为用户提供一个方便的信息检索和服务入口。SIG 成为很受专业用户欢迎的数字资源组织模式，其所提供的数字资源质量高，而且 SIG 使用了严格的分类法来组织这些资源，很大程度上便利了用户。

（2）网络分类法

网络分类法主要服务于网站、搜索引擎，根据网站或搜索引擎的自身特色和实际需要，设计一级类目，然后将网站上的网页归入相应的类目中。网络分类法区别于传统分类法的重点在于：前者可根据用户的需求，将信息量大、点击频率高的知识内容突出列类，不必考虑其在分类体系中所处的层次，因此这种等级体系不是严格意义上的等级体系。各个子类之间也可能不属于同一级类目，但是各个知识内容之间存在着网状的联系，因此，用户可根据自身需求随时调整检索范围，以获得自己满意的检索结果。

（3）人工神经网络

人工神经网络（ANN）是根据人类的生物神经系统结构设计的计算机系统，在数字资源组织方面，可用于自动分类。目前在分类上应用最广泛的人工神经网络是自组织映射（Self-OrganizingMap，SOM），它是由 Kohonen 首先提出的一种无导师自组织和自学习网络。利用该网络可实现 Web 文档的自动聚类，如果在此基础上更进一步，即利用 SOM 网络实现索引词聚类，就可实现超文本链接的自动生成。从中可以看出，未来利用人工神经网络实现自动分类拥有可观的前景，其潜力不可估量。

二、主题法

主题法是以规范化的词语作为主题标识和查找依据，以标题字顺（如字母顺序、笔画顺序、部首顺序等）排列，从特定对象或事物着眼，通过参照系统揭示语词之间关系的一种情报检索语言。主题法与分类法之间既存在区别，又相互联系、相互渗透，是检索语言的两种类型。主题法是直接从语词出发对信息进行组织和检索，它与计算机信息检索技术相联系，是数字资源组织的一个突出的方法。主题法包括标题法、单元词法、叙词法和关键词法，下面重点介绍在网络环境中用于组织数字资源的关键词法和叙词法。

（1）关键词法

关键词法就是将信息原来所用的，能描述其主题概念的那些具有关键性的词抽出，不加规范或只做极少的规范化处理，按字顺排列，以提供检索途径的方法。关键词法标引速度快、成本低，能达到自动标引的效果，不存在滞后性等特点，使得它在数字资源组织方面得到广泛应用。

在网络信息组织与检索中，关键词检索法得到了大量的使用，其中在搜索引擎、联机数据库中的应用最为典型。①关键词法在搜索引擎中的应用。在搜索引擎中，借助自身软件从网页中搜集关键词，建立索引库，组织检索系统，提供检索途径。其关键词检索分为简单的和高级的两部分，前者易操作、效率低，后者通过增加控制措施提高检索效率，但操作难度增加。因此，需通过引入词汇控制原理逐步完善搜索引擎中关键词检索，使其更好地为用户提供便利。②关键词法在联机数据库中的应用。联机数据库是由专门机构或开发商开发的，是网上重要的学术信息源，数据库中关键词法的应用具有以下的特点：关键词为人工标引，质量高；建有关键词表，供用户浏览、使用；分类法与关键词法一体化，使检索效率提高；引入专业禁用词表，关键词规范程度高；使用二次检索等功能，提高检索效率。

（2）叙词法

叙词法是以受控的自然语言词汇作为标识，主要以标识的概念组配来表达主题概念的一种主题语言，它吸收了单元词法、标题法、分面组配分类法等多种检索语言的优点，是信息检索语言中最为完善的语言之一。叙词法具有以下特点：①使用概念组配方式，可灵活表达各种概念，控制检索范围，提高了检索效率；②能以较少语词表达较多、较专指、新的概念；③遵循概念组配原理，组配语义准确性高；④使用多种方式显示语词间的关系，提高了检全率和检准率。

三、Ontology（本体）

Ontology 最早是哲学里的一个概念，从哲学角度来说，Ontology 是客观存在的一个系统的解释或说明，一般译为本体论。在人工智能界，Neches 等将本体定义为：给出构成相关领域词汇的基本术语和关系，以及利用这些术语和关系构成的规定这些词汇外延规则的定义。一个最为流行的定义是 Gruber 给出的：本体是概念模型明确的规范说明。后来，Stu-der 等对本体进行深入研究之后提出本体是共享概念模型的明确的形式化规范说明。这一定义有 4 个关键点：概念模型指对客观世界一些现象的相关概念抽象出的模型；明确指所使用的概念及使用这些概念的约束都有明确的定义；形式化指本体是计算机可读的；共享指本体中所反映的知识是共同认可的。构建特定领域本体的目的在于回答在现实世界某个领域中存在什么样的物体?它们之间的关系是什么?因此一个本体中包含一系

列概念、定义、相互关系及推理规则。本体的目标是捕获相关领域的知识，提供对该领域知识的共同理解，确定该领域内共同认可的词汇，并从不同层次的形式化模式上给出这些词汇（术语）和词汇间相互关系的明确定义，使用本体能够很好地对信息语义关系进行分析。

图书馆是本体的重要应用领域。一个应用了本体和元数据的图书馆系统，其数字资源的组织在微观层面都是依据各种规范的元数据方案，数字资源之间的宏观联系是依据本体所形式化的联系模型。本体在其中可以发挥重要作用之处主要包括处理信息组织、信息检索和异构信息系统的互操作。刘佳提出了将本体应用于基于知识的图书馆数字资源管理的信息系统中，认为图书馆作为相对独立的信息系统，本体可以通过机读元数据自动建立书目数据库，通过语义对网页和文件进行自动标引和注释，通过语义聚类将数字资源中的相关主题进行分类，从而实现图书馆数字资源的定题服务，也可以对网络站点进行分类和导航，丰富图书馆的资源链接。

从理论上来说，本体在知识组织方面拥有诸多优势，但在实践中，其构造和实现是比较复杂和困难的，这个问题使得本体的发展和应用受到了制约。还需要相关的专家学者在这方面做出更大的努力。

四、主题图法

主题图作为一种新型的数字化信息组织方法，可提供最佳的数字资源导航。它在XMLTopicMap（XTM）1.0 规范中被定义为：一系列以主题、联系和范围组成的主题图节点，这些节点以符合 XTM 或者其他规范的文件形式，或者以满足 XTM 加工需求的内部

应用的方式存在。概括而言，主题图是一种用于描述数字资源的知识结构的数据格式，它可以定位某一知识概念所在的资源位置，也可以表示知识概念间的相互关系。

主题图使用语义网的思想，通过描述主题之间的关系及主题与具体资源之间的联系，揭示概念之间的关联，将用户指引到相关资源处。主题图具有良好的信息检索功能，具体表现在以下 3 个方面:①可支持现有的搜索引擎在资源域层面实现检索;②主题图概念可看成一个图或树，支持可视化图形方式的人机交互式检索;③主题图可看成本体，可以提供一定程度的概念间关系描述，利用概念间的关系，提供一定程度的智能化检索。

主题图应用十分广泛，如在叙词表的编制和应用、网络教学的教育资源组织与导航、数字商务、门户网站、科研助理和知识交流共享等方面都有较好的应用价值。未来，主题图法会在数字资源组织和知识表示方面发挥更大的作用。

第六章　智慧服务内容

"互联网+图书馆"智慧服务中离不开理念指导、技术支撑、资源共享、知识创新和行业互助等关键因素，智慧服务是图书馆走向智能化发展道路的必然趋势，它不仅包含图书馆物理场馆、设备、空间、网络的智能化变革，而且包含图书馆文献、信息、知识和智能服务的转型升级，未来图书馆智慧服务更趋向于平台提供、数据分析、知识加工、个性推送、用户体验等创新服务，挖掘用户潜能、激发用户动力、开启用户智慧和提升用户创造力将是智慧服务的着力点，"转知成慧"将成为智慧服务的最终目标。对用户来说，图书馆借助互联网由被动服务转变为主动服务，追踪用户轨迹、把握用户需求、挖掘用户潜力、激发用户创新，将用户隐性知识转化为显性知识，进而创造社会价值。对图书馆自身来说，图书馆将改变传统的依赖图书馆场馆、设施、图书资料、文献信息等实体服务，更多依赖以互联网及新兴技术为支撑的智能虚拟服务，图书馆也将由实体图书馆转变为虚拟图书馆、绿色图书馆或智慧图书馆。因此，"互联网+图书馆"智慧服务在资源环境、空间布局、服务手段、知识创新及跨界融合等方面需要不断升级改造，借助新兴科技力量，提升图书馆新型服务能力，才能让图书馆沿着"实体—数字—智能—智慧"方向发展，最终实现高效、便捷、开放、融合和创新的智慧图书馆。

第一节　开放的资源环境

互联网包含开放、自由、创新、平等、协作、分享六大理念，是网络文化的内核和价值观，它颠覆了传统，改变了社会，方便了人类交流和沟通，加强了人与人之间的情感交流，使信息传输和消息传递变得迅捷而便利。依托互联网精神而变革的图书馆智慧服务也需要一个自由、平等、免费的资源环境，才能创新图书馆服务理念，为图书馆注入新的活力和生机，让图书馆走得更快更远。

一、自由浏览资源

"互联网+图书馆"实现了静态数字资源向动态网络信息的转变，图书馆文献信息资源存储不再局限在建筑物理空间范围内，而是向更广泛的网络虚拟空间拓展，用户只需一部能上网的智能手机，就可以在任何地方、任何时候浏览到图书馆的信息资源，但目前由于受图书馆管理及知识版权限制，很多时候图书馆仅仅服务于本馆特定的注册用户，如大学图书馆仅服务于本校师生员工，公共图书馆仅服务于本市市民，而没有覆盖更多用户和更广范围人群。如何提高资源利用率和服务更广泛人群，是"互联网+图书馆"智慧服务区别于传统图书馆首先要解决的问题，可以从以下几个方面入手。

第一，整合资源类型。"互联网+图书馆"信息资源包括两类：一类是本馆数字化资源，如本馆馆藏资源、商业数据库、自建数据库、数字化资源等，这类数字资源具有专业性、规范性和封闭性的特点，整合这类数据需要优化资源组合、加强数据融合、重构服务系统，通过对数据、信息、知识等资源的规范和统一，形成标准化、易操作和可检索的新资源，提升用户对数据资源的利用率；另一类是非本馆资源，如网络资源、开放获取资源、试用数据库资源及其他动态信息资源等，这类数字资源具有散乱性、复杂性和易逝性的特点，整合这类资源相对比较困难，需要通过专业软件工具的辅助、图书馆馆员的耐心细致和长期不断地积累收集，虽然难度大，但其利用价值是无法估量的，对补充馆藏资源信息具有重要作用。因此，图书馆通过数据资源加工、分类和整合，可以将各种各样、纷繁复杂的数字资源统一标准，形成规范的可供检索的数字资源，为用户提供内容新颖、来源丰富、种类完善的文献信息服务，使用户能通过网络进行浏览和利用。

第二，简化注册流程。互联网之所以受广大用户青睐，其最大优势是开放性，任何人（不分年龄、性别、种族、地域、社会角色）都可以自由上网浏览，而且不需要一系列注册手续。如果"互联网+图书馆"在资源浏览方面能效仿互联网的做法，就可以不断提升人气、吸引用户和提高资源利用率。当前数字图书馆为了保护知识产权和数据资源安全，都会设置一系列注册手续，限制用户行为和权限，这在一定程度上保护了图书馆信息资源安全，但也降低了用户使用图书馆数字资源的意愿，因为一系列繁琐的注册手续将占用用户太多时间和精力。如果考虑排除恶意下载和病毒入侵等卑劣行为，图书馆仅将权限公开至用户浏览检索这一级，必将获得较大进步，这样可以让用户不需要注册就可以检索和浏览到图书馆的数字资源，如果想进一步深入了解信息资源，就需要再完成注册、认证等流程和手续。图书馆只有简化一系列注册流程，才能吸引更多用户使用图书馆资源，因为相对于纷繁复杂的网络资源，图书馆资源更具权威性和专业性，相信任何一个想在短时间内找到最佳检索答案的用户都希望得到专业细致的解答，而不是在一大堆无用信息中去寻找最佳答案。

第三，开放资源权限。"互联网+图书馆"强调资源共建共享，这种共建共享不仅是图书馆与图书馆之间的资源合作共享，而且是用户与图书馆之间甚至是用户与用户之间的资源传递与交换，但图书馆为了维护自身利益往往设置了很多资源获取权限，如非本馆读者不得进入图书馆资源系统、非本馆人员不得进行资源提供和修改，这必将限制用户获取和使用资源的权利，也很难让有限的资源服务无限的用户。如果图书馆将一些有利于大众普世教育的公共文献资源利用权限开放出来，让用户去利用、转发、传播和创新，将静态数字资源变成动态信息资源，使资源得到不断更新、丰富和发展，这将让更多用户受益，图书馆也更好地实现了自身为社会服务的价值。因此，开放权限、服务大众、方便利用、广泛传播，这未尝不是图书馆智慧服务的重要组成部分。

二、平等利用资源

图书馆作为一个公共服务事业单位，有权利和义务为所有用户提供平等的资源利用服务，这种平等服务，既包括为各类人群提供服务，又包括为各个地方提供服务。"互联网+图书馆"为实现全社会公民平等利用资源提供了机会和条件。一方面，开放网络使任何人都可以获取资源，图书馆依托互联网将数字资源存储到云端服务器，为保障公共文化服务的公平性，理应对全社会公民开放使用，但出于版权保护和信息安全考虑，不得不设置一些限制条款，这样就使一小部分人能自由享受到公共文化服务，大部分人因各种原因而被限制使用，如果能改变一下思维，让大部分人可以自由使用信息资源，而只是限制一小部分人使用，那图书馆将大大提高信息资源利用率，使有限的资源服务无限的用户，图书馆的社会价值也将大大提高；另一方面.泛在网络在任何地方都可以获取资源，数字鸿沟、城乡差距、地域限制等因素一直是公共文化服务均等化的阻碍，它使贫困地区、落后山区享受不到公共文化服务产品，"互联网+图书馆"依托互联网建立的全网数字资源化解了地域差距引起的这一矛盾，只要图书馆有服务全社会的勇气和决心，就可以将数据资源通过网络延伸到社会的任何一个角落，即只要有网络的地方，就有图书馆的服务，就能为用户提供力所能及的信息资源服务。因此，"互联网+图书馆"平等利用资源也是智慧服务的一种体现，它不仅仅代表图书馆的服务形象，更代表图书馆的一种责任和担当。

三、免费获取资源

公益性是图书馆的基本属性，特别是 2018 年初颁布的《公共图书馆法》明确规定公共图书馆应当按照平等、开放、共享原则，免费为社会公众提供基本服务，并鼓励支持其他类型图书馆向社会公众开放服务等。

"互联网+图书馆"主要是通过数字阅读向公众提供服务，相比当前比较流行的微信阅读、豆瓣读书、网易云阅读、微博阅读等阅读平台，图书馆数字阅读还处于弱势，要在无线网络、智能手机不断普及，移动阅读越来越方便、廉价，阅读时间越来越长的数字阅读时代抢占数字阅读推广先机，图书馆就要提供大量免费、长效、深度的数字阅读资源，吸引用户从短、频、快的浅阅读，向更专注、思索和深刻的深阅读转变，这样才能展现图书馆系统性、知识性和专业性的优势。图书馆应该为用户提供一些免费资源：一是科普类阅读材料。这类读物具有较强的知识性和专业性，对开发智力和创新知识具有重要意义，免费开放这类读物，对开拓用户眼界、扩大用户知识面，提升用户专业素养很有帮助。二是经典类阅读材料。经典作品是经受过时间考验而保存下来，具有经久不息生命力和影响力的优秀作品，对提高自身修养和提升全民素质具有积极意义，通过阅读经典，可以启迪智慧、塑造品德、规范行为，为全社会营造一个健康有序的和谐环境。三是生活类阅读材料。这类材料可以指导用户掌握日常生存和生活技巧，教会人们改善观念、热爱生活、陶冶情操、珍惜生命，具有普世性价值和意义。因此，"互联网+图书馆"为用户提供方便、快捷、易于阅读的免费资料，使用户在开放的阅读环境中增加自由选择的权利，可以帮助用户在知识应用的过程中创新知识、提升智慧，转知成慧。

第二节　交互的共享空间

随着新技术发展，图书馆正由传统固定的物理空间向无限延展的虚拟空间发展，空间服务已成为"互联网+图书馆"智慧服务的前驱，引领图书馆空间服务的变革和升级，构建人与人、物与物以及人与物之间相交互的共享空间是图书馆智慧服务的未来发展目标。开拓基于"互联网+"的信息资源共享空间、知识学习共享空间、创客服务共享空间、公共文化共享空间等是拓展图书馆服务边界的最佳途径，图书馆空间服务最终目标是建立相辅相成、彼此协调的虚实交互服务空间。

一、信息资源共享空间

信息资源共享已在图书馆中应用多年，成为图书馆服务中不可或缺的组成部分，特别是随着互联网的发展，图书馆与图书馆之间、图书馆与其他机构之间的交流、协作变得更加便利和频繁后，信息资源共享活动变得更加活跃。"互联网+图书馆"要拓展信息资源利用率，最大限度地满足用户对信息资源的需求，就需要不断拓展信息资源共享空间。所谓信息资源共享空间，是指"以数字化信息资源为背景，通过对图书馆技术、资源和服务的有效整合，为信息供需双方设计的一个协同工作空间"。这种共享空间不仅体现在本馆馆藏资源不断得到更新、整合和补充，而且也体现在外部资源对本馆资源的不断充实和丰富，即图书馆既要拓展本馆信息资源空间，又要拓展非本馆的网络信息资源空间，为用户提供一个弹性的信息资源共享和交流空间，而用户通过这个空间，可以完成对信息资源的下载、利用、评价和分享，也可以在此基础上独立创作新资源，或与志趣相投的爱好者协作完成创作。因此，信息资源共享空间为用户提供了一个广阔的资源利用和分享天地，他们不再局限于从图书馆自身来获取信息资源，而是可以向更多资源提供者获取，而图书馆则协助用户获取或共享更多信息资源，开辟更宽广的资源获取空间，展现其智慧服务本质。

二、知识学习共享空间

相比信息资源共享空间而言，"互联网+图书馆"知识学习共享空间层次更高级，前者着重于"物"的考虑，后者更着重于"人"的考虑。针对用户需求的知识学习空间更强调为用户提供一个与学习有关的空间环境，这种空间环境不仅包括实体学习共享空间，而且包括虚拟学习共享空间。实体学习共享空间在传统图书馆就已具备，并发挥了相应的作用，如为用户提供面对面的学习探讨场所、为用户研习提供专门的服务场所、为用户作品创作提供特殊的展示场所等。虚拟学习共享空间是近年来图书馆重点拓展的业务，利用互联网新兴技术，为用户打造一个虚拟现实（VR）、增强现实（AR）、混合现实（MR）的"场景式"知识学习空间，让用户能通过虚拟网络获得现实感、场景感和参与感，提升自身真实的学习体验，并通过网络向其他用户分享这种感受，让更多用户参与进来。虚拟学习共享空间相比实体学习共享空间更节能环保，更注重用户自身学习感受和效果，更多考虑用户在线学习的便利性，面向用户提供的学习指导和帮助，激发用户创造创新的服务环境等。因此，"互联网+图书馆"知识学习共享空间更偏重于促进用户知识创新与共享行为的发生，最终实现用户个体与群体知识的不断创新与更新，满足用户个体专业成长的需求。

三、创客服务共享空间

创客服务是指图书馆为用户创意、创业提供平台支持的服务，阿里云发布的"创客+"给创客提供从开发组件、分发推广、办公场地、前后期投资到云服务资源的系列创业扶持，这是创客服务的初步尝试。"互联网+图书馆"提供的创客服务共享空间，就是通过部署线上线下互通平台式创客空间，为高科技领域创新创业用户提供线上线下互动交流和学习、工作空间，形成汇聚大众智慧、虚拟现实行业、跨区域资源整合及市场商业运作的创业集散地。该空间不仅是面向初级创客的教育与体验平台，而且是面向中高级创客的交流、合作、创业平台，它以虚拟社区、技术论坛、开源软件及现场体验为基础，并提供远程技术创新的交流和合作，为"大众创业、万众创新"提供机会和条件。创客服务共享空间是建设创新创业的孵化器，为用户提供工作空间、网络空间、社交空间和资源空间，它可以依托图书馆自身现有的资源和设备，灵活机动地建设不同类型的创客空间。也可以根据用户个人需求来改造已有的创客空间，让有限的空间资源得到充分利用，为更多创业者和创意者服务。还可以寻求合作伙伴，与其他创客服务单位联手打造共享空间，既可以节约成本，又可以开辟新的创客环境，为用户创意、创新和创业提供更多发展机会。因此，构建一个线上线下、内外合作的全方位、立体式创客服务共享空间，是"互联网+图书馆"智慧服务的重要组成部分。

四、公共文化共享空间

所谓公共文化共享空间，主要指城市第三空间，是指除家庭、办公室之外的第一个地方，这个地方能够为公众带来美的享受与社交机会，使人们在工作之余、碎片化时间之外拥有一个交通便利、免费、舒适、友好的第三空间。"互联网+图书馆"开辟第三空间不仅能够为用户带来认知、反思和感官上的体验，而且能为用户带来深层次的信息、知识和智慧服务。它是对传统图书馆的一种超越。首先，它为用户提供一个安静的公共场所，满足用户终身学习的需要。图书馆不仅保留着一座城市的历史和文化，而且是现代都市人的精神家园和集体书房，它给予用户平等享有公共文化的机会，任何人都可以免费享用图书馆提供的资源、设备和技术服务，也可以在图书馆学习各种专业知识，借助图书馆浓郁的书香气息来提升自身素养，图书馆为用户提供一个长期免费、无障碍、零门槛的终身学习场所。其次，它为用户打造一个泛在化的虚拟空间，满足用户碎片化阅读的需要。5G技术高速率、低时延和超大连接的通信传输为"互联网+图书馆"打造万物泛联、人机交互的虚拟空间提供了条件，用户通过一部智能手机就可以随时、随地、随意地浏览图书馆的信息资源，在等餐、排队、坐车或等人的碎片化时间去浏览或阅读。最后，它与咖啡馆、银行、地铁、酒吧等商业部门合作，满足用户放松身心的需要。图书馆与商业部门合作打造的休闲场所，为用户提供了一个放松身心和公共交流的空间，在这里，他们可以随性地喝一杯咖啡，自由地和朋友交谈，休闲地听一段音乐，从繁琐而枯燥的生活和工作中暂时解脱出来，去放飞思绪、遨游书海和畅谈交流，享受身心的愉悦和精神的放松。

由此可见，"互联网+图书馆"智慧空间服务理念已超出图书馆原有空间布局，其拓展余地更宽更广。它不仅依赖现代科学技术的支撑，而且依赖图书馆人智慧的发挥，利用空间再造拓展图书馆服务边界，并利用网络开创图书馆虚拟空间服务，打造图书馆与图书馆之间、图书馆与用户之间以及用户与用户之间的资源、技术、知识及服务共享是图书馆空间服务的主要目标，构建一个开放、平等、免费的绿色环保图书馆是空间服务的基本原则。因此互联共享的智慧空间服务是"互联网+图书馆"不可逾越的构成要素。

第三节　智能的服务手段

智能服务是"互联网+图书馆"智慧服务的重要组成部分，它充分利用物联网、云计算、大数据、人工智能及 5G 网络的技术优势，将智能手段

融入图书馆服务中，有效提升图书馆服务水平和服务效率。"互联网+图书馆"智能服务通过对网、云、端设施（"网"指广泛连接的信息通信网络；"云"指高效协同的数据处理系统；"端"指全域感知的智能终端设施）的布局，将图书馆业务纳入智能感知、智能管理、智能服务的范畴，实现无人化、智能化和智慧化服务。它主要体现在智能资源服务、智能技术服务、智能需求服务、智能管理服务及智能社会服务五个方面，这五个方面相互联系、彼此交融，共同构建起一个图书馆智能环境，带动图书馆智慧服务的整体跃升，推动图书馆事业向前发展。

一、智能资源服务

资源是图书馆的立足之本，它的数量、质量、类型及存储方式决定着图书馆的服务能力，智能地获取、整合、维护、发布数据资源，对提升信息资源的时效性和利用率具有重要意义。"互联网+图书馆"智能资源服务就是充分利用先进科技手段迅速快捷地捕捉、整合、存储、管理、保存和出版数据资源，将静态的馆藏资源变成动态信息资源，将开放获取资源变成本馆规范管理资源，形成互联互通、共建共享的信息资源服务主体，让图书馆跨越时空限制，使资源服务在互联网上无限延伸，为图书馆带来无限发展契机。其主要由资源采购、自主服务和用户分享三个方面组成。资源采购一方面通过人工智能和大数据分析，精准掌握用户对资源信息的需求，利用在线系统让用户自主完成文献资源的采购任务，并利用系统自动完成审核、验收、编目和存储等业务，减少人工参与和影响；另一方面通过虚拟现实技术对馆藏书目及电子资源进行"虚拟书架"呈现，利用智能呈现代替烦琐的人工查找，既可精确选购数字文献资源，避免重复采购，又可自动完成订购，减少人力支出。自主服务是智能资源服务的主要内容，包括自助申购、自主借还、自主分享等，用户利用图书馆在线采购系统，既可自助采购资源，也可自主贡献资源，并通过自主借还系统或在线网借服务，将自己感兴趣的数字资源加入个人图书馆，利用电子阅读设备完成阅读、标注、摘录、点评、转载等阅读活动，还可对感兴趣的话题发表观点，分享给其他用户，或与其他用户一起深入交流和探讨，这样减少他人干扰，更能调动用户主动性和参与性，吸引他们更加关注图书资源。用户分享是图书馆利用微

信、微博、QQ等社交工具，发挥用户自媒体传播能力来提升资源利用率，利用明星效应、朋伴影响和熟人社交等手段来分享和推荐图书资源，达到一传十、十传百、百传千的效果。总之，智能资源服务是"互联网+图书馆"最基本的服务手段之一，其效率高低直接关系着图书馆服务效益好坏，利用智能技术提升服务效率，是智慧服务最明智的选择，既能减少人力资源成本投入，也能激发用户参与积极性，是必不可少的服务手段。

二、智能技术服务

互联网的发展促使智能技术广泛应用于各行各业，淘宝、支付宝、高德地图、美团外卖、滴滴打车等与人们生活息息相关的日常事务都离不开智能技术的支撑，智能化服务已成为社会发展必不可少的组成要素，它带给人们便利的同时，也促进了社会经济发展。"互联网+图书馆"中的用户画像、人脸识别、情景感知及虚拟现实等都是智能技术在图书馆的应用实践，它为图书馆智能服务带来了新体验和新契机，并助力图书馆新业务不断开拓与创新。

用户画像是指数字图书馆为了深入了解用户特征、预测用户真实需求、激发用户潜在需求等，在一系列真实数据的基础上通过描述用户特征、需求和偏好，构建的目标用户模型。它是利用数据来刻画用户特征，从而达到精准营销和决策的目的。用户画像是近年来随着新一代信息技术发展而衍生的新课题，虽然研究时间短，内容也不够深入，但它实用性强，并能解决用户面对海量数字信息资源难以决策的困境，图书馆利用大数据技术、数据挖掘算法及知识组织建模等技术手段，根据用户背景、爱好、习惯、行为等因素，通过"数据化→标签化→关联化→可视化"的呈现过程，构建用户画像，为图书馆采取个性化检索、精准推送、准确宣传、参考决策提供了依据。

人脸识别俗称"刷脸"，是人脸生物特征识别技术，通过人脸识别来进行身份鉴定，现实生活中微信、支付宝、蚂蚁金服、网银等开通的刷脸支付功能，具备便捷、安全、体验好的优势，方便用户资金交易，缩短支付时间，改善商户经营效益。刷脸技术已广泛应用于解锁、开门、安检、登机、住宿及医疗支付等领域，给各行业带来了全新体验，也给人们的生活带来了便利。人脸识别技术在图书馆最早应用应该是浙江理工大学图书馆，它于2017年4月将百度人脸识别技术引入图书馆的图书借阅管理系统，实现了从进馆、借阅到信息查询等流程的全面升级。"互联网+图书馆"对人脸识别技术的应用主要体现在虚拟图书证的办理，人工智能的发展给人脸识别技术在线办理虚拟图书证提供了解决方案，用户只需用手机扫描图书馆提供的人脸识别二维码，进入图书馆在线办证页面，按要求进行拍照和信息录入，上传照片进行人脸识别，图书馆后台将根据用户提供的信息自动办理好虚拟图书证账号，这样避免用户带身份证跑去图书馆办理，用户只要登录虚拟图书证账号，就可以利用或查阅图书馆所有的数字资源。人脸识别虚拟图书证于2018年在深圳图书馆开通实践，办证数量逐月攀升，得到青年用户的青睐，进一步扩大了图书馆服务的覆盖面。由此可见，基于人脸识别技术的虚拟图书证办理是可行和可操作的，该项技术将随着智慧图书馆的发展而变得更加实用和普及。

情景感知是指图书馆根据用户个性特征、行动轨迹和习惯爱好等大数据统计和分析，通过电脑将用户的情景数据进行处理，根据用户需求智能推荐资源的服务。它是一种新兴的信息处理技术，分为单元情景感知应用阶段、情景感知应用系统初级阶段、情景感知应用系统高级阶段三个发展阶段最初的单元情景感知是将 RFID 技术应用到自助借还图书、馆藏管理、门禁系统等方面，适时将感应数据传入计算机中，掌握用户的活动轨迹及行为习惯等信息。随着单元情景感知技术的成熟，情景感知应用系统在图书馆得以构建，并开始发挥优势作用，推动图书馆转型和变革，它利用人机交互模式将用户个性化需求通过计算以各种情景信息呈现出来，使图书馆充分融入用户信息活动，随时掌握用户动态和需求，及时为用户提供情景感知的场景服务、推荐服务、咨询服务和自主服务等，充分展现出图书馆智能服务的能力。情景感知服务具备的智能性、主动性、情景自适应性等特征决定了它将拥有良好的发展前途，近年来被图书馆界逐渐认识和重视，其应用已取得一定进展，全面深入研究情景感知理论和技术，对提升用户服务质量和提高服务效益具有重要意义。

虚拟现实是集成计算机仿生、三维图像等新兴技术创建的模拟环境和虚拟体验平台。它通过创建逼真的虚拟世界，使用户可通过视、听、触等多种感官与其中的物体进行交互，产生身临其境的感受和体验，是人工智能的重要技术。"互联网+图书馆"虚拟现实技术作为一种创新服务手段，能够为用户带来全新体验，它所拥有的沉浸性、交互性和想象性三个特征能够激发用户的感官享受、无限想象和浓厚兴趣，让用户在虚拟的环境中体验到和现实世界一样的感受，其虚拟馆藏导航可以带领用户在虚拟图书馆里四处漫游，虚拟在线阅读可以让用户随意选择自己感兴趣的阅读材料，虚拟远程咨询可以通过远程视频对话向对方提出问题并得到及时解答，虚拟教室可以让用户倾听名师名家的当堂授课等，而且这种虚拟现实环境让用户更加放松和自由，不会感到陌生拘束，也不会有社交焦虑，更能激发用户主动参与的积极性。未来，随着人工智能和 5G 技术的发展，虚拟现实技术将得到进一步发展，三维立体化资源呈现、360 度超清全景互动直播和远程虚拟空间云课堂都能给用户带来高层次的体验，满足用户智能化、高效化和个性化的需求，它将为图书馆拓展创新服务提供新思路和新途径。

三、智能需求服务

这是一种内隐式能满足用户内在需要的一种服务，是深层次心理追踪服务，即利用智能工具追踪用户行为习惯、生活规律、兴趣偏好等，对用户信息需求进行归纳、总结、分析和管理，从而为用户提供决策支持、行为引导和智慧推荐的服务。当前，许多电商对消费者智能需求服务已达到比较成熟的阶段。例如，当消费者输入想购买商品的关键词时，系统就会自动匹配出相近关键词供其选择；当消费者点击进入商品页面时，相同或相似的商品就会展示出来；当消费者想了解商品详细信息时，就可以通过页面介绍或其他消费者评价来判断商品品质；当消费者退出选择页面后，系统也会时不时地跳出一些曾关注过的商品推荐页面，而这一切都是计算机根据用户需求而智能识别的结果。"互联网+图书馆"可以借鉴电商智能需求服务模式，拓展智能识别、智能追踪、智能推荐、智能决策的范围和内容，用智能服务满足用户内在需求。

智能识别是指图书馆通过部署一些智能感知、存储、计算、网络等基础设备，捕捉一些重要数据信息，如用户身份、出入门禁、借阅内容、资源利用、访问时长等完整、有效、合法信息，然后对这些数据信息进行组织、清洗、校验、加工、抽取、存储及备份，从中分析出用户的专业、特长、时间、位置等信息，了解用户兴趣、偏好、习惯和研究等需求，推送有价值的信息内容供其选择。

智能追踪是指利用搜索定位系统来确定物品或人物的活动轨迹，该技术经常应用于物流领域，商家或消费者可以通过查询物流系统，来追踪货物、监控货物及了解货物，掌握货物运输的全程动态、异常情况及运输轨迹等，图书馆也可以借鉴这一做法，通过智能系统来追踪用户的行为动态，了解用户搜索、查阅、借还、关注及访问情况，追踪用户行为习惯、活动规律、参与欲望等，为后期推送个性化服务提供依据。

智能推荐是基于大数据和人工智能技术，在数据和算法驱动下，为用户提供的个性化智能推送服务。传统的推荐服务存在工作效率低、推荐误差大的缺陷，而"互联网+图书馆"智能推荐服务依靠海量数据挖掘、云计算资源管理及人工智能高效算法对用户的访问时间、内容、次数等主题进行分析，了解用户访问行为、目的和需求，对同一用户不同访问方式或对不同用户相同访问方式进行分类整理，将访问信息与用户需求建立联系，从海量访问数据中清洗出有价值的数据，寻求用户感兴趣的信息，用协同过滤算法进行推荐。

智能决策是以信息技术为手段，通过大量原始信息数据积累，利用云计算庞大的存储空间和强大的计算能力，对海量信息数据进行分析比较，为管理者做出正确决策提供帮助的智能人机交互过程。"互联网+图书馆"将人工智能的知识表示与处理手段应用于智库系统建设，通过对知识的提炼、过滤、精简和管理，向用户提供有效的决策支持。这种决策是将人工智能和决策支持系统相结合，应用专家系统技术，使决策支持系统能够更充分应用于人类的知识，如关于决策问题的描述性知识，决策过程中的过程性知识，求解问题的推理性知通过逻辑推理来帮助解决复杂的决策问题等。自动化决策是智能决策的主要特征，不需要人为干预，只需依靠决策机器人来自动化管理、跟踪、评估和反馈，通过高效、统一、透明的决策过程，最终达成决策目标，协助用户更好地分析和解决问题。

四、智能管理服务

智能管理是人工智能与管理科学、知识工程与系统工程、计算技术与通信技术、软件工程与信息工程等多学科、多技术相互结合、相互渗透而产生的一门新技术、新学科m。它利用计算机技术来提升管理效益，达到管理的高度智能化，物联网、大数据、云计算、人工智能等新兴技术为它注入了新的活力，使其呈现出无人化、无纸化、自主化及移动化的管理模式，不仅减少了人力资源投入，而且提升了管理效益，其高质低耗的优势逐渐被各行业所认同，并将其应用于社会实践。例如：智能物流仓储管理可以实现24 小时无人值守仓库订货、货物入库、货物管理和货物出库的高效服务；智能停车场管理通过一卡通自动识别车辆信息，实现自动语音播报、收费、打开、计时等功能，使停车变得方便快捷；智能楼宇管理通过自动控制系统，实现建筑物内设备的远程监控，确保设备运行正常，降低运行能耗。"互联网+图书馆"智能管理服务借助智能设备和智能系统，可实现24 小时无人值守管理、自助借阅管理、虚拟远程管理、机器人服务管理等，最大限度减少图书馆人力资源投入，提升图书馆服务效率，拓展图书馆服务渠道，扩大图书馆服务范围，使图书馆管理更加入性化、智能化和智慧化。

24 小时无人值守管理在超市、银行、健身房、洗车房等场所已很普遍，在图书馆也很流行。它是互联网技术发展到一定阶段的产物，也是公共图书馆拓展服务的一个热点和方向。它具有服务时间长、覆盖范围广和流通速度快的特点，能够极大地提高图书馆管理智能水平和提升图书馆自助化服务效率，并以人文关怀为主导，以服务创新为目标，集成最新 RFID 技术、数据通信和数据处理技术，以及相关安全技术和生产工艺，是人性化、数字化、智能化与传统图书馆的完美结合。24 小时无人值守图书馆可以为用户提供短暂的休闲空间，用户可凭身份证、市民卡自助完成办证、借阅、续借、还书等服务，感受一种全新的阅读氛围，该项服务在解决公共文化发展不平衡不充分、推动公共文化服务均等化和推广全民阅读等方面具有重要意义。

自助借阅管理可分为线上和线下两种服务方式。线上服务主要依靠自助借阅管理平台，通过虚拟身份进行认证和注册，用户可以借阅电子图书，在线进行浏览、下载、阅读、标注、评论和转载等，还可以通过微信、支付宝等对收费项目进行结算，并通过联网书目系统，对图书进行自助借阅和归还，如果需要纸质本，也可以通过该平台提出申请，图书馆将以"快递到家"形式将图书送达到用户手中，满足用户足不出户就可以享受到图书馆服务的需求。线下服务主要依靠智能自助借还机来完成，这是图书馆为了提高智能化管理水平，实现一站式管理、通借通还和提升服务效率而采用的新型管理方式，它将 RFID 技术应用到图书馆，代替传统磁条和条码管理系统，方便用户自助借还、提升图书馆服务效率，有利于大批量图书的高效流通。

虚拟远程管理是依靠"AI+5G"技术而设想的一种新兴管理模式，利用人工智能虚拟现实与 5G 超清视频传送方式实现远程图书馆的浏览和使用，使用户在偏远地区也能利用到发达地区的图书资源，特别是对于那些需要到偏远地区进行实地考察的科研人员，无论身在何处，只要有需要，就可以登录图书馆虚拟远程管理系统，查找自己需要的资料。这种管理模式也特别适合具有总分馆的大学或公共图书馆，无论分馆开在哪个地方，都可以让用户通过虚拟远程管理系统，享受到同总馆一样的资源优势待遇，从而解决因地域差距而引起的资源分布不均情况，不但可以节约图书馆采购成本投入，而且可以方便用户平等享受公共资源，真正实现社会公共文化均等化服务。

机器人服务管理是以人工智能为核心，融合人脸识别、语音识别与语音合成技术，能够进行人机互动的一种信息处理能力，是面向实体服务的硬件设施管理。机器人服务应用于图书馆的实例已不鲜见，例如：清华大学智能聊天机器人"小图"，具有高智能聊天功能，可以与用户随时互动交流，帮助用户查询个人信息、预约研读间、做出提醒等；南京大学的图档博机器人"图宝"，可以对藏书进行盘点、清查、确认，解决用户找书难的问题，并能和用户进行温馨对话，吸引用户关注；浙江宁波大学图书馆的导引机器人"旺宝"，在迎来送往的同时，还能做出不同表情吸引用户与之交流，为用户提供咨询、借还书指引、扫码找书、读者引路等服务。它带给图书馆的不仅是新奇服务体验，而且是智能发展的创新，将人工智能技术融入硬件管理中，用机器人代替馆员去解决一些烦琐、重复、简单的工作，使其变得更高效和更有趣。未来，随着人工智能技术的进一步发展，智能机器人将发挥越来越重要的作用，它将为图书馆发展增光添彩。

五、智能社会服务

社会服务是图书馆发展的初衷，也是图书馆作为公共文化服务单位应尽的责任和义务，智能终端、无线通信、互联网技术发展为图书馆开展智能、泛在和高效的创新服务提供了条件，创建数字化、网络化、信息化、智能化的"互联网+社会服务"是图书馆创新服务发展模式，也是图书馆智能社会服务的重要体现，即图书馆运用语音、视觉、自然语言理解等核心人工智能技术，为政府、科研单位和企业提供决策支持、科学研究和产品研发等智慧服务，将知识服务转化为生产力，实现价值增值，促进社会不断进步。未来，随着连接技术在空间、时间、规模等多维度上的持续发展，提供百倍的带宽提升，更低的时延，更广阔的覆盖，将把人类社会从智能社会带入一个万物智联、万智互联的全息社会。

智能社会服务包括决策支持服务、科学研究服务和产品研发服务。决策支持服务是利用图书馆情报服务能力，为知识用户提供特定的专题服务，如内容揭示、知识加工、数据挖掘及产业动向等，将一些潜在、隐性、深层的知识通过人工智能手段提取和揭示出来，形成有价值的信息，为政府、企业、社会团体提供智力支持和决策参考；科学研究服务则是对知识发现、知识创造过程的支持和协助，图书馆通过打造"专家系统+深度学习"平台，将原创自主的专家系统与深度学习技术融合，实现人的大脑优势与机器学习相结合，对信息动态关联、用户应用场景识别、知识资源重组及前沿学科自动跟踪等进行开发，为研究型用户提供各学科领域的最新研究动态、当前研究热点及未来研究走向，并提供虚拟交互空间，实现知识交融和智慧碰撞；产品研发服务是协助科研团体和企业机构将科研成果转化为社会生产力，将抽象知识产品转换为具体实用成品，图书馆利用智能工具将分散在产品领域及相关领域的专业知识加以集成，从中提炼出对研究、开发和创新有用的"知识精品"，协助其寻找知识增长点，将隐性知识转化为显性实践，缩短产品研发周期，提高产品研发效率，提升产品产出含金量。此外，图书馆还可以通过服务场景设置，以及机器学习、知识图谱、可视化等人工智能技术，为研发人员提供智慧感知、获取、分享、培训、阅读等创新型服务，确保产品研发的持续更新和发展。

第四节　深度的知识融合

知识融合是"互联网+图书馆"智慧服务的主要内容，是根据用户知识需求，利用智能网络技术动态搜寻、组织、重组、分析、整合、输出、创新知识产品，为构建更科学的知识体系和更精准的知识服务而提供的智慧服务。它为用户知识应用与知识创新提供解决方案、决策支持和灵感启发。深度的知识融合包括知识组织、知识发现、知识服务和知识转化，与传统知识融合最大的区别在于加入了大数据、云计算、人工智能及5G技术等新兴技术支撑，使知识覆盖面更广、知识信息更精准、知识服务效率更高、知识启发性更强，在从低到高的"数据—信息—知识"融合发展进程中，更显示出知识服务的重要性和紧迫性，将成为转知成智、转智成慧的最大推动力，引领各行业向纵深发展，提升知识的社会价值。

一、知识组织

知识组织是对知识资源进行有效控制与序化，使知识从无序状态走向有序状态，降低知识增长导致的知识分散过程，促进知识传播与利用。它包括知识来源、知识定位和知识序化。知识来源是知识组织的基础保障，它来源数据和信息，其数量多、范围广、增长快，包括多来源、跨领域、大规模的异构数据，只有通过知识组织实时、准确、智能的分析和提取，以及知识处理技术的揭示、共享、关联和发现，才能形成新知识和新方案，为决策提供精准服务；知识定位是知识组织的指导目标，是一种可以使用户或其他系统组件找到网络上相关知识的机制，通常利用智能设备进行追踪、发现、抓取、过滤、整合和利用，并加入个人和组织的经验、推理规则、融合思维等，使知识发现更及时、知识关联更密切、知识筛选更准确，通过发现知识并和其他知识相互联系从而生成新知识，为知识组织提供更多参考；知识序化则是知识组织的核心内容，是指知识体系的所有组成元素按照特定的逻辑规律进行顺序排列的过程，包括结构有序化和功能有序化。"互联网+图书馆"所强调的知识序化是对知识客体所进行的诸如整理、加工、引导、揭示、控制等一系列组织化过程及其方法，对知识进行规范和控制，避免知识过于分散化，形成有序的知识单元，从而更利于揭示知识。信息化时代，充分利用智能技术手段将分散、庞大和复杂的异构数据源进行关联，对其进行分析与综合，从内容、层次和置信度方面加以提升，从而生产出更高层次的综合知识产品，为用户知识创新提供参考。因此，互联网时代的知识组织，更多依赖智能手段和信息算法而进行，在深度、广度和强度上都远远超过以往的做法，为智慧知识服务的拓展和延伸提供了保障。

二、知识发现

信息社会的网络信息瞬息万变，并无规律可言，使知识发现比任何时期都更难、更迫切。知识发现就是从海量知识数据中，去揭示和提炼有效、新颖、隐含的知识内容，将其进行聚类、分类和关联，根据用户需求而提供个性化决策服务。智能知识发现则是通过人工智能和核心算法对大数据进行挖掘、对关联数据进行耦合，对深层数据进行揭示，将海量、多样、高价值、处理快速的海量数据转化为有价值属性和决策优势的知识数据，为智慧体系构建、智慧服务管理、用户需求感知及智慧定制与推送等提供决策支持服务。

首先，大数据的挖掘。数据挖掘技术是高效利用数据、发现价值的核心技术，是知识发现的一个重要步骤。互联网发展使图书馆产生了海量大数据，这些大数据包括业务流程数据、知识资源数据、用户数据等，具有多源、异质、复杂的特征，增加了数据挖掘的强度和难度，如何有效过滤无用数据干扰，并高效提取有用数据是大数据挖掘的关键，只有通过对用户群、用户兴趣、学科知识、业务关联等数据的挖掘，采用人工智能分析和机器学习算法，对这些结构化和半结构化的大数据进行采集、计算、分析、过滤、提取和存储，才能甄别出有价值的数据，为智慧决策提供智慧服务。

其次，关联数据耦合。它是指将两个或两个以上有关系的数据进行联结，并辐射出更多数据之间的联系，从而形成一种相互作用、相互影响的关系，犹如互联网的超链接，点一个数据链接，就可以不断辐射出更多的关联数据链接，形成千万个有关联的数据闭环。关联数据是知识发现的主要内容，是揭示知识联系的主要方法，互联网时代的关联数据通常由计算机去理解、处理和计算，并自动找到数据之间的关系，形成被用户所理解的数据集合，实现人机之间的交互处理，对知识的智能搜索、表达、转化和维护等都具有重要意义。

最后，深层数据揭示。知识发现包含算法和可视化两种方法，大多数基于算法的方法在人工智能、信息检索、数据库、统计学、模糊集和粗糙集理论等领域有所发展，而可视化方法则需要对深层兴趣、隐性需求及潜在知识进行揭示启发，机器深度学习是揭示深层数据的最佳途径，利用计算机智能技术建立、模拟人脑进行分析学习的神经网络，模仿人脑机制来解释图像、声音和文本等数据，从而形成可视化信息和知识，即利用机器学习来广泛收集用户信息、深度挖掘用户爱好、精准分析用户行为等大数据，并通过机器算法形成可理解的文本、声音、图像等显性知识信息，为智慧决策和智慧服务提供帮助。

三、知识服务

"互联网+图书馆"知识服务是以用户需求为驱动，突破时间、地点、成本限制，加入人工智能及云计算技术，呈现出主体多元化、方式智能化、覆盖泛在化、内容智慧化的特征，其服务模式已由静态转向动态、专业转向综合、封闭转向开放、被动转向主动，主要内容包括智能感知、智慧搜索、智慧推荐、智慧显示及评价反馈等，为用户提供自助式知识导航、关联性知识检索、场景化知识推荐、个性化知识推送、组群式知识共享、深度嵌入式知识咨询、自动化知识问答等服务。在知识传播、知识生产和知识创新中起着重要作用。

（一）智能感知

智能技术的敏感性为智能感知的实现提供了条件，随着 RFID、红外线感应、蓝牙、WIF 及 GPS 等自动感应设施的完善，用户身份、特征、活动、时间、地点的信息数据能够及时被收集，形成具有唯一识别特征的用户数据画像，为后期用户的精细化管理、精准化营销和知识服务提供准备。智能感知是知识服务的前提和基础，只有通过智能感知设备精准掌握用户动态特征，及时了解用户需求，才能提升知识服务效率。

（二）智慧搜索

用户通过智能终端设备主动嵌入图书馆的搜索引擎，搜索各种形式的电子资源，如文档、图片、音、影、视频等资料，不受时间和空间限制，根据本人意图，反复搜索，保证搜索可靠性和全面性，避免在大量数据中做无效搜索。智慧搜索缩短了知识服务时间，为用户节省了更多精力，使其能在短时间内获得大量有效信息，为知识生产和知识储备提供了条件，并在知识服务环境下实现个人的社会价值。

（三）智慧推荐

基于知识服务的智慧推荐包括三大模块：以知识库为核心的智慧推荐、以需求为核心的智慧推荐和以升级的个性化推荐体验。这三大模块是根据资源知识挖掘、用户深度需求和用户心理行为规律而得出来的，在推荐内容的权威性和专业性、用户深度需求预测及个性化推荐体验等方面起到决定性的作用。通过知识库为核心的智慧推荐，可以最大化提高资源利用率，并使用户获得更权威、更专业和更有价值的知识信息；以需求为核心的智慧推荐则通过比较用户个体相似性和差异性，揭示用户显性和隐性、明确和模糊的需求意愿，掌握用户需求规律，预测用户未来的需求方向，向用户提供特殊的个性化知识信息；以升级的个性化推荐体验是以"用户画像"为基础的智慧推荐方式，根据每个用户的独特画像，为其提供有针对性、人性化、个性化的知识推荐体验，提升他们的满意度和黏着度，并充分调动自身积极性和主动性，将体验感受分享推荐给他人，让更多人参与体验推荐。

（四）智慧展示

"互联网+图书馆"智慧知识展示更生动、活泼、有趣，可以将枯燥的知识以图片、音影及动画等形式来进行展示，也可以用增强现实的虚拟图书馆加以推广，还可以利用穿戴设备等让用户身临其境去感受。它体现出图书馆的人文关怀和贴心服务，例如：为保护用户视力，自动调整阅读文字的大小；为解决用户困惑，进行远程视听讲解；为增加用户兴趣，提供音、影、画的视听资料；等等，将枯燥的知识转化为生动的生活常识、将死板的文字材料转化为活泼的动画作品、将深奥的知识文化转化为有趣的亲身体验。总之，随着"AI+5G"技术的发展，智慧知识展示将变得更加简单有趣，不仅能为知识服务增光添彩，而且能体现新兴科技的无限魅力。

（五）评价反馈

评价反馈是对知识服务效果的检验与总结，图书馆利用智能评价反馈系统，自动收集、获取和评估用户对知识服务的感受和体会等大数据，将用户感兴趣的知识资源、喜欢的知识服务方式、关注的前沿知识热点等数据汇集起来，通过大数据筛选及云计算提炼，形成可参照的可靠数据，对图书馆提供的知识服务进行比较分析，评估图书馆需要提供什么服务、怎样提供服务、服务的效果如何，并通过智慧终端推送来了解用户的兴趣及其接受程度，从而为提升和改进服务方式和内容提供参考。

四、知识转化

知识转化是知识融合的最终落脚点，是知识形态的变迁和知识客体的自我更新，在知识生产和知识传播中起着举足轻重的作用，没有知识转化，知识生产只能以抽象的理论形式存在，体现不出它应有的价值和贡献，而知识传播也只能局限在短时期和小范围内，会因缺乏转化活力而不能得到长期、广泛、持续的关注。知识转化过程主要包括隐性转向显性、显性转向智能、智能转向智慧和智慧转向价值四个过程，使知识得以"转知成智、转智成慧"，实现知识的价值增值，并转化为社会生产力，推动人类社会的发展。

首先，隐性转向显性。隐性知识是潜藏在用户内部未被表示和高度个体化的知识，包括用户感知、认知、记忆、学习的内隐知识，其蕴含着创新创造的潜质；显性知识则是能明确表达和传播，并能被学习传授的知识，包括语言、书籍、文字、公式、符号等外显知识，是人类智慧的结晶。隐性知识转化为显性知识不仅能激发用户的内在潜力，而且能促进知识的价值增值，使知识不断更新、丰富和发展。图书馆通过对多来源、跨领域、大规模的异构数据进行实时、准确、智能的分析和提取，并利用知识处理技术实现知识单元的揭示、共享、关联和发现，形成可靠的显性知识情报，不断输送给用户，让用户得到引导和启发，并借助智能手段对用户内化潜在的隐性知识进行追踪、揭示和挖掘，将用户潜在的隐性知识转化为可表达的显性知识，使知识得以增值、用户创造力得以激发。

其次，显性转向智能。显性知识包括静态知识和动态知识，其中静态知识是指可分离和可继承的知识，具有稳定、量变、有形的特征，而动态知识是指可运动变化的知识，具有活动、质变、无形的特征。信息技术和互联网的迅速发展，使静态知识不断被动态转化，动态知识不断被创新发展，知识的产生与学习、共享与交互、传播与应用得以空前高涨，这意味着智能的发展，智能是一种学习和创造知识的能力，它可体现为人的基本学习能力，如对语言、逻辑、空间、肢体运作、音乐、人际、内省的掌握程度，但更多体现为机器的学习能力，即人工智能，通过机器来模拟人的某些思维过程和智能行为，从而达到学习知识的目的。总之，显性知识学习转化为智能知识学习是未来知识生产、知识传播、知识创新的主要方向，它在促进知识应用的同时，不断推动着知识创造和知识创新。

再次，智能转向智慧。在互联网时代，智能偏向为机器的智慧和能力，即通过机器来模拟人类感知能力、记忆和思维能力、学习能力、自适应能力和行为决策能力等，但它缺乏人类所拥有的情感、道德和伦理修养，在知识转化进程中，将机器智能转化为人文智慧就显得非常重要，机器智能可以提高知识学习、知识获取、知识传播及知识创造的能力，但最终需要将其转化为以人为本的人文智慧，才能体现出图书馆为人类社会创造精神产品和精神财富的价值取向。图书馆的人文智慧体现在图书馆人的职业道德和价值追求中，在服务用户过程中充分发挥知识嵌入者、知识关联者、知识协同者与知识启发者的作用，帮助用户去应用旧知、获取新知、开启智慧、创新价值。

最后，智慧转向价值。智慧既是一种聪明才智，又是一种创造思维能力，"互联网+图书馆"服务目的就是要开发智慧、创造价值，将人类的聪明才智和创造力转化为社会生产力，为人类社会创造更多价值和财富。图书馆充分利用现代科技手段不断生产、挖掘、整合、传播和扩散深度知识，将知识融入智能服务中，就是为了激发用户的创造潜质，使用户能充分发挥其聪明才智去潜心研究、努力学习和成功实践，将自身所学的知识转化为智慧创造，促进知识的创新和增值，从而实现自身的社会价值。

综上所述，深度的知融合是一种高层次的智能知识服务过程，它能为用户提供智能解决问题的方法、帮助用户进行深度的科学思考、协助用户进行正确的科学决策，是一个集数据融合、信息融合、知识融合、智慧融合多层次的融合形态，它将机器智慧与人文智慧结合起来，在知识增值和知识创新上，不断挖掘隐性知识，激发用户潜力，协助用户不断超越自身极限，去创造一个个奇迹，为社会作出应有的贡献。

第五节　高效的跨界合作

互联网的发展打破了行业间的边界，缩短了时空跨度距离，模糊了学科专业界限，使各行业、各区域和各学科都相互融合、渗透和跨越，跨界合作已成为信息社会智慧服务必不可少的重要环节，是业界为谋求发展、提升效益而共享信息、资源和用户群的互利共赢行为，为各行各业带来新的发展契机。"互联网+图书馆"跨界合作是基于用户需求，利用新一代移动互联技术，将图书馆与其他行业或机构连接起来，通过资源、技术、管理的融合渗透，为图书馆拓展服务空间和谋求长远发展而进行的一系列合作实践。跨界合作带给图书馆的不仅仅是资源的共建共享，还包括技术、人才、管理及服务的互联互通，给图书馆带来了新鲜体验，它秉承了互联网开放生态、连接一切的理念，将单个图书馆力量汇聚成众多图书馆合力，通过跨界实现社会资源最大化利用，体现出人与人之间、馆与馆之间、学界与业界之间的合作关系，是图书馆突破已有观念和体制禁锢，提升自身业务质量和创新能力的服务新形态。通过高效的跨界合作，使数据合作、系统合作和服务合作得到加强，实现了信息资源的共建共享、管理机制的协调一致、公共文化的均等服务、复合人才的联合培养，使有限的公共资源用于无限的社会服务，在全社会形成共同谋划、联合服务和合作创新的新局面。

一、跨学科合作

学科是指以学术分类、教学科目、理论知识进行区分的科学门类，互联网打破了学科分类界限，使清晰的学科边界变得模糊和融合，同时也产生了一些交叉、边缘及新兴学科，跨学科合作成为促进学科发展和知识创新的增长点，它通过借助其他学科理论与方法来提升价值和效益，最终实现学科的共同进步和发展。"互联网+图书馆"跨学科合作，是指图书馆根据服务性质、专业知识、研究情况等，通过跨部门、跨专业和跨机构合作，将图书情报学嵌入不同学科门类，为其提供决策支持、科学研究和社会服务，并借助网络和技术的力量，完成交叉、边缘及新兴学科的求同和存异。

首先，跨部门合作。互联网打破了图书馆固有的组织结构，更倾向于"扁平化"管理模式，通过减少管理层级，让信息以最快方式得到传递和处理，在为用户答疑解惑上更直接、有效和方便，尽可能缩短用户的等待时间，而跨部门合作是实现扁平化管理最有效的方式，它解决了传统图书馆管理服务中存在的各自为政的弊端，而是以用户学科需要为标准，当用户提出需求请求时，有学科背景的图书馆馆员可以在第一时间内给予答复和解决，而不必局限在业务部门范围内，这种跨部门学科服务在网络技术支持下变得直接而迅速，不需要用户费时费力地层层反映，用户只需一个短信或文字表述，就可以得到迅速而满意的答复。因此，"互联网+图书馆"跨部门合作是跨学科合作的前提，只有让图书馆馆员跨越业务部门的限制，充分发挥自身学科专业优势，才能随时、随地、随意为用户提供便捷服务。

其次，跨专业合作。图书情报学作为一门信息管理专业，可以和任何一门专业产生联系，因为任何一门专业的发展都离不开文献信息的组织、存储、检索、咨询、分析和读者服务，它可以嵌入任何专业学科的学习、教学、研究和实践中，为其提供设备、资料、技术和人才等学科服务，辅助专业学科向纵深发展。"互联网+图书馆"使跨专业合作变得更简单便捷，图书馆只需搭建一个专业学科服务平台，将服务对象汇聚一起，针对不同专业所具有的不同特征，开展主动参与的个性化学科服务，通过将其嵌入用户科研或教学活动中，帮助他们发现和提供更多的专业资源和信息导航，为用户研究和工作提供针对性很强的信息服务，充分发挥图书馆的专业优势和特长。跨专业合作是一项图书馆主动参与的创新服务,只有通过合作,图书馆才会发现什么样的服务更适合用户、什么样的方法对专业发展才更有效,以及要怎样发挥专业优势,才能为学科专业添砖加瓦。

最后,跨机构合作。它是指在繁荣学术研究、推动学术交流的共同目标下,围绕学术生产和传播活动,没有隶属关系的不同学术机构以横向沟通方式进行协调、合作。这里学术机构包括学术生产组织和学术传播组织两类,科研机构属于前者,而图书馆则属于后者,只有二者合作才能促进科研产品的产出和传播。"互联网+图书馆"借助互联网技术为跨机构合作提供了便利,其利用互联网搭建的学术交流平台,在辅助科研机构生产科研产品的同时,也协助其产出产品能够得到及时传播,通过开放获取和数字出版形式,可以实现知识产品的快速产出和成果兑现,减少中间环节,使学科知识能够及时得到应用和实践,为社会生产生活提供便利。科研机构与图书馆的合作可以实现双方的互利互赢,科研机构为图书馆提供知识产品来源,而图书馆为科研机构提供创作灵感,二者相互相衬、相得益彰,是跨学科合作的最佳体现方式。

二、跨行业合作

"互联网+"给跨界带来了机遇,促使每个行业都在改变、整合、交叉和渗透,最常见的电商跨界,可以将任何一个行业纳入进来,进行网络销售、交易、支付和评价,在取得成功的同时,给每个行业带来了经济效益。"互联网+图书馆"是图书馆根据自身特点和发展情况与其他行业进行信息、资源、技术和用户群的合作和共享,拓展图书馆更广阔的发展空间为用户提供更优质的服务。图书馆经过多年的研究和实践,与政界、文化界、商界的合作服务已取得初步成效,无论是大学图书馆还是公共图书馆都能很好地融入其他行业,为自身带来业务拓展和服务效益,为图书馆的创新发展提供新思路。

(一)与政界合作

图书馆作为社会公共服务单位是政府主导的文化部门,在政策、资金、人员和管理方面都与政府部门有密切联系,加强和政府部门的业务合作,是谋求图书馆发展的必经之路。近年来,图书馆在顶层设计和数据收集方面与政府部门都有合作,在政府主导下进行资源建设、人员配置和业务拓展,图书馆只有将顶层设计融入政府的大政方针中,响应政府的号召,从最高层次上科学、合理、全面地规划图书馆的未来,设计出得体、实用、完善的顶层设计方案,并将其成果贯彻落实到实际工作中去,才能使图书馆沿着健康正确的方向发展。自政府信息公开服务政策开放以来,图书馆在参与政府数据开放方面做了不少尝试,在协助政府收集、整理、保存、发布信息数据的同时,图书馆还为政府机构建立了信息查询数据库、舆情交流平台、专家智库等,成为政府与群众沟通的桥梁,在政策宣传、信息查询、意见反馈等方面发挥着重要作用。

(二)与文化界合作

作为同是文化服务单位的图书馆与出版社、书店、博物馆、档案馆等有着密切的业务交流关系,这使"互联网+图书馆"与文化部门跨界合作成为常态。最早的尝试案例是2015年内蒙古图书馆与新华书店合作的"你选书、我买单"的"彩云服务"项目,这是图书馆跨界合作的第一次成功尝试,之后,许多图书馆都效仿这一做法,与书店建立起了以用户需求为中心的挑书、选书和购书模式，进而拓展到与出版商的合作，通过彩云服务平台，用户可以用手机进行扫码查询、地图寻书、在线下单、彩云传书等操作，实现挑书、选书和购书，并可以自动转借给他人，无须办理归还手续，有效节约用户时间，提升图书流通率。此外，图书馆还与博物馆、档案馆建立了合作关系，三者在历史渊源、政策基础及社会职能上有相似之处，在互联网和大数据技术支持下，可以共同搭建数字资源服务平台，实现资源优势互补、数据交换使用和联盟合作服务，如广东省佛山市顺德区图书馆、博物馆和档案馆进行数字资源合作，为用户提供可以共享访问的数字文化资源，构建了公共文化服务保障体系，实现了公共文化资源均等化服务。

（三）与商界合作

"互联网+"时代图书馆仅仅依靠自身力量很难完成跨界融合，只有通过与一些数据库商、软件开发商和金融服务商等合作，才能在有限的物力、财力和人力的情况下，通过合作来拓展服务内容和提升服务效益。首先，图书馆与数据库商的合作，可以丰富资源内容，更好地为用户提供便捷服务，如与中国知网（CNKI）、维普咨询、超星发现、Springer Link、Science Direct 等数据库商合作，方便了用户对资源的检索、浏览、下载和引用。近年来，数字阅读的兴起，使图书馆对电子资源的采购已远超纸质资源，采购成本也持续叠加，图书馆只有和数据库商、出版商进行合作，推广惠及三者的数字出版，才能形成良性互动，互惠互利的良好局面。其次，图书馆与软件开发商合作，开发手机图书馆、移动图书馆、微信服务和微博服务等功能，为图书馆搭建新型共享服务平台，解决图书馆缺乏计算机专业技术人才的困境，提升软硬件基础设施服务能力。例如，2015 年宁波市图书馆通过建立城市街区 24 小时自助图书馆、电视图书馆、手机图书馆等，全面推进智慧阅读，深受广大读者青睐，将阅读延伸至无处不在。最后，图书馆与金融服务商合作。图书馆为拓展服务内容、扩大服务范围、提高服务效率，不断依靠科技实现创新发展，与互联网高新技术深度合作，如与腾讯、阿里等互联网企业合作开发支付宝、微信支付、蚂蚁金服等业务，浙江图书馆的"U 书"快借服务利用微信、支付宝服务，打造了一个集办证、采购、借阅、物流于一体的线上借阅平台，实现了图书馆便捷的线上线下服务，用户足不出户，就可以读到心仪的图书。此外，图书馆还与一些咖啡馆、茶楼、花店、地铁站、飞机场等进行合作，为用户打造"城市第三空间"营造一个全民阅读的社会氛围。

总之，图书馆利用"互联网+"思维实现的跨行业合作，是图书馆最有代表性的跨界合作方式，在拓展图书馆业务、扩大服务范围、丰富服务内容和提升服务效益等方面起着重要作用，是图书馆在互联网时代转型升级的重要路径。

三、跨区域合作

中国幅员辽阔、地大物博、民族众多，各个地区政治、经济、文化、科技发展不平衡，用户因受时空限制、地域差异及城乡差别的影响，很难得到公平公正的公共文化资源服务，而互联网的兴起，打破了这种因地域因素引起的不平衡问题，将在全社会实现公共文化均等化服务。图书馆作为一个公共文化服务场所，在保障公民文化权益、维护社会公平和落实公共文化均等化服务方面承担着重要责任，利用"互联网+"思维，可以从地理位置上、发展程度上和行政级别上进行跨区域合作，缩小地区之间的数字鸿沟，实现公共文化服务全域、全时和全员覆盖。

首先，从地理位置上合作。中国地理位置特殊，地区分布各异，可以分东北、华北、华东、华中、华南、西南、西北等几大区域，这些区域面积广、跨度大，要加强合作实属不易，但在互联网时代，地理位置造成的距离都不是问题。"互联网+图书馆"跨地理位置合作是提升图书馆跨界合作效益的最直接表现，它不仅可以解决资源共建共享问题，而且可以提升图书馆的服务效益，让泛在化服务惠及每一位用户。图书馆联盟是跨地理位置合作最常用的方式，它将同一个地区或不同地区的图书馆联合在一起，依照共同认可的协议和合同而建立起来的图书馆联合体。当前全国跨区域联盟大大小小的案例不计其数，比较成功的有中国数字图书馆联盟、中国高等学校数字图书馆联盟、中国高等教育文献保障系统（CALIS）、国家科技图书文献中心（NSTL）、首都图书馆联盟、天津市高校数字化图书馆联盟、长三角图书馆联盟、福建省高校数字图书馆联盟（FULink）、深圳文献港等，这些图书馆联盟都是依托互联网而建立起来的文献信息保障平台，通过资源共享、馆际互助或文献传递等方式，为用户提供文献资源服务，解决了因单个图书馆资源短缺而提供单一服务，使广大用户能够跨越时空局限而共享社会公共文化资源。未来，5G新兴技术将为图书馆联盟注入新的活力，远程会议、视频发送和咨询互动等将变得更加便捷，无论是在本地还是在外地使用图书馆都无差别，图书馆的服务将无处不在、无处不有。

其次，从发展程度上合作。图书馆因发展理念不同而造成其发展程度有所差异，对于那些资金充裕、馆藏丰富、技术过硬和人才济济的重点大学图书馆及国家级图书馆，它们具有积极开拓的创新思维，并善于发现和勇于实践，在新兴技术的应用方面走在时代前列，如国家图书馆很早以前就开通了"掌上国图"手机图书馆服务，作为其重要服务形式之一，在信息咨询、移动检索、读者服务、资源阅读等方面为用户提供服务和资源，不断跟踪信息技术的发展及用户的使用习惯，优化用户体验，在行业内起着优秀典范作用。而对于一些中小型图书馆，因资金、资源、技术和人才的短缺，在发展程度上跟不上时代发展节奏，面临被一步步边缘化的危险，要解决这些图书馆的发展困境，唯有主动寻求合作伙伴，借助实力强大的图书馆力量来进行突破。信息网络技术的发展为这种合作提供了便利和机会，图书馆与图书馆之间不需要花费太多人力、物力和财力，只需搭建信息共享平台，将本馆数字图书馆联网，就可以实现双方的合作共赢。因此，在互联网浪潮的冲击下，图书馆要想立于不败之地，只有依靠团队的力量，建立跨界合作关系，互帮互助、互通互信，构建一个完善的信息保障体系，才能将图书馆事业发扬光大。

最后，从行政级别上合作。图书馆因隶属不同主管单位和服务不同人群在行政级别上有所差异，如高校图书馆主要以服务本校师生员工为主，它根据学校隶属的上级主管单位而受管辖，而公共图书馆主要以服务本市市民为主，它主要受所属行政部门领导管辖。通常情况下，隶属越高级别主管单位，图书馆的发展越好，因为可以在资金、技术、人员方面得到保障；相反，隶属越低级别主管单位，发展前景堪忧，没有足够的资金支持，更谈不上技术和人员保障。但是，"互联网+"可以将各级各类图书馆连接在一起，提供"去中心化"服务，而不再有高低行政级别之分，任何一个高级别图书馆与一个低级别图书馆都可以共用公共社会资源，都可以利用互联网为任何一个用户提供相应服务，这种打破条块分割、跨越行政级别上的合作服务，使图书馆不再因行政级别差异而享受到不公正待遇，也让用户不因所处地域差别而享受不到社会公共文化服务，即使在边远山村小镇，因为有互联网的存在，所以可以享受到大城市或发达地区的图书馆资源。因此，"互联网+图书馆"要充分挖掘合作需求、合作可能性与合作机制，寻求多元的合作伙伴、开拓多样的合作途径，通过跨界合作更好地提供公共文化服务、参与文化创意产业建设，进一步保障公民权利、促进社会公平。

综上所述，高效的跨界合作是"互联网+图书馆"发展的必然趋势，是图书馆利用新兴技术进行自我革新、融入时代发展的重要表现，它不仅实现了图书馆与其他行业资源的互补共享、合作共建，而且实现了人力资源、资本、信息、技术等要素的深度整合，为用户提供更加优质的服务，在深化服务内涵、扩展服务外延及催生服务创新等方面起到了重要作用。未来，基于知识供应链的纵向合作、基于利益相关者的横向合作和基于用户工作流的适应性跨越合作将是"互联网+图书馆"发展的主要方向，为用户提供全方位、多层次、立体式的智慧跨界合作将为图书馆发展提供新挑战和新机遇。

第六节　人性的营销策略

"互联网+图书馆"智慧服务除在资源、空间、技术、知识及跨界方面进行变革外，还需要提供人性化的营销策略。一项新技术的尝试和一项新业务的开展，仅仅依靠图书馆单方面的投入或努力，而不考虑尊重和满足用户的基本需求和基本愿望，将处于闭门造车的尴尬境地。因此只有迎合用户兴趣、吸引用户眼球、得到用户认可，让用户感到方便、舒适、满足、温暖和感动，才能调动用户使用和尝试的主动性和积极性，进而参与到新技术、新模式和新应用的体验中来，为拓展图书馆服务空间、服务范围、服务手段和服务内容提供保障。"互联网+图书馆"在营销手段、营销渠道和运行机制上将超越传统图书馆的营销模式，其覆盖面、速度、效益将更宽泛，并借助网络技术提升用户体验感和认同感，实现双方线上线下互动交流，在提高用户黏着度的同时，通过反馈平台接收用户的意见和建议，从而形成互利共赢的服务生态圈。

一、多元化的营销手段

图书馆在实施一项新技术、新业务或新应用时，离不开必要的宣传推广，也就是所谓的营销，让更多用户知晓这项业务，并吸引用户来体验和使用这项业务。图书馆传统的做法是通过宣传栏、电子屏、短信或主页链接进行广告发布，这样的推广方式较单一、被动，且受众面较窄。而"互联网+图书馆"采用线上线下、泛在化与精准化相结合的多元营销手段，大大提升了营销推广的频率和效率，为更多用户和个性化用户提供差异化服务。

首先，线上线下营销服务。它是借助互联网和数字技术，将线下的业务、服务和资源扩展至线上，统一整合资源和服务，丰富服务提供方式，创新创造业务模式。虚拟线上营销服务是指图书馆通过利用大数据思维集成、聚合、重组和关联所有的数据资源，将传统馆藏资源向信息层、知识层的数据资源转换，通过互联网将不同时间、空间、地域、行业的数据资源关联到一起，利用手机客户端、微信平台和虚拟图书馆等对数据资源进行推送服务，让用户能够利用便捷的阅读工具来浏览检索、在线阅读、收藏保存和互动转载，不需要借助纸质材料就可完成阅读和研究。这种虚拟营销方式已成为"互联网+图书馆"主要推广方式，它具有简单、快捷、方便和直接的特征，减少了许多中间环节，直接送达用户端，而且不受时空限制，用户可随时、随地、随意获取，是当下最流行的图书馆阅读推广方式。实体线下营销服务不是传统图书馆通过电子屏、粘贴通报、窗口咨询等进行的推广宣传，而是指图书馆利用互联网环境来进行的营销服务。通过网络发布、推送和展示用户感兴趣的服务项目，用户可以自主选择自己喜欢的类型，利用订阅、点评和咨询等方式反馈给图书馆，然后图书馆再根据用户需求来安排线下活动，让用户亲身体验和参与实体服务，这种有目标和针对性的实体服务，避免图书馆脱离用户需求而进行单边规划服务。而是让用户来参与和提供需求，使服务有的放矢，并加强了图书馆和用户的联系，提升了用户对图书馆的好感。

其次，泛在化营销服务。"互联网+图书馆"利用物联网、大数据、云计算、人工智能等新兴技术可以实现泛在化服务。物联网可以感应生成各种各样的大数据，云计算将这些大数据进行提炼、整理、分类和存储，形成有价值的用户信息数据、行为轨道数据、导航定位数据、兴趣偏好数据等，通过智能识别、智能跟踪和智能推送等方式为用户提供泛在化服务，这种泛在化服务没有特定对象、特定内容和特定方式，都是通过互联网将人与人、物与物及人与物等智能连接起来，只要有网络的地方就可以有图书馆的服务，只要用户有需求就可以得到图书馆服务，就如淘宝、当当、京东、拼多多等电商平台一样，只要用户输入某种商品，系统就能感知到用户需求，自动跳出相关产品，或者只要用户点击某一种商品，与之相关的链接就附带跳出来，用户哪里有需要哪里就有服务，服务无处不在、无处不有。人工智能和大数据的应用给泛在化营销服务带来了不一样的体验，人工智能可以自动抓取用户画像，识别用户的性别、年龄、潜在需求等，构建多维度的用户分析模型，实现需求场景自动匹配和推广资源自动投放，并支持语音、游戏、问答等多种交互方式，让用户在愉悦的氛围中增强对资源的理解和增加推广项目的好感度。通过场景化展示和推广，可以激发用户的体验兴趣，使用户主动接受图书馆提供的营销服务。总之，泛在化营销服务是图书馆在互联网时代最常用的服务手段，基于用户需求的泛在网络、资源、技术和服务将无处不在、无时不有，用户无论在何时何地都可以获得图书馆服务，甚至用户可能还没有意识到却已经利用到了图书馆的资源或者得到了图书馆馆员的帮助。

最后，精准化营销服务。"精准"指精练、准确，是时间观念中和空间位置上精细练达的准确。"互联网+"时代，数据量呈爆炸式增长，从移动互联网、到企业私有云及公有云数据平台，再到"感知万物"的物联网等，数据早已经渗透到各行各业，成为重要的生产要素，作为信息资源集散地的图书馆也不例外。资源数据、用户数据、门禁数据、借阅数据、资源利用数据、访问数据等每时每刻都在产生，其体量大、种类多、流转快，给图书馆服务带来了困扰和挑战，面对海量增长的大数据信息，图书馆唯有采取精准化营销服务，才能适应网络信息社会的发展。图书馆精准化营销服务是指以驱动用户参与为目标，根据用户心理和行为特征，对不同用户进行定性和定量的细致分析，提供一对一的个性化服务，主要体现在精准信息获取、精准用户推广、精准资源推送、精准决策预测等几个方面。精准信息获取是指图书馆利用新兴技术对用户信息进行精准收集，如收集用户的描述信息（姓名、性别、年龄、兴趣、职业等），行为信息（借阅、检索、咨询、关注、转载、评论等）和关联信息（交友、注册、消费、轨迹等），找到用户的共性，为精准营销做准备；精准用户推广是指图书馆针对目标用户提供其感兴趣的营销方案和推广内容，吸引用户积极参与和体验，以达到图书馆既定营销效果，如根据借阅情况把用户分成借阅达人、一般用户、潜在用户等，为借阅达人提供优先预约、借期延长、相关书籍推送、新书主动推送、免费跨馆借阅等个性化服务，为一般用户推送图书馆日常服务内容，为潜在用户提供兴趣关联服务；精准资源推送是指将图书馆精品资源推送给有相关需求的特定用户，图书馆可以根据学科专业划分特定用户，协助他们自助申购、自助分享、自助借还，并针对他们的特定需求制定个性化学科服务方案，实现点对点、一对一的资源投放服务；精准决策预测是指图书馆利用庞大的大数据关联功能分析用户个性特征、兴趣爱好、行为习惯及活动规律等数据信息，精准预测用户未来的行动轨迹或心理需求，以达到提前预判结果，为用户提供决策支持。总之，精准化营销服务是"互联网+图书馆"多元化营销服务必不可少的重要手段之一，它是图书馆人性化服务的重要体现，拉近了用户和图书馆之间的距离，提升了用户忠诚度。

二、全方位的营销渠道

传统营销渠道主要通过电视、广播、报纸、刊物、户外等对服务项目进行宣传推广，告知用户相关事项。"互联网+图书馆"营销渠道是以调动用户主动性和积极性为主旨，借助互联网环境，人人都可以成为发布内容的传播主体，其传播媒介和传播对象都发生了改变，由传统媒介变成了基于互联网的新媒介，由权威媒介组织变成了任何人皆可成为传播主体。因此，基于互联网技术发展起来的自媒体、新媒体和全媒体成为"互联网+图书馆"主要营销渠道，其传播的深度、广度和速度都是传统营销手段无法企及的，已成为互联网时代图书馆重要推广传播渠道。

首先，自媒体是传播核心。自媒体是指普通大众通过网络等途径向外发布自身的事实和新闻的传播方式，是人们追求一种简单、快捷、趣味性需求的表达方式。其内容包括一些规范性及非规范性信息，具有私人化、平民化、普泛化、自主化特征。中国自媒体发展主要分为四个阶段：2009年新浪微博上线，引起社交平台自媒体风潮；2012年微信公众号上线，自媒体向移动端发展；2012~2014年门户网站、视频、电商平台等纷纷涉足自媒体领域，平台多元化；2015年至今，直播、短视频等形式成为自媒体内容创业新热点。随着5G网络技术发展，"互联网+图书馆"将更加频繁地利用自媒体来作为内容的传播核心，它的碎片化、短视频、自主性等特性越来越受广大用户青睐：一方面，它能够在短时间内、以丰富的短视频方式表达各种各样心情，充分展现出个人性格、特征、喜好、情绪等内容，无论从商业角度还是个性表达角度都具有直观、简洁、明了的优势；另一方面，它可以通过个人力量带动大众力量，用户可利用网络社交工具，如博客、微博、微信、百度官方贴吧、网络论坛等，将自己亲眼所见、亲耳所闻的事件进行发布，形成讨论热点或热门话题，吸引更多用户来参与或发表观点。因此，图书馆可以利用自媒体的传播力量来进行阅读营销推广，利用名人效应或圈粉效应来吸引众多用户关注，将好书、新书、经典图书利用短视频或名人推荐方式进行宣传推广，让用户成为传播主体，形成一传十、十传百、百传千的传播效应，营造全民阅读的氛围。

其次，新媒体是传播载体。新媒体是利用数字技术（如计算机网络、无线通信网、卫星等渠道，以及电脑、手机、数字电视机等终端）向用户提供信息和服务的传播形态。它是当下最流行的信息传播载体，借助移动互联网技术，从早期的网站、论坛，到后来的博客、微博，再到现在的微信、抖音等，解构和重构自身与传统媒体的格局，实现了点对点传播。其互动性强、覆盖面广、传播途径多、传播速度快、反馈及时等特点，具有传统媒体无法企及的营销优势。近年来，"互联网+图书馆"广泛运用新媒体营销来提升图书馆的服务质量和服务效率，并取得了初步成效，以南京大学图书馆新媒体营销实践为例，该馆在全馆范围内建立了微信共建团队，制定了一个全年无休的活动时间轴，并针对每一次活动进行用户细分，采用不同的营销策略，实现线上线下融合式的营销，在提升用户黏性方面收获了良好的营销效果；同时，该校另一个新媒体营销活动"上书房行走"也取得了良好口碑，图书馆邀约南京大学文、理、工等十余个不同院系的老师、学生、校友参与活动，从不同角度讲好故事、配好图片、写好文章，分享买书、藏书、读书、写书和治学的经历和经验，该活动通过微信推送和微博分享等形式为不同系科之间、师生之间、校友之间提供了一个交流平台，在师生员工中引起强烈反响，成为新媒体营销的一个成功范例。近年来，以短视频、直播 App 为代表的新媒体营销平台在宣传图书馆服务品牌、推广阅读活动及通报新书情况等方面崭露头角，它迎合了用户碎片化、浅阅读、新鲜感的需要，用直观、简洁、生动的形式实现了图书馆的成功营销。因此，借助新媒体这个新兴传播载体，"互联网+图书馆"将在智慧服务的道路上越走越顺。

最后，全媒体是传播手段。全媒体是指传统媒体和多媒体相互融合，以实现媒体之间的跨界营销。它不仅包括电视、广播、报纸、刊物、户外广告等传统媒体，而且包括可解决时间和空间局限性，集声、图、动画等于一体的多媒体，传统意义上的三网融合实现了电信网、广播电视网和互联网的互联互通和相互渗透，为用户提供了多样化、多媒体化、个性化的营销服务，但随着社交媒体的兴起，直播互动和面对面交流越来越受用户青睐，特别是"AI+5G"技术的诞生，使万物互联变成现实，全媒体融合服务已成为时代所需，并逐步应用于社会生活的各个领域，如 5G 全媒体春晚收视、远程会议直播、机器臂医疗手术和智慧交通系统等，全媒体服务实现了任何人、任何时间、任何地点以任何终端获得任何信息的智慧获取服务。"互联网+图书馆"也需要进行全媒体跨界营销服务，根据用户群体特征，编辑更简洁、精练和吸睛的营销内容，以交互、体验和树口碑的营销方式，将"媒体、用户、服务"连接起来，将所有媒体都变成营销主体，将每个人都变成营销媒体，使营销无处不在、无时不有，构筑全方位、多渠道、立体化的全媒营销体系。

三、常态化的营销机制

图书馆要拓展营销手段和拓宽营销渠道，需要创新一套科学合理、常态化的营销机制，以保证营销的成功运营，"互联网+图书馆"运用物联网、大数据、云计算等技术掌握用户的心理状态、活动轨迹、生活规律、兴趣偏好和社交方式等，从用户角度去创新营销途径，与用户之间建立信任关系和沟通平台，从而达到积极、主动和适时营销的效果，让营销成为用户快乐的体验、主动的接收和不可或缺的需求，形成一种常态化的服务模式，实现图书馆与用户的共赢。常态化营销机制主要包括良好的品牌效应、愉悦的体验感受、积极的互动交流、定期的效果评估四个方面，对评价图书馆的营销成效具有重要作用。

（一）良好的品牌效应

互联网时代，社交网络异常发达，各种 QQ 群、微信群、好友圈、讨论组、兴趣社区层出不穷，每个人都拥有为数不少的各种社交软件和社交圈，只要有一点爆炸性的讯息，就能在几小时内传播到各个角落的每个人手中。基于这样的传播速度和传播力量，"互联网+图书馆"有必要利用网络营销来建立自己的品牌形象，借助拥有数亿人的互联网平台来赢取良好的口碑效应，让用户在得到服务的过程中获得满足感和荣誉感，从而形成对外逐步递增的口头宣传效应。以小米手机品牌营销为例，小米手机曾经依托"快""好看""开放"的口碑节点，利用新媒体途径，通过人与人之间的交互关系和信任程度，将相关产品和口碑信息进行传递，从而促进产品的稳定销售。借鉴小米品牌营销经验，图书馆也可以打造自己独有的服务品牌，如广州图书馆新馆为视障群体和弱势群体设置专门的阅读室，并在数字图书馆的网页设计语音朗读部分，让用户体会到图书馆的人文关怀，图书馆依托这个品牌，通过各类社交媒体（微博、微信公众号、抖音等）进行实时宣传互动，吸引用户注意，打造良好品牌形象；同样，上海图书馆对世博会文创产品的创作也是品牌营销的一大创举。因此，这两个图书馆都成为当地标志性旅游打卡圣地，不但是图书馆品牌营销的优质案例，还是文旅融合的成功典范。由此可见，品牌效应在图书馆营销中起着重要引领作用，在网络发达的今天，图书馆不需要投入太多人员和资金，只需用心打造和经营自己的品牌，就会收获更大的社会效应。

（二）愉悦的体验感受

"互联网+图书馆"经过新技术改造和升级，将给用户带来全新尝试和感受，吸引他们的注意力和参与热情，在愉悦体验中成为图书馆的忠实用户。人工智能和 5G 时代的到来，为"互联网+图书馆"增添了新活力，高性能智能终端为用户提供完整的功能和较好的体验，在信息传输、信息处理和设备控制等方面更加智能和灵敏，使用户更愿意通过网络来参与、表达和展现自我。图书馆可以通过网络直播来进行营销，吸引用户参与实时互动，让用户在与主播互动的过程中找到一种存在感和满足感，也可以通过直播向用户推荐新书，使图书推荐变得更加立体化，激发用户的阅读欲望。图书馆还可以利用虚拟现实技术，通过与用户视觉、听觉、触觉等感觉器官交互来模拟人在自然环境中的行为，让用户在纯粹的虚拟环境中，借助必要的设备实现与虚拟环境的交互，获得身临其境的感觉。除技术带来的愉悦感以外，图书馆还要考虑对用户的人文关怀，包括温和的态度、温柔的语言、温情的问候等，最重要的是要加强用户个人隐私保护，这也是网络时代最大的安全隐患，防止用户身份信息泄露、数据信息丢失、研究成果被盗、访问网页披露等，为用户提供最大限度的信息安全保障，让用户放心、安心和愉悦地使用图书馆服务，提升其对图书馆的好感和信任度，这也是图书馆营销成功的重要体现。

（三）积极的互动交流

传统的互动交流是一群人通过问答、交谈、信件、电话、传真等来交换意见和解决某方面的问题，而互联网时代的互动交流是通过网络或社交媒体完成即时交谈和意见反馈，能第一时间完成主客双方的意见交换。

"互联网+图书馆"利用微信、QQ、短视频、在线直播等新媒介平台，可以与用户展开交流，一方面进行图文互动，将图书馆的营销方案以文字和图片形式展示给用户，让用户参与进来，通过朋友圈转发与论坛发布帖子获取积分或奖励，享受图书馆提供的增值服务和特殊服务，通过用户的宣传推广和朋伴带动效应来实现图书馆的互动营销；另一方面进行视频互动，图书馆可以在某一固定时间开始视频直播，并设置问答和抽奖环节，有效吸引和带动用户关注，通过直播来宣传图书馆最新业务、最新技术和最新服务，并激励用户参与互动，调动用户情绪，提升直播效果，还可以设置回放功能，让用户随时可以收看直播内容，了解直播情况，通过留言反馈自己的意见和看法。总之，积极的互动交流是"互联网+图书馆"与用户之间沟通的重要渠道，图书馆只有通过了解用户的想法，才能调整服务方向和改变服务策略，而用户只有通过积极参与互动，才能将自己的诉求反馈给图书馆，让图书馆及时有效地帮助自己，图书馆与用户之间只有相互配合、相互融合，才能相得益彰。

（四）定期的效果评估

效果评估就是一个反思总结的过程，通过定期对营销策划、工具、手段和结果进行评价，了解营销效果、确定营销方向、改变营销策略，使营销服务得到进一步优化。不同的营销渠道需要用不同的评估方法，才能得出客观科学的结论。例如：对传统营销服务的评估，主要采取问卷法、访谈法和统计法，可以了解用户对营销方案的认同度、营销活动的参与度及营销效果的满意度等；对网站营销服务的评估，主要通过用户的注册率、点击率、收藏率、转载率等来确认营销效果的好坏；对微信营销服务的评估，则通过到达率、打开率、阅读率、参与率、停留时间来确认用户对营销的兴趣及忠诚度。不同的营销手段也许会收到不同的营销效果，在进行效果评估时应该从全面和整体的角度考虑，不能因为一次或一时的效果来判断营销成功与否，而是要进行持续的定期评估。大数据和云计算为长期持续的定期评估提供了条件，排除主观干扰，而采用一系列客观数据来证明营销效果，使评估结果更真实可靠，特别是在"互联网+图书馆"的营销服务中，只要用户上网，就会留下痕迹，也就会有大数据记录，用户的所有运行轨迹、参与程度、上网规律等都会被计算机真实记载，图书馆随时可以进行效果评估，从而总结出营销成败的经验，为后期制定出更有效的营销策略做准备。

综上所述，"互联网+图书馆"只有通过多元化营销手段、全方位营销渠道和常态化营销机制，才能深入、全面和持续地吸引用户关注，让用户体验到图书馆所提供的开放服务环境、交互服务空间、智能服务手段、专业服务内容和高效服务合作，充分认识到图书馆所提供的帮助，乐意接受和愿意参与图书馆的各种服务，并利用自身的号召力和传播力，协助图书馆做好宣传推广工作，使自己受益也让别人受益，在图书馆提供的网络知识空间里不断探索和自由翱翔。

第七章　物联网技术及其在智慧图书馆中的应用

第一节　物联网简述

一、物联网的概念

IBM 在 20 世纪末首次提出：物联网意味着根据协定的协议，通过射频识别（RFID）、红外传感器、GPS、激光扫描仪、气体传感器等信息识别设备，将任何物品连接到互联网，共同开展信息交流和沟通，实现智能识别、定位、跟踪、监测和管理的网络。换句话说，物联网就是"物和物相连的互联网"。比较各种不同机构及学者关于物联网的不同定义，可以得出如下结论：物联网技术是指需要监视、连接和交互的任何对象或过程的集合，需要实时通过智能传感器、射频识别技术和全球定位等技术，收集各种所需信息，利用物体之间的网络相连，实现物物之间、物与人之间的广泛相连，达到对物体的智慧感知、识别、监测和管理。

二、物联网的基本特征

从交互对象和过程的角度来看，事物与事物之间及人与事物之间的相互作用是物联网的核心。物联网的基本特点可以总结为整体感知、可靠传输和智能处理。

整体感知：可以利用射频识别、二维码、智能传感器等感知设备感知获取物体的各类信息。

可靠传输：将互联网与物联网无线网络互相结合，把物品的信息及时、无误地传输，最终达到信息的交流与共享。

根据物联网的诸多特点，参考多种社会看法，按照信息传输过程，总结出物联网信息处理的功能。

（一）获取信息的功能

对事物的各种信息进行识别，把感应到的事物状态用事先规定好的某种方式表达出来。

（二）传送信息的功能

它主要是发送、运输、接收等，然后将对象状态的信息和其变化的方式从一个时间点（或空间点）发送到另一个。

（三）处理信息的功能

它指的是信息转化的过程，利用已知的信息转化为一个全新的信息，事实上它是最后的决策环节。

（四）施效信息的功能

它指的是信息最终起作用的过程，并包含多种表现方式。典型的是物体在设计开始时的状态，它通过改变物体的状态和改变它的方式来改变物体。

三、物联网的基本结构

由于物联网的异构需求，物联网需要一个开放的、可扩展的、分层次的基础设施网络。物联网的基本结构大概分为三个层次：感知层、传输层和应用层。

（一）感知层

物联网的感知层主要实现对象的数据采集、识别和短距离数据传输，它是物联网发展和应用的基础。目标信息的获取、智能控制和自动识别功能主要体现在感知水平上。感知层应用的主要技术有 EPC 技术、RFID 技术、智能传感器技术和云计算技术。

1. EPC 技术

EPC 拥有全球独一无二的编码对象，并且连接进互联网。编码技术是 EPC 的核心，此代码可以为单个项目标识。使用 RFID 系统的读者可以读取 EPC 标签信息。后台中的实体标记语言服务器可以根据编码信息来实现对物品信息的收集和跟踪，使用中间件中的 EPC 系统等。EPC 利用射频识别标签来承载，使用因特网传递信息。EPC 旨在为每个单一产品制定全球和公开的标签标准，并在全球范围内跟踪和追踪个别产品。该技术具有独特性、简单性、可扩展性、机密性和安全性等特点。

2. RFID 技术

RFID 技术也被称为射频识别技术。该技术由读写设备、数据处理设备和 RFID 标签组成。使用射频识别技术可以有效地读取和写入特定的信息，这对及时跟踪物体并实现物体的高效管理非常有用。由于这个巨大的优势，它得以被广泛使用。在射频识别技术中，所有无线射频识别码都只有一个识别码，因此识别将非常方便，易于实施管理。

3. 智能传感器技术

获取物品信息的一种方法是使用传感器网络。在物联网中，传感器网络可以收集信息，并使用各种机制来表示通过电信号的形式获得的信息，由传感器处理，并最终产生相应的动作。传感器和微处理器结合起来提供情报。与信息检测和信息处理功能相结合的传感器是智能传感器。

4. 云计算技术

这是增加、使用和提供互联网相关服务的方法。"云"是互联网和物联网的隐喻。过去，电信网络在画面中通常用"云"来代表，后来被用来代表互联网及其基础设施。云计算可以让你每秒经历 10 万亿次操作，有了这种能力，可以模拟核爆炸、预测气候变化和市场趋势。用户使用电脑、移动电脑和手机访问数据中心，并根据自己的需要进行操作。作为一项新技术，云计算在物联网的建设中发挥着极其重要的功能，它实际上是一种增加、使用和提供互联网相关的服务。云计算能够提供方便、可靠的网络服务。云计算的优势非常明显，如高度可靠、可扩充、低成本和多功能。所谓高可靠性主要是通过使用多数据容错复制和计算节点同构的可互换性来保证的。可扩充性是指可以动态扩充的云规模，可以动态扩充以迎合不同类型客户的要求，这将扩大物联网的应用范围。

云计算技术的成本非常低，不需要公司花费昂贵的管理和维护费用。云计算的多功能性实际上可以提高资源使用率，这将有助于用户充分体验云计算的低成本。普适性意味着云计算可以应用于未指定的对象，因此在"云"支持下，将构建不断变化的程序，甚至"云"将能够支持各式各样的程序。

（二）传输层

物联网（IoT）的传输层属于中间层，它介于感知层和应用层中间。传输层的主要用途是将感知层获得的信息精确地运输到下一层。物联网传输层可以进一步分为接入网、承载网、汇聚网三部分。

1. 汇聚网

ZigBee 通信技术是 250kbit/s 的一种无线网络。宽带的传输距离可达 1km，功耗小。蓝牙是支持终端之间近距离无线通信的一种通信方式，它可以在设备之间交换信息，如手机、iPad，蓝牙耳机和电脑。UWB 系统的特点是简便性强、传输速率低。技术可以简化通信方式，也可以使其与 Internet 之间的相互通信更容易，使数据传输更加便捷。

2. 接入网

物联网有许多访问方法，而这些访问方法通过各种网关设备进行集成。使用统一访问通信网络需要满足不同的访问要求并完成信息的转发、控制和其他功能。常用的技术主要有 6LoWPAN、M2M 和全 IP 融合架构。

3. 承载网

物联网的建设需要大量的信息交换和传输的无线通信网络，因而需要使用通信设施，再根据优化的特点和对象转换为所有类型的信息。网络的发展可分为三个阶段，而信息收集阶段之间的差异小、携带信息量大。

（三）启用层

应用是物联网发展的驱动力和目的。应用层的主要功能是对感知和传输来的信息进行分析和处理，做出正确的控制和决策，实现智能化的管理、应用和服务。这一层解决的是信息处理和人机交互的问题。网络层传输而来的数据在这一层进入各行各业、各种类型的信息处理系统，并通过各种设备与人进行交互。

应用层位于整个体系的最上层，是物联网架构中的关键结构。应用层主要包括服务支撑层和应用子集层。服务支撑层的主要功能是根据底层采集的数据，形成与业务需求相适应、实时更新的动态数据资源库；应用子集层的主要功能是把感知和传输来的信息进行分析和处理，做出正确的控制和决策，实现智能化的管理、应用和服务。

四、物联网技术在各个领域的应用

（一）在医疗行业的应用

物联网在医疗行业的应用将有助于实现智能医疗。目前，我国医疗行业改革正处于关键时期，传统医疗保障体系已经不适应复杂的社会形势和人们日益增长的需求了。物联网技术可以对医疗行业起到更大的作用，特别是医疗器械管理、医疗服务、医药管理、在线医疗等多个领域。这些领域的应用是提高医院医疗费和管理水平的非常重要的方式。使用物联网技术可以实现患者信息的实时传输及传输处理等。不仅如此，不同医院之间的信息共享也是可能的，这对构建医疗网络系统是有帮助的。

（二）在物流行业的应用

随着我国电商的飞速发展，人们对物流的需求正在不断增加。为了满足人们的要求，我们要提升对物联网技术的应用。物联网的应用特别适用于从供应商到需求方的货物转移。这个过程中的物联网应用对提高快递的管理水平能够起到积极作用。目前，我国物流业信息化水平仍然很低，企业本身还缺乏一套 IT 信息化解决方案，无法及时有效地满足客户的需求。因此，我们在未来的工作中必须使用物联网技术。物联网技术的应用将及时追踪物流产品，使物流繁琐的流程被撤销，物流配送变得智能，物流费用将迅速降低，物流效率会有效提高。

（三）在节能减排中的应用

今天，物联网已然成为行业的热点。如何通过物联网技术节能环保、减少污染，将成为科研界的学术热点。尽管当前的物联网技术还不完善，但在不久的将来，这一点肯定会成为相关领域的研究热点。物联网环境中的智能节能减排系统设计就是典型例子，其设计和实施包含大量先进技术。首先，基于物联网的节能减排系统更改了传统的电能计量方式。物联网收集电力信息并将其放置在后台之中。数据通过以太网呈现给用户。其次，基于物联网的节能减排系统从多个角度以多种方式向用户呈现用电量。物联网的智能节能减排系统不仅记录用户的整体功耗，还实时记录用户每个用电器的用电量数据，并通过各种图标可视化用户的用电量。最后，基于 IoT 的节能减排系统采用反馈机制节约能量，系统可以通过对用电数据进行横向和纵向分析，将用电情况反馈给用户。

第二节　基于物联网技术的智慧图书馆分析

一、基于物联网技术的智慧图书馆的特点

智慧图书馆是全方位的开放式图书馆，是综合学术资源的信息服务中心，是配套齐全的活动中心，是高效节能的智慧中心。物联网连接数据采集端的范围广泛（电脑、手机等），已具备强大的计算、通信及储存力终端，连接的红外感应器、激光扫描仪等可适时处理各类纸质文献资源。智慧图书馆具有广泛、互联、互通的特点：通过互联网、感知网络能够把各种数据采集端都连接在一起，能即时把采集的信息转变成适合网传的数据格式，再经过网络渠道把信息传输至图书馆的数据中心。基于物联网的智慧图书馆具有智能化的管理和服务：自动顺架和盘点没有人员值守安防管理；馆藏文献自动定位；无处不在的地图导航；温度和湿度的机房预警系统；等等。基于物联网的智慧图书馆具有"感、知、联、控"功能。智慧图书馆不仅能够在很大程度上改变传统图书馆的应用架构，也使图书馆提供的服务模式发生变化，使管理人员和读者能够通过网络精确地掌握各类图书信息。借助物联网的"感"，图书馆内遍布的各个传感器的节点得到应用对象信息，然后对这些信息分析整理，由传感器的网络传输到图书管理信息的系统中，使传统图书信息从被动的 PULL 模式变为主动的 PUSH 模式。当读者想要特定图书的时候，

传感器节点借助读者智能终端系统引导读者进行查阅。基于物联网的智能图书馆使得图书馆中有限区域里添置了智能的元素/如电子阅报器，读者只要触摸屏幕，报纸就满屏显示。拥有借书卡的读者只要有数字图书馆账号，就能随时随地登录阅览。

除了"网上书屋"，智慧图书馆的视听和视频等多种功能的阅读区还可以满足读者个性化的需求。现在的数字化图书馆经由互联网技术能够实现资源共享，但与智慧图书馆相比，由于每本图书都被植入了传感装置，变成了能够独立寻址计算的节点，因此，跨馆间的图书也可以互相感知，让读者可以根据感知结果，方便快速地查找资源。基于物联网技术的智慧图书馆甚至能够实现电子和馆藏图书的信息交互和筛选，从而为读者提供多形式信息资源，提高图书查询的借阅效率。

二、构建基于物联网智慧图书馆的关键问题

把物联网技术全面地在智慧图书馆中应用，首先需要解决的是成本问题。目前，RFID电子标签的价格为 0.6 美元到 0.85 美元，而正常情况下，一个图书馆拥有数以几十万计的文献资源，加上要组建庞大的网络系统及其他设备，要投入进去的经费成本是非常多的。物联网承载着庞大的数据信息，射频识别的系统标签的标识和识别码能在远程被扫描，标签自动回应阅读器指令，将所存信息传输至阅读器。尤其是智能标签和传感器能跟踪用户的行动、偏好和习惯等，会侵害到用户的个人隐私权。信息资源和用户隐私得到有效的保护，也是构建良好智慧图书馆的一个重要保障。天线的传感网络作为实现物联网基础的设施，可以把装在物体上的电子介质产生出来的数字信号传送出去。而近距离的通信手段是核心技术，中间一些解决方案并不完善。另外，计算云在为社会提供的公共智能服务方面也存在一些问题。因此，基于物联网的智慧图书馆在信息处理、通信技术和接口传输技术等方面必须做到全面的协调。在目前情况下，物联网技术发展的困境之一是没有统一的标准，且有产品创新慢和服务质量相对差的问题出现。此外，物联网技术和目前图书馆使用的集成系统进行整合的难度较大。ILAS 是以条码和磁条技术作为基础的，RFID 是以 RFID 的标签技术作为基础的，在通信协议、数据格式、接口等方面两者之间还需要整合，如果没有成熟的平台及完善的技术，是很难做到的。

三、基于物联网的智慧图书馆服务与管理的实现途径

（一）实现沟通、服务和建筑智慧化

用物联网等内部和外部信息交换的手段，以及先进的物联网通信设备，可以构成基于物联网的通信智慧系统。智慧图书馆可以利用现有互联网开展一些文献的信息服务，也可以实现大范围的信息资源共享。在智慧图书馆，物联网把对谷个独立事务的处理由资源共享和信息交换相互联系，构建成具有事务处理和管理决策功能的智慧服务系统，馆员利用它，能够以科学、高速、全新的方式进行学习，接受知识技能，从而提高馆员分析、提炼和比较各类信息的能力，实现读者服务的智慧化。控制及综合管理建筑中的各种设备机器，构成了建筑物的智慧系统。

消防和保卫系统的智慧化，使空调系统可以监测空气有害污染物的含量，自动通风消毒，确保图书馆馆员的安全、健康；可以对温度、照明度和ˆ度进行调节，为读者提供舒适、健康的环境。另外，智慧系统要保障图书馆的机器设备运行、维护和保养的智

慧化，优化物资和人力资源配置，不仅要降低成本，还要做到节能减排。

（二）实现基于"第三空间"理念和资源共享发展要求的图书馆服务和管理途径

传统的以"书"为中心的图书馆需要转变成未来以"人"为中心的图书馆，以实现阅读者的阅读和休闲功能结合，这已成为当今智慧型图书馆发展的共识。智慧图书馆强调图书馆休闲功能"第三空间"一词准确地表达了近年来人们对图书馆特别是公共图书馆建设的愿望，反映出来的图书馆休闲理念是智慧图书馆建设的重要理念之一。智慧图书馆以增加图书馆的音乐室、咖啡屋和文化活动室为主要方式，营造舒适的人文情境、休闲的生活情境和绿色的生态环境，凸显图书馆休闲享受的氛围，使读者能够在阅读中休憩、在休憩中阅读。信息社会的海量信息量和用户信息的需求复杂多样化，是现代图书馆资源建设面临的挑战，基于物联网络的信息技术发展使得资源集成化成为现实的可能。构建地方公共的图书馆服务体系，是近年来图书馆发展走向公共图书馆的一个重要趋势。集群式、总分馆和联合发展等资源共享的模式在我国东部沿海地区公共图书馆中已经得到实践。由于智慧图书馆服务是新型的以知识信息共享整合、多维度服务及便捷利用的模式，资源共享发展是智慧图书馆的主要特征，因此，每一所智慧图书馆在资源共享和服务实现途径中，都可借鉴在国外已经成熟发展的总分馆建设模式，因地制宜地找到适合自己的发展资源，形成资源独特的公共服务空间。

（三）基于物联网的图书馆管理系统架构设计构成

基于物联网的图书馆管理系统是由借书证办理子系统、图书盘点分拣子系统、自助还书子系统、安全门禁子系统等构成。自助借书子系统由控制主机、卡阅读器、嵌入式打印机等系统组成。

在借阅流程上，借阅者先把借书证放在卡阅读器上，读出借书者详细信息，然后把图书放在读写器上得到该书电子标签，由主机自助借书的软件将读者及书籍编号发到处理终端做存储记录，完成图书自助借阅。自助还书子系统由RFID读写器、控制主机等构成。只要读者把书放在还书口，RFID读写器就能捕捉到相关图书信息并进行自动操作。还书完成后，指示灯会显示还书成功，然后该书的RFID标签会被重新设置。由于图书馆安全是公共安全的重点，因此，图书馆安防系统要考虑到用户对图书维护、灾难应急、实时监控及智能分析等功能的需求。图书的存放和调度也是智慧图书馆管理工作中的重要一环，必须用现代的智能采集技术把安全、管理、存放等信息有机整合在一起，进行优化、提炼、处理，为图书馆的安全管理和经营决策提供科学依据。这方面，需要由电视监测、移动目标的定位跟踪、运输系统监控、无线通信等组成，建立将音频会议、视频指挥调度环境数据采集有机结合的安全生产管理平台。

（四）智慧图书馆新模式开发管理的实现

不同的行业有不同的应用，也会出现行业的不同要求。成功构建基于物联网的智慧图书馆，必须要结合所有智慧图书馆的特点，深入研究并且有显示地开发物联网技术。运营商在开发时，要从智慧图书馆的建设实际出发，开发出相应的应用系统。今后各类图书馆管理工作要努力适应现代物联网技术的发展要求，充分利用现有技术系统进行调整，为此，需要改变图书馆原来的工作形式和业务流程，甚至要调整图书馆文化及行为。

这种不同于以前的管理方法，特别是需要培养一种包容"智慧"的文化和流程，需要所有成员有不断发展和持续调整的全新技能。

第三节　物联网技术在智慧图书馆中的具体应用

一、RFID 技术及其在智慧图书馆中的应用

（一）RFID 技术简介

RFID 技术主要由 RFID 标签、RF 阅读器、天线三个部分组成。

1. RFID 标签

RFID 标签又被称为电子标签、射频标签，其内部包含芯片、线圈和相应的电路，根据用途的不同可以制作成贴纸或卡片大小。其内部芯片的大小，接触式 RFID 模块的尺寸都是固定的，非接触式芯片的大小则不同。对于设计者来说，芯片做得越小其利润就越高，所以现在的趋势是芯片越来越小。

2. RF 阅读器

RF 阅读器由通信天线、MCU 及相关的电路组成。根据用处的不同，RF 阅读器可以部署为固定式，如超市或图书馆的门禁，还可以部署为手持式。它可以通过通信天线发射电磁波，与感应范围内的 RFID 标签建立连接并进行通信。

3. 天线

RFID 标签与 RF 阅读器上都有相应的天线，其作用是收发电磁波，是通信建立的重要装置，根据通信距离要求的不同，其尺寸也不尽相同。

（二）RFID 技术定义

RFID 技术，中文称为射频识别技术，又称无线射频识别，是一种无线通信技术。RF 阅读器将捕获其识别范围内的 RFID 标签，RF 阅读器可以通过天线发射电磁波，其感应范围内的 RFID 标签内部的线圈就会产生相应的感应电流，此感应电流相当于标签的电源，标签通电后会激活其内部电路工作，其中，无源标签会将其内部已经预写好的编码信息发送出来，有源标签在激活后会发送特定频率的电磁波作为反馈。反馈的信息会由 RF 阅读器的天线进行接收，经过解调解码后传送给 RF 阅读器的 MCU，进行相关控制或数据信息的处理。

（三）RFID 系统分类

RFID 系统的分类方法有许多种，现根据其主要参数及用法的不同介绍以下几种主流的分类方法。

1. 按照能源的供给方法分类

（1）有源系统。有源系统使用由电池供电的 RFID 标签。有源的标签通信的距离会更长，也可以在标签内的电路中存储更多的信息，可以主动将标签内部的信息发送到 RF

阅读器中。

（2）无源系统。无源系统使用的 RFID 标签没有电池供电，标签内部电路需要通过外部电磁波在线圈上产生的感应电流来激活，特点是体积小，但感应方法相较于有源标签要小，适合进行短距离通信。无源 RFID 标签可以附着在其他物体上，作为其他物体的位置标的物。

（3）半有源系统。半有源系统介于有源系统与无源系统之间。半有源系统有一粒小型的电池来供给半有源标签内部的电路进行工作。这样的好处是，在由 RF 阅读器发出的电磁场减弱时，标签内部的集成电路不会因为电流减弱而停止工作，可继续向外发送反馈信号。半有源系统相较于有源系统有更小的体积，同时感应范围又优于无源系统。

2. 按照工作频率分类

（1）低频系统。低频系统一般工作在 $100 \sim 500kHz$ 之间，常用的工作频率是 125kHz 和 134.2kHz，特点是传输距离短，成本较低，存储容量较小。

（2）高频系统。高频系统一般工作在 $3 \sim 30MHz$ 之间，常用的工作频率是 13.56MHz，特点是传输距离较短，成本较低，数据传输率要高于低频系统。

（3）超高频系统。超高频系统一般工作在 $300MHz \sim 3GHz$ 之间，常用的工作频率是 915MHz，特点是传输距离远，读写速度快，但信号穿透性较差。

（4）微波系统。微波系统的工作频率是 2.45GHz 和 5.8GHz，特点类似于超高频系统，多为半有源系统。

3. 按照存储器类型分类

（1）只读系统。只读系统的 RHD 标签中使用的是只读存储器，即标签在出厂后内部的信息是不可更改的，标签编号为固定值。

（2）可读写系统。可读写系统中的存储器逢用的是 EEPROM，可以通过 RF 阅读器对标签内数据进行改写，不仅可以改写标签的编号，也可以将一些信息存储到标签中。

综上所述，RFID 系统的产品多种多样，可以结合不同的使用场景挑选不同的产品来满足所需的要求。结合图书馆管理的需求，一款半有源高频可读写的 RFID 系统是最好的选择，因为半有源可以满足书架体积造成的通信距离问题，高频可以满足系统所需要的数据读写速度，可读写可以满足在 RFID 标签中存储书籍信息这一要求。

（四）RFID 技术优点

传统图书馆多数使用条码与磁条相结合的方式进行图书管理。以这种方式管理的图书馆已运转多年，也可以有序地管理好图书馆，但其劣势也日益明显。比如，条码需要贴在书籍表面，遮挡封面的同时，容易被污染或破损；在借还书的环节需要逐本扫描，效率低下；通过门禁前需要对磁条进行消磁，浪费时间；条码虽然可以用来索引图书，却不能防止书籍乱架的情况发生；等等。

表 6-1RFID 技术相对于条码技术的优势

业务操作	条码技术	RFID 技术

借书操作	单本依次扫描消磁处理	多本图书同时扫描
还书操作	单本依次扫描图书条码消磁处理	多本图书一次性归还
门禁检查	通过电磁波感应图书内部磁条确定是否外借	通过射频信号感知标签内容信息与借书同时完成
盘点书库	通过设备在书架上单本读取图书条码	书籍上架即可确定是否在正确的书架
自助借还	通过自助设备逐本扫描图书条码加消磁操作	通过设备一次性完成

从表 6-1 可以看出，RFID 技术在图书馆中的运用有以下优势。

（1）在借还书服务上可以一次扫描多本书，速度快，效率高，相同时间内可以为更多的读者服务，减少了排队的时间。

（2）RFID 标签体积小，可以隔空扫描，隐藏在书籍中，不会破坏书籍封面，也不易被污染或损坏。

（3）RFID 标签本身可以进行数据存储，可以将书籍的基本数据存储在标签内而非服务器端。这样的数据存储方式可以让 RFID 标签功能有更多拓展性。

（4）RFID 标签可以被反复利用。RFID 标签内部含有的 EEPROM 可以被反复读写。

（5）RFID 标签的安全性更高，因其读写需要用到专用的 RF 阅读器，不同于条码和磁条可以被篡改或撕毁，可以有效地保障图书的安全。

（五）RFID 技术在智慧图书馆中的应用路径

基于 RFID 技术的智慧图书馆系统架构由四部分组成，分别是 RFID 标签及数据采集组件、RFID 系统硬件设备、RFID 系统应用软件、RFID 软件中间件系统。

1.RFID 标签及数据采集组件

RFID 技术是物联网感知层的核心技术。一个基本的 RFID 系统由电子标签、阅读器、RFID 的数据传输和处理系统三部分组成。标签一般有被动标签和主动标签两种方式。阅读器读取信息并经过相关解码后，送至 RFID 的数据传输和处理系统进行技术处理。

使用 RFID 标签时，将非常薄小的芯片嵌入黏性标贴中，并固定在文献上。标签一般拥有 1kb 的超大容量，可反复擦写 10 万次，一般写入对应图书的 ID 号码、书名、索书号、所属区域、架位信息、借阅者信息、借阅率、借阅及应还日期，以及更多其他的内容。

与电子标签相关联的 RFID 阅读器由发射机、接收机、天线和一个译码器构成，用于对标签进行识别和读取，工作范围一般在离标签 30cm 到 45cm，另外读取时间小于 100ms，并可对标签进行同时批量读取。

2.RFID 系统硬件设备

图书馆使用的 RFID 硬件设备主要是为了完成图书馆的管理或服务。这些硬件设备一般有自助借还书机、图书分拣设备、馆员工作站、24 小时还书设备、移动式盘点设备、RFID 监测安全门等。

3. RFID 系统应用软件

RFID 系统应用软件主要包括自助借还系统软件、馆员工作站系统软件、24 小时还书分拣系统软件、馆员助理系统软件、OPAC 检索系统软件等。

（1）自助借还系统。RFID 图书自助借还系统整合了射频识别、计算机、网络、软件及触摸屏控制操作技术，自动识别粘贴在每本图书上的 RFID 电子标签进行信息管理，同时采用智能环形轨道技术实现图书的自动化上下架。

读者可以全自助式办理证件、查询目录、借书、还书、续借、预约等，使得借书就像在银行 ATM 机上取钱一样方便快捷。

（2）自动分拣系统。自动分拣系统采用领先的物联网技术，软硬件均采取模块化设计，可兼容 ISBN、条码、二维码、RFID 标签等多种标识、多种码制，可以让使用者通过自助的方式享受借书、还书、阅读、办证、续借、预约等自助服务，最大限度地节约人力成本，提供 24 小时全天候服务。自动分拣系统还可以实现自动对图书进行收集、归类、整理，从而减轻馆员的工作量。

（3）馆员工作站系统。馆员直接操作的工作平台，主要完成读者借还书、续借、读者卡办理、标签转换操作等工作。其中的标签转换是指将 RFID 标签与原图书信息的一个绑定过程。

（4）馆员助理系统软件。馆员助理系统软件指日志管理，包括记录系统启动时的系统日志及各个设备当前运行状态的设备日志。

（5）OPAC 检索系统软件。OPAC 检索系统软件主要是给读者提供书目检索的服务，一旦和 RFID 技术相结合，RFID 的三维智能导航系统就可以直接嵌入 OPAC 检索系统。该系统可根据读者的位置，结合目标图书的具体架位，以精美的图像和精确的线路给读者最优化的索取图书导航路线。

4. RFID 软件中间件系统

RFID 软件中间件系统可与图书馆系统后台无缝对接，并为终端设备扩展业务应用，主要包括馆际互借系统、多图书馆后台系统、图书流通系统、图书馆借阅流通系统、自助办证系统、图书预约系统等。

二、ZigBee 技术及其在智慧图书馆中的应用路径

（一）ZigBee 技术概述

ZigBee 是基于 IEEE802.15.4 标准的低功耗局域网协议。根据国际标准规定，ZigBee 技术是一种短距离、低功耗的无线通信技术，其特点是近距离、低复杂度、自组织、低功耗、低数据速率，主要适合用于自动控制和远程控制领域，可以嵌入各种设备。ZigBee 协议从下到上分别为物理层、媒体访问控制层、传输层、网络层、应用层等。

ZigBee 技术的特点主要有：数据传输速率低，只有 10～250kb/s；功耗低，在低耗电待机模式下，两节普通 5 号干电池可使用 6 个月以上；协议简单，成本低；网络容量大，每个 ZigBee 网络最多可支持 255 个设备，也就是说每个 ZigBee 设备可以与另外 254

台设备相连接；有效范围小，有效覆盖范围 10～75m，具体依据实际发射功率的大小和各种不同的应用模式而定；工作频段灵活，使用的频段分别为 2.4GHz、868MHz（欧洲）及 915MHz（美国），均为免执照频段。

ZigBee 的目标市场主要涉及 PC 外设（鼠标、键盘、游戏操控杆）、消费类电子设备（TV、VCR、CD、VCD、DVD 等设备上的遥控装置）、家庭内智能控制（照明、煤气计量控制及报警等）、玩具（电子宠物）、医护（监视器和传感器）、工控（监视器、传感器和自动控制设备）等非常广阔的领域。

虽然单个 ZigBee 节点的通信距离有限，但由于其网络容量大，每个 ZigBee 网络最多可支持 255 个设备，以及简单灵活的节点部署，理论上可以将网络的通信距离延伸到无限远。同时，ZigBee 节点提供连接各种传感及控制设备功能，如温湿度传感器、红外传感器、烟雾传感器、压力传感器、RFID 识读模块、继电开关模块等设备，可承担起环境监测及控制的任务。因此，ZigBee 在远距离身份识别、环境监控及无线网络定位方面有较大的优越性，但是在近距离通信及精准身份识别系统等方面，其价格、性能等均比不上 RFID 系统。

（二）ZigBee 技术在智慧图书馆中的应用路径

ZigBee 与 RFID 整合进行了应用研究，利用 RFID 的近距离身份识别及 ZigBee 的远程通信能力，组合成一个精准、稳定的图书馆物联感知应用系统，构建起图书馆所有物之间的"深刻感知、互联互通"的环境，可把图书馆的各种资源信息，包括文献、家具、环境、空间等进行定义、感知和采集，

通过网络实现用户、图书馆与信息资源之间的通信、共享，从而实现智慧化服务和管理。该系统强大的信息采集、整合、过滤、汇总能力，可以使图书馆原本孤立、琐碎的各种文献信息、灯光信息、空调信息、温湿度信息、读者信息及服务信息等链接、整合、共享起来。馆员可以通过该系统对信息的分析，及时掌握全馆全面的信息，更好地提高服务质量；读者通过该系统可以享受到更为主动、准确的信息推送服务，并及时了解图书馆的各种可用资源及信息。

针对磁条检测防盗具有检测率低、易产生误报或漏报、系统电路复杂、集成度低、故障率高、不能实时可靠地反映图书馆的运行状况等问题，基于超高频 RFID 技术和 ZigBee 技术构建了一种新的图书馆无线智能监控通道。

该通道系统通过 RFID 读卡器实现图书的防盗报警，通过热释电红外技术实现人流量统计，通过 ZigBee 技术将图书报警信息和人流量统计等信息无线传输到连接服务器的 ZigBee 协调器上。服务器对数据进行分析和处理，并把分析和处理结果发送到显示的终端设备，从而提高图书防盗的检测率和图书馆的工作效率。

三、NFC 技术及其在智慧图书馆中的应用路径

（一）NFC 技术概述

NFC（近距离无线传输）和 RFID 类似，是一种短距离无线通信技术标准。和 RHD 不同的是，NFC 采用了双向的识别和连接。在 20cm 距离内工作于 13.56MHz 频率范围，NFC 能快速、自动地组建无线网络，为蜂窝设备、蓝牙设备、Wi-Fi 设备提供一个"虚拟连

接"，使电子设备可以在短距离范围进行通信。NFC 的短距离交互大大简化了设备之间的整个认证识别过程，使电子设备间互相访问更直接、更安全和更清楚，听不到各种电子杂音。使用 NFC 在单一设备上组合所有的身份识别应用和服务，帮助解决记忆多个密码的麻烦，同时保证了对数据的安全保护。NFC 技术可使多个设备，如数码相机、PDA、机顶盒、电脑、手机等之间实现无线互连、交换数据或服务。此外，NFC 还可以将其他类型的无线通信（如 Wi-Fi 和蓝牙）"加速"，实现更快和更远距离的数据传输。

NFC 工作模式采用的双向识别和连接，可以让任意两个 NFC 设备接近而不需要线缆接插，就可以实现相互间的通信，满足任意两个无线设备间的信息交换、内容访问、服务交换等工作要求。

NFC 采用三种不同的工作模式：卡模拟模式、点对点模式、读卡器模式。采用卡模拟模式时，NFC 设备是被读设备，类似于一张采用 RFID 技术的 IC 卡，可用于身份识别，或者简单地看成一张身份证或者银行卡；采用点对点模式时，与红外和蓝牙相似，将两台 NFC 设备近距离接触就能建立连接，实现数据点对点传输；采用读卡器模式时，NFC 设备是识读设备或称读写器，被当作一台读卡器来用，能从 NFC 芯片上获取信息。

NFC 应用类型很广泛，如在金融支付领域与手机钱包的配合进行日常支付；在交通领域实现公交一卡通解决方案，在广告领域可记录读取的次数；在图书出版领域，目前有厂商推出的 NFC 图书集成了八个芯片，通过 NFC 设备读取可以浏览多媒体等。

虽然 NFC 技术无非是卡模拟模式、点对点模式、读卡器模式三种工作模式的应用，但三种功能能衍生出千变万化的应用。另外，NFC 本身只是技术，在 NFC 逐渐升级为手机标配的情况下，在任何可以应用的领域，该技术都有望超越蓝牙、红外等手机功能。

（二）NFC 技术在智慧图书馆中的应用路径

1. 身份识别

利用 NFC 技术，图书馆中的门禁设备和借还设备可以使用带有 NFC 功能的手机进行身份识别，因为手机的 NFC 功能在卡模拟模式时，其本身就相当于一张 ID 号唯一的卡片，对读者的身份进行绑定，就可用于身份的识别。当然，该功能也可以用于校园一卡通，完成如吃饭、校内消费等服务。

2. 支付功能

图书馆需要用到支付功能，如书籍的超期罚款，资料的打印、复印，以及其他在图书馆的消费等。当读者卡绑定 NFC 时，可以利用手机 NFC 功能直接支付这些花费。这种方式比较适合公共图书馆，而一卡通更适合高校图书馆。

3. 读者卡终端

读者卡是读者在图书馆通行、登记、支付等服务的标识。NFC 技术与读者卡管理系统进行数据整合连接，可以实现并完善读者卡的功能。这时的手机相对于读者卡，不仅可以完成一卡通读者卡的功能，还可作为查询、修改信息的终端，从而以移动终端代替固定终端，让读者随时随地享受更多的图书馆服务。

4. 自助借还书

NFC 技术与读者卡集成后，在图书馆借还书时，读者直接使用带有 NFC 功能的手机接触图书的 RFID 标签，就可以实现图书借书、还书功能，特别适合于人工借还的工作量大和自助借还机满足不了需求的情况。

5. 编目和流通

随着技术的进步、硬件成本的降低，出版社可以采用 NFC 技术，把用于图书编目的 MARC 数据直接写入 NFC 芯片，并把芯片内嵌到图书中，那么图书馆采购后就可以直接利用 NFC 读取设备，把编目数据直接输入系统，将极大提高编目的效率和数据的准确率。图书馆编目时将图书馆的架位号等信息写入芯片，就可以实现图书的检索和定位。

6. 浏览图书信息

采用 NFC 标签的图书，标签中存储着图书信息，读者可利用自己的 NFC 手机客户端接触标签并获取图书的信息。在图书馆介绍展示区，读者用手机接触入口的 NFC 标签可浏览图书馆介绍、新书通报、海报讲座通知；在图书馆的流通、阅览区，接触书籍旁边的 NFC 标签，可获取图书简介、作者信息、其他作品、借阅情况，通过手机浏览器还可浏览该书的相关网上介绍、图片、音频和视频。

7. 自助存包

NFC 技术可以应用于图书馆的自助存包柜，这时用 NFC 手机代替传统锁具和钥匙及条码纸控制柜门开关。读者存包时，按操作键盘中的"存"键，刷一下 NFC 手机，而自助存包柜识别手机并生成 NFC 标签信息。读者取包时，按操作键盘中的"取"键，刷手机中的 NFC 标签，自助存包柜对读者身份进行认证，实现开柜取包功能。

8. 座位管理

很多图书馆上线了座位预约和管理的系统，但在实际的使用中，最大的问题是对人的定位。一位读者进入阅览室后是否在当前位置上很难判定，基本都是通过人工巡查的方式，效率低下、纠纷多。若采用 NFC 技术，读者进入阅览室后，只要把手机放在贴有 NFC 芯片的座位上，系统就会隔几秒通过手机读取此 NFC 卡片的身份信息并在云端进行验证，这样就可以确定当前读者的在位状态，提高阅览室的利用率，降低阅览室的管理强度。

9. 图书漂流

采用 NFC 技术后，漂流图书也可加 NFC 芯片。读者若使用带有 NFC 功能的手机，即可实现对漂流图书的借还。

10. NFC 打印服务

接触 NFC 打印机可以打印读者 NFC 手机里的文档、图片、网页等资料，实现资源的复制，并自动收费，操作简单，能避免损伤书籍和终端设备不兼容等障碍。

11. 采访交接

书商按照图书馆采购订单配送图书，交接时，不用清点，而是双方使用 NFC 手机接触就能交换采购订单和到货清单，帮助图书馆轻松完成清单签收和图书交接。

12. 读者名片交换

图书馆经常举办讲座活动，如果在图书馆活动处设置 NFC 签到终端，那么读者只要用 NFC 手机轻触 NFC 签到终端，就能完成签到和名片交换，帮助图书馆精准知道读者的信息并进行统计，以方便之后提供针对性的信息推送服务。

13. 设备控制

在设备中加入 NFC 芯片控制后，利用装在手机上的设备管理系统对设备的参数进行设置，设置好后，利用 NFC 功能，手机往控制设备的 NFC 芯片上靠近，就把数据写入 NFC，然后控制系统就根据 NFC 中设置的参数进行工作。比如，带有 NFC 芯片的饮用热水器，只要 NFC 手机接触就可出一定容量的热水。一些图书馆内供读者使用的电脑、笔记本等设备也需要通过 NFC 手机接触才可使用，并可控制使用的时间，甚至也可收取使用费。相信随着技术的发展，越来越多的设备会加入 NFC 控制，将来的设备管理将更加便捷。

除了以上介绍的几种物联网技术，还有其他一些物联网技术在智慧图书馆中得到进一步的应用，这里不再一一介绍。

第八章 人工智能技术及其在智慧图书馆中的应用

第一节 人工智能简述

一、人工智能的概念

一般认为，人工智能（简称 AI）的定义可以分为两部分，即"人工"和"智能"。"人工"一词，一般指的是用人力所能制造出来的。而对"智能"一词，可能涉及意识、自我、思维、情感等问题。到底什么才算"智能"？人类理解的智能是人本身的智能，这是普遍认同的观点。

美国斯坦福大学著名的人工智能研究中心尼尔逊教授这样定义：人工智能是表示知识及怎样获得知识并使用知识的学科。著名的美国大学 MIT 的华生教授认为，人工智能就是研究如何使计算机去做过去只有人才能做的智能工作。这些说法反映了人工智能学科的基本思想和基本内容，即人工智能是研究人类智能活动的规律，构造具有一定智能的人工系统，研究如何让计算机去完成以往需要人的智力才能胜任的工作，也就是研究如何应用计算机的软硬件来模拟人类某些智能行为的基本理论、方法和技术。

李德毅院士认为，人工智能至少应该包括四个核心学科：脑认知基础、机器感知与模式识别、自然语言处理与理解、知识工程。

脑认知基础学科阐明认知活动的脑机制，即人脑使用各层次构件，包括分子、细胞、神经回路、脑组织区，实现记忆、计算、交互等认知活动，以及如何模拟这些认知活动，包括认知心理学、神经生物学、不确定性认知、人工神经网络、统计学习、机器学习、深度学习等内容。

机器感知与模式识别学科有两个重要内核，一个代表图像视觉，另一个代表语言听觉。研究脑的视知觉，以及如何利用机器完成图形和图像的信息处理与识别任务，如物体识别、生物识别、情境识别等。目前在物体的几何识别、特征识别、语义识别中，人的签名识别、人脸识别、指纹识别、虹膜识别、行为识别、情感识别都已经取得巨大成功。

智能语言处理和理解学科，即自然语言处理与理解，研究自然语言的语境、语用、语义和语构；大型词库、语料和文本的智能检索，语音和文字的计算机输入方法，词法、句法、语义和篇章的分析，机器文本和语音的生成、合成和识别，各种语言之间的机器翻译和同传等。目前，自然语言处理与理解在计算语言学和语言数字化方面取得巨大成功，如信息压缩和抽取、文本挖掘、文本分类和聚类、自动文摘、阅读与理解、自动问答、话题跟踪、语言情感分析、聊天机器人，人工智能写作等，形成一大批井喷成果，其中中文信息处理与理解尤为突出。

知识工程学科研究如何用机器代替人，实现知识的表示、获取、推理、决策，包括机器定理证明、专家系统、机器博弈、数据挖掘和知识发现、不确定性推理、领域知识库，还有数字图书馆、维基百科、知识图谱等大型知识工程。

图书馆的智慧化需要人工智能技术的支撑。随着人工智能技术的进步，一些人工智能技术会逐步应用到图书馆的智慧化建设中。

二、人工智能的特征

（一）为人类服务，数据为基础，本质是计算

从根本上说，人工智能系统必须以人为本。这些系统是人类设计出的机器，按照人类设定的程序逻辑或软件算法通过人类发明的芯片等硬件载体来运行或工作，其本质体现为计算，通过对数据的采集、加工、处理、分析和挖掘，形成有价值的信息流和知识模型，为人类提供延伸人类能力的服务，实现对人类期望的一些"智能行为"的模拟。在理想情况下，必须体现服务人类的特点，而不应该伤害人类，特别是不应该有目的性地做出伤害人类的行为。

（二）能感知环境，产生反应，与人交互，与人互补

人工智能系统应能借助传感器等器件产生对外界环境（包括人类）进行感知的能力，可以像人一样通过听觉、视觉、嗅觉、触觉等接收来自环境的各种信息，对外界输入产生文字、语音、表情、动作（控制执行机构）等必要的反应，甚至影响到环境或人类。借助按钮、键盘、鼠标、屏幕、手势、体态、表情、力反馈、虚拟现实或增强现实等方式，人与机器间可以产生交互与互动，使机器设备越来越"理解"人类乃至与人类共同协作、优势互补。这样，人工智能系统能够帮助人类做不擅长、不喜欢但机器能够完成的工作，而人类则适合做更需要创造性、洞察力、想象力、灵活性、多变性乃至用心领悟或需要感情的一些工作。

（三）有适应特性，学习能力，演化迭代，连接扩展

人工智能系统在理想情况下应具有一定的自适应特性和学习能力，即具有一定的随环境、数据或任务变化而自动调节参数或更新优化模型的能力，并且能够在此基础上通过与云、端、人、物越来越广泛、深入的数字化连接扩展，实现机器客体乃至人类主体的演化迭代，以使系统具有适应性、稳健性、灵活性、扩展性，来应对不断变化的现实环境，从而使人工智能系统在各行各业产生丰富的应用。

三、人工智能的关键技术

（一）机器学习

机器学习是一门涉及统计学、系统辨识、逼近理论、神经网络、优化理论、计算机科学、脑科学等诸多领域的交叉学科，研究计算机怎样模拟或实现人类的学习行为，以获取新的知识或技能，重新组织已有的知识结构，使之不断改善自身的性能，是人工智能技术的核心。基于数据的机器学习是现代智能技术中的重要方法之一，研究从观测数据（样本）出发寻找规律，并利用这些规律对未来数据或无法观测的数据进行预测。根据学习模式、学习方法及算法的不同，机器学习存在不同的分类方法。

1. 根据学习模式分类

根据学习模式，可以将机器学习分为监督学习、无监督学习和强化学习。

（1）监督学习。监督学习是利用已标记的有限训练数据集，通过某种学习策略/方法建立一个模型，实现对新数据/实例的标记（分类）/映射。最典型的监督学习算法包括回归和分类。监督学习要求训练样本的分类标签已知。分类标签精确度越高，样本越具有代表性，学习模型的准确度越高。监督学习在自然语言处理、信息检索、文本挖掘、手写体辨识、垃圾邮件侦测等领域获得了广泛应用。

（2）无监督学习。无监督学习是利用无标记的有限数据描述隐藏在未标记数据中的结构/规律。最典型的非监督学习算法包括单类密度估计、单类数据降维、聚类等。无监督学习不需要训练样本和人工标注数据，便于压缩数据存储、减少计算量、提升算法速度，还可以避免正、负样本偏移引起的分类错误问题。无监督学习主要用于经济预测、异常检测、数据挖掘、图像处理、模式识别等领域，如组织大型计算机集群、社交网络分析、市场分割、天文数据分析等。

（3）强化学习。强化学习是智能系统从环境到行为映射的学习，以使强化信号函数值最大。由于外部环境提供的信息很少，强化学习系统必须靠自身的经历进行学习。强化学习的目标是学习从环境状态到行为的映射，使得智能体选择的行为能够获得环境最大的奖赏，使得外部环境对学习系统在某种意义下的评价为最佳。强化学习已在机器人控制、无人驾驶、下棋、工业控制等领域获得成功应用。

2. 根据学习方法分类

根据学习方法，可以将机器学习分为传统机器学习和深度学习。

（1）传统机器学习。传统机器学习从一些观测（训练）样本出发，试图发现不能通过原理分析获得的规律，实现对未来数据行为或趋势的准确预测。相关算法包括逻辑回归、隐马尔科夫方法、支持向量机方法、K近邻方法、三层人工神经网络方法、Adaboost算法、贝叶斯方法及决策树方法等。传统机器学习平衡了学习结果的有效性与学习模型的可解释性，为解决有限样本的学习问题提供了一种框架，主要用于有限样本情况下的模式分类、回归分析、概率密度估计等。传统机器学习方法共同的重要理论基础之一是统计学，在自然语言处理、语音识别、图像识别、信息检索和生物信息等领域获得了广泛应用。

（2）深度学习。深度学习是建立深层结构模型的学习方法。典型的深度学习算法包括深度置信网络、卷积神经网络、受限玻尔兹曼机和循环神经网络等。深度学习又被称为深度神经网络（指层数超过3层的神经网络）。深度学习作为机器学习研究中的一个新兴领域，由Hinton等人于2006年提出。深度学习源于多层神经网络，其实质是给出了一种将特征表示和学习合二为一的方式。深度学习的特点是放弃了可解释性，单纯追求学习的有效性。经过多年的摸索尝试和研究，已经产生了诸多深度神经网络的模型，其中卷积神经网络、循环神经网络是两类典型的模型。卷积神经网络常被应用于空间性分布数据；循环神经网络在神经网络中引入了记忆和反馈，常被应用于时间性分布数据。深度学习框架是进行深度学习的基础底层框架，一般包含主流的神经网络算法模型，提供稳定的深度学习 API，支持训练模型在服务器和 GPU、TPU 间的分布式学习，部分框架还具备在包括移动设备云平台在内的多种平台上运行的移植能力，从而为深度学习算法带来前所未有的运行速度和实用性。

3. 根据算法分类

根据算法，可以将机器学习分为迁移学习、主动学习、演化学习。

（1）迁移学习。迁移学习是指当在某些领域无法取得足够多的数据进行模型训练时，利用另一领域数据获得的关系进行的学习。迁移学习可以把已训练好的模型参数迁移到新的模型指导新模型训练，可以更有效地学习底层规则、减少数据量。目前的迁移学习技术主要在变量有限的小规模应用中使用，如基于传感器网络的定位、文字分类和图像分类等。未来迁移学习将被广泛应用于解决更有挑战性的问题，如视频分类、社交网络分析、逻辑推理等。

（2）主动学习。主动学习通过一定的算法查询最有用的未标记样本，并交由专家进行标记，然后用查询到的样本训练分类模型来提高模型的精度。主动学习能够选择性地获取知识，通过较少的训练样本获得高性能的模型，最常用的策略是通过不确定性准则和差异性准则选取有效的样本。

（3）演化学习。演化学习对优化问题性质要求极少，只要能够评估解的好坏即可，适用于求解复杂的优化问题，也能直接用于多目标优化。演化算法包括粒子群优化算法、多目标演化算法等。目前，针对演化学习的研究主要集中在演化数据聚类、对演化数据更有效的分类，以及提供某种自适应机制以确定演化机制的影响等。

（二）知识图谱

知识图谱本质上是结构化的语义知识库，是一种由节点和边组成的图数据结构，以符号形式描述物理世界中的概念及其相互关系，其基本组成单位是"实体一关系一实体"三元组，以及实体及其相关属性一值对。不同实体之间通过关系相互联结，构成网状的知识结构：在知识图谱中，每个节点表示现实世界的"实体"，每条边为实体与实体之间的"关系"。

通俗地讲，知识图谱就是把所有不同种类的信息连接在一起而得到的一个关系网络，提供了从"关系"的角度去分析问题的能力。知识图谱可用于反欺诈、不一致性验证、反组团欺诈等公共安全保障领域，需要用到异常分析、静态分析、动态分析等数据挖掘方法。值得一提的是，知识图谱在搜索引擎、可视化展示和精准营销方面有很大的优势，已成为业界的热门工具。但是，知识图谱的发展还面临很大的挑战，如数据的噪声问题，即数据本身有错误或者数据存在冗余。随着知识图谱应用的不断深入，还有一系列关键技术需要突破。

（三）自然语言处理

自然语言处理是计算机科学领域与人工智能领域的一个重要方向，研究能实现人与计算机之间用自然语言进行有效通信的各种理论和方法，涉及的领域较多，主要包括机器翻译、语义理解和问答系统等。

1. 机器翻译

机器翻译技术是指利用计算机技术实现从一种自然语言到另一种自然语言的翻译过程。Q 基于统计的机器翻译方法突破了之前基于规则和实例的翻译方法的局限性，翻译性能取得巨大提升。基于深度神经网络的机器翻译在日常口语等一些场景的成功应用，已经显现出了巨大的潜力。随着上下文的语境表征和知识逻辑推理能力的发展，自然语言知识图谱不断扩充，机器翻译将会在多轮对话翻译及篇章翻译等领域取得更大进展。

目前，非限定领域机器翻译中性能较佳的一种是统计机器翻译，包括训练及解码两个阶段。训练阶段的目标是获得模型参数；解码阶段的目标是利用所估计的参数和给定的优化 0 标，获取待翻译语句的最佳翻译结果。

2. 语义理解

语义理解技术是指利用计算机技术实现对文本篇章的理解，并且回答与篇章相关问题的过程。语义理解更注重对上下文的理解及对答案精准程度的把控。随着 MCTest 数据集的发布，语义理解受到更多关注，取得了快速发展，相关数据集和对应的神经网络模型层出不穷。语义理解技术将在智能客服、产品自动问答等相关领域发挥重要作用，进一步提高问答与对话系统的精度。

在数据采集方面，语义理解通过自动构造数据方法和填空型问题的方法来有效扩充数据资源。为了解决填充型问题，一些基于深度学习的方法被相继提出，如基于注意力的神经网络方法。当前主流的模型是利用神经网络技术对篇章、问题建模，对答案的开始和终止位置进行预测，抽取出篇章片段。对于进一步泛化的答案，处理难度也进一步提升，目前的语义理解技术仍有较大的提升空间。

3. 问答系统

问答系统分为开放领域的对话系统和特定领域的问答系统。问答系统技术是指让计算机像人类一样用自然语言与人交流的技术。人们可以向问答系统提交用自然语言表达的问题，系统会返回关联性较高的答案。尽管问答系统目前已经有不少应用产品出现，但大多是在实际信息服务系统和智能手机助手等领域中的应用，在问答系统稳健性方面仍然存在着问题和挑战。

自然语言处理面临四大挑战：一是在词法、句法、语义、语用和语音等不同层面存在不确定性；二是新的词汇、术语、语义和语法导致未知语言现象的不可预测性；三是数据资源的不充分使其难以覆盖复杂的语言现象；四是语义知识的模糊性和错综复杂的关联性难以用简单的数学模型描述，语义计算需要参数庞大的非线性计算。

（四）人机文互

人机交互主要研究人和计算机之间的信息交换，主要包括人到计算机和计算机到人的两部分信息交换，是人工智能领域重要的外围技术。人机交互是与认知心理学、人机工程学、多媒体技术、虚拟现实技术等密切相关的综合学科。传统的人与计算机之间的信息交换主要依靠交互设备进行，包括键盘、鼠标、操纵杆、数据服装、眼动跟踪器、位置跟踪器、数据手套、压力笔等输入设备，以及打印机、绘图仪、显示器、头盔式显示器、音箱等输出设备。人机交互技术除了传统的基本交互和图形交互外，还包括语音交互、情感交互、体感交互及脑机交互等技术。以下对后四种与人工智能关系密切的典型交互手段进行介绍。

1. 语音交互

语音交互是一种高效的交互方式，是人以自然语音或机器合成语音与计算机进行交互的综合性技术，结合了语言学、心理学、工程和计算机技术等领域的知识。语音交互不仅要对语音识别和语音合成进行研究，还要对人在语音通道下的交互机理、行为方式等进行研究。语音交互过程包括四部分：语音采集、语音识别、语义理解和语音合成。语音采集完成音频的录入、采样及编码；语音识别完成语音信息到机器可识别的文本信息的转化；语义理解根据语音识别转换后的文本字符或命令完成相应的操作；语音合成完成文本信息到声音信息的转换。作为人类沟通和获取信息最自然便捷的手段，语音交互比其他交互方式具备更多的优势，能为人机交互带来根本性变革，是大数据和认知计算时代未来发展的制高点，具有广阔的发展前景和应用前景。

2. 情感交互

情感是一种高层次的信息传递，而情感交互是一种交互状态，它在表达功能和信息时传递情感，勾起人们的记忆或内心的情愫。传统的人机交互无法理解和适应人的情绪或心境，缺乏情感理解和表达能力。计算机难以具有类似人一样的智能，也难以通过人机交互做到真正的和谐与自然。情感交互就是要赋予计算机类似于人一样的观察、理解和生成各种情感的能力，最终使计算机像人一样能进行自然、亲切和生动的交互。情感交互已经成为人工智能领域的热点方向，旨在让人机交互变得更加自然。目前，情感交互信息的处理方式、情感描述方式、情感数据获取和处理过程、情感表达方式等方面还面临着诸多技术挑战。

3. 体感交互

体感交互是个体不需要借助任何复杂的控制系统，以体感技术为基础，直接通过肢体动作与周边数字设备装置、环境进行自然的交互。依照体感方式与原理的不同，体感技术主要分为三类：惯性感测、光学感测及光学联合感测。体感交互通常由运动追踪、手势识别、运动捕捉、面部表情识别等一系列技术支撑。与其他交互手段相比，体感交互技术无论是硬件还是软件方面都有了较大的提升，交互设备向小型化、便携化、使用方便化等方面发展，大大降低了对用户的约束，使得交互过程更加自然。目前，体感交互在游戏娱乐、医疗辅助与康复、全自动三维建模、辅助购物、眼动仪等领域有了较为广泛的应用。

4. 脑机交互

脑机交互又被称为脑机接口，指不依赖于外围神经和肌肉等神经通道，直接实现大脑与外界信息传递的通路。脑机接口系统检测中枢神经系统活动，并将其转化为人工输出指令，能够替代、修复、增强、补充或者改善中枢神经系统的正常输出，从而改变中枢神经系统与内外环境之间的交互作用。脑机交互通过对神经信号解码，实现脑信号到机器指令的转化，一般包括信号采集、特征提取和命令输出三个模块。从脑电信号采集的角度来看，一般将脑机接口分为侵入式和非侵入式两大类。除此之外，脑机接口还有其他常见的分类方式：按照信号传输方向可以分为脑到机、机到脑和脑机双向接口；按照信号生成的类型可分为自发式脑机接口和诱发式脑机接口；按照信号源的不同可分为基于脑电的脑机接口、基于功能性核磁共振的脑机接口及基于近红外光谱分析的脑机接口。

（五）计算机视觉

计算机视觉是使用计算机模仿人类视觉系统的科学，让计算机拥有类似人类提取、处理、理解和分析图像及图像序列的能力。自动驾驶、机器人、智能医疗等领域均需要通过计算机视觉技术从视觉信号中提取并处理信息。近年来，随着深度学习的发展，预处理特征提取与算法处理渐渐融合，形成端到端的人工智能算法技术。根据解决的问题，计算机视觉可分为计算成像学、图像理解、三维视觉、动态视觉和视频编解码五大类。

1.计算成像学

计算成像学是探索人眼结构、相机成像原理及延伸应用的科学。在相机成像原理方面，计算成像学不断促进现有可见光相机的完善，使得现代相机更加轻便，可以适用于不同场景。同时，计算成像学也推动着新型相机的产生，使相机超出可见光的限制。在相机应用科学方面，计算成像学可以提升相机的能力，从而通过后续的算法处理使得在受限条件下拍摄的图像更加完善，如图像去噪、去模糊、暗光增强、去雾霾等，以及实现新的功能，如全景图、软件虚化、超分辨率等。

2.图像理解

图像理解是通过用计算机系统解释图像，实现类似人类视觉系统理解外部世界的一门科学。根据理解信息的抽象程度可分为三个层次：浅层理解，包括图像边缘、图像特征点、纹理元素等；中层理解，包括物体边界、区域与平面等；高层理解，根据需要抽取的高层语义信息，可大致分为识别、检测、分割、姿态估计、图像文字说明等。目前，高层图像理解算法已广泛应用于人工智能系统，如刷脸支付、智慧安防、图像搜索等。

3.三维视觉

三维视觉即研究如何通过视觉获取三维信息（三维重建）及如何理解所获取的三维信息的科学。三维重建可以根据重建的信息来源，分为单目图像重建、多目图像重建和深度图像重建等。三维信息理解即使用三维信息辅助图像理解或者直接理解三维信息。三维信息理解可分为浅层（角点、边缘、法向量等）、中层（平面、立方体等）和高层（物体检测、识别、分割等）。三维视觉技术可以广泛应用于机器人、无人驾驶、智慧工厂、虚拟/增强现实等方向。

4.动态视觉

动态视觉即分析视频或图像序列，模拟人处理时序图像的科学。通常，动态视觉问题可以定义为寻找图像元素，如像素、区域、物体在时序上的对应，以及提取其语义信息的问题。动态视觉研究被广泛应用在视频分析及人机交互等方面。

5.视频编解码

视频编解码是指通过特定的压缩技术，将视频流进行压缩。视频流传输中最为重要的编解码标准有国际电联的 H.261、H.263、H.264、H.265、M-JPEG 和 MPEG 系列标准。视频压缩编码主要分为两大类：无损压缩和有损压缩。无损压缩指使用压缩后的数据进行重构时，重构后的数据与原来的数据完全相同，如磁盘文件的压缩。有损压缩也被称为不可逆编码，指使用压缩后的数据进行重构时，重构后的数据与原来的数据有差异，但不会使人们对原始资料所表达的信息产生误解。有损压缩的应用范围广泛，如视频会议、可视电话、视频广播、视频监控等。

目前，计算机视觉技术发展迅速，已具备初步的产业规模。未来计算机视觉技术的发展主要面临以下挑战：一是如何在不同的应用领域和其他技术更好地结合。计算机视觉在解决某些问题时可以广泛利用大数据，已经逐渐成熟并且可以超过人类，而在某些问题上无法达到很高的精度。二是如何降低计算机视觉算法的开发时间和人力成本。目前计算机视觉算法需要大量的数据与人工标注，需要较长的研发周期以达到应用领域所要求的精度与耗时。三是如何加快新型算法的设计开发。随着新的成像硬件与人工智能芯片的出现，针对不同芯片与数据采集设备的计算机视觉算法的设计和开发也是挑战之一。

（六）生物特征识别

生物特征识别技术是指通过个体生理特征或行为特征对个体身份进行识别认证的技术。从应用流程来看，生物特征识别通常分为注册和识别两个阶段。注册阶段通过传感器对人体的生物表征信息进行采集，如利用图像传感器对指纹和人脸等光学信息、利用麦克风对说话声等声学信息进行采集，利用数据预处理及特征提取技术对采集的数据进行处理，得到相应的特征并进行存储。识别过程采用与注册过程一致的信息采集方式对待识别人进行信息采集、数据预处理和特征提取，然后将提取的特征与存储的特征进行比对分析，完成识别。从应用任务来看，生物特征识别一般分为辨认与确认两种任务。辨认是指从存储库中确定待识别人身份的过程，是一对多的问题；确认是指将待识别人信息与存储库中特定单人信息进行比对，确定身份的过程，是一对一的问题。

生物特征识别技术涉及的内容十分广泛，包括指纹、人脸、虹膜、指静脉、声纹、步态等多种生物特征，其识别过程涉及图像处理、计算机视觉、语音识别、机器学习等多项技术。目前，生物特征识别作为重要的智能化身份认证技术，在金融、公共安全、教育、交通等领域得到广泛的应用。下面将对指纹识别、人脸识别、虹膜识别、指静脉识别、声纹识别及步态识别等技术进行介绍。

1.指纹识别

指纹识别通常包括数据采集、数据处理、分析判别三个过程。数据采集是通过光、电、力、热等物理传感器获取指纹图像；数据处理包括预处理、畸变校正、特征提取三个过程；分析判别是对提取的特征进行分析判别的过程。

2.人脸识别

人脸识别是典型的计算机视觉应用。从应用过程来看，可将人脸识别技术划分为检测定位、面部特征提取及人脸确认三个过程。人脸识别技术的应用主要受到光照、拍摄角度、图像遮挡、年龄等多个因素的影响。在约束条件下，人脸识别技术相对成熟；在自由条件下，人脸识别技术还在不断改进。

3.虹膜识别

虹膜识别的理论框架主要包括虹膜图像分割、虹膜区域归一化、特征提取和识别四个部分，研究工作大多是基于此理论框架发展而来的。虹膜识别技术应用的主要难题包含传感器和光照影响两个方面：一方面，由于虹膜尺寸小且受黑色素遮挡，需在近红外光源下采用高分辨图像传感器才可清晰成像，对传感器质量和稳定性要求比较高；另一方面，光照的强弱变化会引起瞳孔缩放，导致虹膜纹理产生复杂形变，增加了匹配的难度。

4. 指静脉识别

指静脉识别是利用了人体静脉血管中的脱氧血红蛋白对特定波长范围内的近红外线有很好的吸收作用这一特性，采用近红外光对指静脉进行成像与识别的技术。由于指静脉血管分布随机性很强，其网络特征具有很好的唯一性，且属于人体内部特征，不受外界影响，因此模态特性十分稳定。指静脉识别技术应用面临的主要难题来自成像单元。

5. 声纹识别

声纹识别是根据待识别语音的声纹特征识别说话人的技术。声纹识别技术通常可以分为前端处理和建模分析两个阶段。声纹识别的过程是将某段来自某个人的语音经过特征提取后与多复合声纹模型库中的声纹模型进行匹配，常用的识别方法分为模板匹配法、概率模型法等。

6. 步态识别

步态是远距离复杂场景下唯一可清晰成像的生物特征。步态识别是指通过身体体形和行走姿态来识别人的身份。相比上述几种生物特征识别，步态识的技术难度更大，体现在其需要从视频中提取运动特征，以及需要更高要求的预处理算法。但步态识别具有远距离、跨角度、光照不敏感等优势。

（七）虚拟现实/增强现实

虚拟现实（VR）/增强现实（AR）是以计算机为核心的新型视听技术。结合相关科学技术，在一定范围内生成与真实环境在视觉、听觉、触感等方面高度近似的数字化环境。用户借助必要的装备与数字化环境中的对象进行交互，相互影响，获得近似真实环境的感受和体验，通过显示设备、跟踪定位设备、触力觉交互设备、数据获取设备、专用芯片等实现。

虚拟现实/增强现实从技术特征角度，按照不同处理阶段，可以分为获取与建模技术、分析与利用技术、交换与分发技术、展示与交互技术、技术标准与评价体系五个方面。获取与建模技术研究如何把物理世界或者人类的创意进行数字化和模型化，难点是三维物理世界的数字化和模型化技术；分析与利用技术重点研究对数字内容进行分析、理解、搜索和知识化的方法，其难点在于内容的语义表示和分析；交换与分发技术主要强调各种网络环境下大规模的数字化内容流通、转换、集成，以及面向不同终端用户的个性化服务等，其核心是开放的内容交换和版权管理技术；展示与交互技术重点研究符合人类习惯的数字内容的各种显示技术及交互方法，以期提高人对复杂信息的认知能力，其难点在于建立自然和谐的人机交互环境；技术标准与评价体系重点研究虚拟现实/增强现实基础资源、内容编目、信源编码等的规范标准及相应的评估技术。

目前，虚拟现实/增强现实面临的挑战主要体现在智能获取、普适设备、自由交互和感知融合四个方面，在硬件平台与装置、核心芯片与器件、软件平台与工具、相关标准与规范等方面存在一系列科学技术问题。总体来说，虚拟现实/增强现实呈现虚拟现实系统智能化、虚实环境对象无缝融合、自然交互全方位与舒适化的发展趋势。

综上所述，人工智能技术在以下方面的发展有显著的特点，是进一步研究人工智能发展趋势的重点。

1.技术平台开源化

开源的学习框架在人工智能领域的研发成绩斐然，对深度学习领域影响巨大。开源的深度学习框架使得开发者可以直接使用已经研发成功的深度学习工具，减少二次开发，提高效率，促进业界紧密合作和交流。国内外产业巨头也纷纷意识到通过开源技术建立产业生态，是抢占产业制高点的重要手段。通过技术平台的开源化，可以扩大技术规模，整合技术和应用，有效布局人工智能全产业链。谷歌、百度等国内外龙头企业纷纷布局开源人工智能生态，未来将有更多的软硬件企业参与开源生态。

2.专用智能向通用智能发展

目前，人工智能的发展主要集中在专用智能方面，具有领域局限性。随着科技的发展，各领域之间相互融合、相互影响，需要一种范围广、集成度高、适应能力强的通用智能，提供从辅助性决策工具到专业性解决方案的升级。通用人工智能具备执行一般智慧行为的能力，可以将人工智能与感知、知识、意识和直觉等人类的特征互相连接，减少对领域知识的依赖性，提高处理任务的普适性，这将是人工智能未来的发展方向。未来的人工智能将广泛地涵盖各个领域，消除各领域之间的应用壁垒。

3.智能感知向智能认知方向迈进

人工智能的主要发展阶段包括运算智能、感知智能、认知智能，这一观点得到业界的广泛认可。早期阶段的人工智能是运算智能，机器具有快速计算和记忆存储能力。当前大数据时代的人工智能是感知智能，机器具有视觉、听觉、触觉等感知能力。随着类脑科技的发展，人工智能必然向认知智能时代迈进，即让机器能理解、会思考。

第二节　基于人工智能的智慧图书馆分析

近年来，人工智能技术在图书馆各项工作中的运用日益增多，在给我国图书馆的服务理念、服务内容及服务方式等带来历史性变革的同时，使智慧图书馆的发展步伐进一步加快。

一、人工智能助力智慧图书馆馆藏资源的有效整合

目前，现代图书馆数字资源整合与发现系统主要有 Findplus、Summon、维普智图、超星发现等。图书馆能做到的数字资源整合还远远达不到为读者自由获取信息资源的实际要求。读者在图书馆检索文献时，会显示书评及下载链接等少量信息。目前，图书馆

资源整合的主要方式包括 OPAC 系统的纸质文献和电子文献关联整合、异构数据库元数据抽取整合、异构电子资源库接口链接整合等。元数据整合、接口整合已经成为主流的平台整合方式。传统图书馆的数据处理由于受数据获取和分析能力的制约，采用数据采样或抽样的方式处理数据，通过少量的样本数据，使用数学或统计学模型近似地描述变量之间的特征或规律，进行趋势外推到总体特征。智慧图书馆中数字资源的整合指的是综合运用各种技术、方法和手段，对图书馆相互独立的各种数字资源进行优化，重新将其结合为一个新的有机整体，形成效能更好、效率更高的数字资源体系。智慧图书馆运用人工智能技术可做到数字资源的深度整合，而人工智能技术的应用则是依据信息用户的需求，对各个相对独立的数字资源中的数据单元、功能结构及其互动关系进行揭示和融合。它不仅是对数字资源本身的集中化整合，更是对数字资源相关数据的整合，使智慧图书馆中数字资源更趋于有序化。人工智能技术使传统图书馆馆藏数字资源的有效整合、数据处理方式和数据处理思维模式发生了根本性的变革。

二、人工智能可助力智慧图书馆数字资源的智慧检索

"互联网+"技术的快速发展，以计算机技术、网络通信技术、多媒体数字技术等为依托的人工智能技术广泛应用，使传统图书馆的馆藏结构、信息服务方式与服务理念等正在发生改变。读者在海量信息中精准检索并筛选到符合自己需求的信息资源，既是一项专业的事情，又是一种繁琐的事情。要想在海量的网络信息资源中快速、准确地找到目标信息，减少读者检索的负担，人工智能检索技术在智慧图书馆中广泛应用就显得尤为重要。与传统网络检索相比，智慧图书馆中的人工智能检索可通过提取信息的语义内容来实现匹配和推理，实现从基本的文献检索到知识检索的转变。它可以根据读者的检索行为，通过算法来满足读者的要求，进而将符合读者需求的信息资源进行智能筛选并呈现给读者，使检索更便捷和精准。人工智能技术可帮助馆员或者系统自动完成一些咨询服务，让馆员能从事更加具体的咨询服务。其中，语义分析、智能回答、垂直搜索和业务系统的一站式接入平台系统是开展这项工作的关键。而且语义平台已经能够提供覆盖多垂直领域的语义通用场景，提供海量通用问答资源，支持亿万量级词典的复杂语义空间建模，以及自定义文法和通用文法的混合解码，同时支持 Andriod、IOS、JAVA、Linux 等多终端形式接入，通过多样化的结果输出，满足应用的个性化定制需求。目前的语义分析系统非常发达，已经达到能对中文、英文、日文甚至部分方言的自动语义分析。

三、人工智能可助力智慧图书馆服务模式的创新

差异化和个性化的服务是互联网时代的一个重要特征，图书馆也不例外。这种差异化、个性化的服务需要人工智能技术依托大数据方式来完成。

（一）运用图像识别技术，精准识别到馆有效读者和一般浏览读者，为读者服务工作提供有效数据支撑

图像识别技术运用到人身上主要是人脸识别，是基于人的脸部特征信息进行身份识别的一种生物识别技术。用摄像机或摄像头采集含有人脸的图像或视频流，并自动在图像中检测和跟踪人脸，通常也叫做人像识别、面部识别。人脸识别已有 30 多年的研发历史，现已开始深入我们的生活，并改变我们的生活。2017 年，第一家阿里巴巴的无人

超市、第一家刷脸取现的银行的出现，将这一技术推进到更高领域的实际应用。与其他的验证方式相比，人脸识别不需要读者专门配合采集设备，在远距离、自然状态下就可获取人脸图像，隐蔽性更好。

图书馆采用人脸识别技术可以有效完成大量到馆读者的身份管理。这种技术对提升我们的服务有至关重要的参考意义。对于图书馆来说，掌握非有效读者到馆规律非常重要。每年图书馆到馆读者有几百万，但真正有效读者和非有效读者的比例一直困扰着我们的统计工作，没有哪座图书馆能说清楚这一比例。传统图书馆统计到馆读者一般使用客流统计系统完成，大部分技术平台系统是根据头、双肩三点测定，判断进馆与出馆行为。如果应用人脸识别系统进行统计，根据有效读者的进馆数据分析，系统可将一些实时的推荐信息发送到读者移动设备中，如借阅信息、兴趣阅读信息等，可以在原有进馆、出馆统计的基础上完成有效读者和一般浏览性读者的区分。如果我们能准确掌握这一比例，就可以在服务中有所侧重，这对提升图书馆读者服务效能非常重要。再如电子阅览室上网服务、网上报名签到服务、读者到馆统计服务、读者数字图书馆快速访问服务等。电子阅览室上网服务需要读者每次上网都要提供有效身份证明，如果应用人脸识别技术，那么读者第一次持身份证或者读者证登记注册后，再次上网时，可能只需要几秒钟进行人脸识别就可以完成上网的登记，从而极大地方便读者使用电子阅览室。

（二）运用 RFID 识别技术可节省读者等候时间，提高工作效率

依赖于物联网、智联网的传感技术、智能感知技术和云计算技术，在硬件基础设施和软件技术的支撑下，智慧图书馆能够提供智慧化的管理和服务。RFID 本身就是一种初级智能设备。目前，图书馆在借阅环节使用 RFID 技术已经成为一种主流，可以完全实现图书馆借阅服务的人工智能化。随着超高频标签技术门槛的不断降低，人工智能将会赋予 RFID 更多的信息，如读者信息、图书馆座位信息、预订图书到馆信息等。越来越多的图书馆采用超高频标签，实现了读者带着书经过一个探测门就能完成借阅，为实现无人超市式的借阅场景提供了可能。要完成一个快速借阅过程，需要人工智能技术中人像识别和标签识别两个系统的密切配合。现在的人像识别技术可以让身份识别在 5 秒之内完成，通过与业务系统的对话实现提取读者证号的功能。而超高频标签识别系统对超过 1 米以外的图书都能够实现读取，并完成借阅。目前这一系列的技术非常成熟，各种应用设备的价格也趋于合理。同时，人工智能引入门禁系统会在有效距离内自动识别到读者，让读者可无障碍进出图书馆，人工智能设备将引导读者找到所需的文献信息资源。

（三）运用语音识别技术可实现无障碍服务

语音是人类交流最自然的方式。人类通过语音传递和接收信息比其他任何媒介接收信息都要简单、方便和快捷。这些优点决定了语音识别是智慧图书馆无障碍服务最有效的方式。语音识别技术不受传统人工咨询服务时间、空间和人力的限制，能够无障碍地满足日益增长的读者服务需求，特别是能够帮助弱势群体，如老年人、学龄前儿童、阅读障碍症患者等进行文献检索和阅读。中国国家数字图书馆 App 和上海图书馆 App 均采用了语音识别技术，让读者可通过语音输入代替文本输入进行馆藏资源搜索。语音识别技术能将文字转换成语音，可以提供语音朗读，让视障人士通过听觉来获取信息，解决文本输入困难的问题；反之，可以将音频中的语言转换成文字，为聋哑人士提供文字阅

览。另外，语音机器人还可以代替馆员为读者提供多种服务，如馆藏资源搜索、参考咨询、学科导航等。

四、人工智能可助力智慧图书馆系统分析与管理

随着人工智能技术的不断发展，图书馆的服务模式和读者的阅读方式正在发生巨大的变化，读者服务工作中产生的数据也越来越具备大数据的特征。将人工智能技术与图书馆业务相结合，挖掘、分析隐藏在读者行为大数据背后的价值，是智慧图书馆领域研究的热点之一。基于大数据的人工智能技术，可从不同角度对图书馆的读者行为数据进行深度关联分析，探索发现隐藏在数据背后的模式和规律，进而可以形成大量的数据报告。人工智能技术通过一种对读者人群进行分类的算法，可以根据读者的借阅记录特征，如借阅书目、借阅时长、借阅频率等对读者进行分类，从而能标示出读者借阅画像。人工智能系统将自动把读者的兴趣、爱好等与文献联系起来，形成一个完整的读者借阅画像，并能完成实时的推送服务。比如，辽宁省图书馆目前拥有业务系统 OPAC、统一检索系统、读者个人图书馆、统一认证系统、人流统计系统等多个系统平台的数据集合。其新馆利用人工智能技术进行读者行为数据的实证研究，重点是读者结构、读者阅读心理、读者阅读需求、读者阅读行为、读者馆内轨迹的研究，建立了比较清晰的读者画像，通过人工智能分析系统总结出近十年该馆读者的阅读倾向的变化、读者结构的变化、读者阅读习惯的变化等，为业务工作提供了科学依据，也为辽宁省图书馆的创新服务提供了新思路和选择。

智慧图书馆是在移动互联网、云计算、大数据、物联网等高新信息技术的支持下，实现图书馆实体空间与虚拟空间的有机融合，通过人工智能技术的运用达到馆藏信息资源充分利用，服务高效、便捷，低碳环保运作，体现以人为本的智慧化服务和智慧化管理的新型图书馆。利用新的信息环境下的各种智能设备、智能系统、移动网络等分别对读者、实体图书馆的图书、期刊、座位和数字图书馆的文献资源、智能设备等进行统一智能管理，以提高管理效率。图书馆嵌入人工智能技术，可以实现智慧化控制及高效管理。传统的图书馆管理更多的是依靠基于人的感知、经验和预判来进行的图书馆管理，受限于个人的能力等因素，具有一定的局限性。人工智能技术可利用数据分析和数据算法，将多维度、多视角的内外部数据紧密结合起来，建立读者服务的模型，帮助智慧图书馆的管理者做出正确的判断。这种基于大数据的人工智能分析可以为图书馆决策者制定图书馆发展策略提供决策参考，可以建立人工智能的服务辅助管理系统，有效拓展图书馆的服务领域，从而提高图书馆的读者服务水平和效能。

五、人工智能可助力智慧图书馆网络的安全管控

人工智能以网络和大数据为依托，保护网络和数据安全是发展人工智能的前提。网络安全是图书馆人工智能服务的必然保障。网络时代，图书馆的读者数据大多数是在读者未授权或者不知情的情况下获取的，有着很强的私密性，如一些读者的搜索数据、借阅数据。读者的一些阅读模型只有研究意义，不具备公开条件。

基于大数据建立起来的人工智能信息分析系统，在数字资源云存储、智能安防方面发挥着举足轻重的作用。首先，可以对所有到馆读者数据进行精准分析，全面掌握各类图书借阅或访问信息及文献利用率情况，为智慧图书馆管理提供重要依据；其次，可获

取读者借阅信息，为分析读者阅读兴趣的要求提供了依据，最终实现向读者主动推送所需要的文献资源；再次，可以保护读者数据和隐私；最后，可以建立技术屏障，防止不法入侵数据平台分析系统，免除读者行为数据泄露或被他人窃取。

六、人工智能可助力智慧图书馆打造智慧咨询馆员

智慧图书馆为读者提供更加个性化、全方位的信息服务，需要借助智慧咨询馆员运用人工智能技术，采用新的语义分析技术去分析读者咨询中的对话问题，对馆员要求较高。传统图书馆使用的是 Frequently Asked Questions（FAQ），也是最早的智能服务形式之一。在线咨询馆员服务是将读者咨询频率较高的问题汇集起来形成 FAQ 服务。这是一个人工筛选的过程，需要读者自行到 FAQ 合集里去寻找想咨询的问题。FAQ 虽然比较被动，但服务的确发挥了重要作用。目前很多图书馆除了应用人工智能技术，努力打造智慧咨询馆员外，也引进了智能馆员机器人，完成读者一般堆的咨询问题。比如，辽宁省图书馆 2016 年引进了服务机器人，在服务大厅完成读者一般性咨询问题、馆舍功能介绍、读者引路等服务。其后台对接着一个开放性的云语义平台，带给读者的不单单是一个咨询问题的解决，更多的是读者对数字图书馆的一种应用体验。机器人的服务将随着语义分析技术和语义平台技术的进步有进一步的拓展，将来可以完全替代馆员完成导引服务。类似苹果智能"siri"等智能机器人迈入了一个新的发展期，未来将影响甚至改变图书馆的信息服务工作模式。

第三节　人工智能技术在智慧图书馆中的具体应用

一、基于人工智能机器人的交互服务

（一）模式设计

在图书馆传统交互服务模式下，读者与图书馆之间的交互途径包括馆员对话、OPAC机、目录检索机等。随着人工智能技术逐渐应用于图书馆智慧服务当中，读者对设施应用智能性的要求正在提高。智能机器人作为人工智能领域内的智慧结晶，被各国视为人工智能技术发展情况的综合体现，被广泛应用于军事、商业、服务等多个领域。图书馆作为公共文化传播服务单位，依托自身资源多元化优势，结合社会和自身发展方向，有责任、有必要、有义务应用智能机器人。

首先，使用智能机器人能够与读者进行互动交流，甚至能够解决读者提出的问题，指引读者进行自助服务，缓解图书馆馆员在高峰时段的工作精力，使馆员将更多精力投入重点发展方向；其次，能够为读者提供高智能化服务，提高读者对图书馆的兴趣度和满意度；最后，响应国家发展计划，利用自身特点为其他领域内智能机器人的发展提供参考和借鉴。目前，已有部分图书馆在智慧服务中应用智能机器人，如天津大学图书馆等，国外图书馆也有应用案例，如澳大利亚悉尼科技大学图书馆等。智能机器人是能够体现图书馆交互服务智能化的重要途径之一。为满足读者智能化需求，下面从图书馆交互服务角度出发，构建基于智能机器人的职能交互服务模式，以读者数据与资源数据作

为运行数据库，为读者提供不同的交互方式。交互方式分别为读者与馆员交互、读者与图书馆交互、读者与读者交互、馆员与馆员交互。该模式中涵盖了传统图书馆、数字图书馆、智慧图书馆中大多数的交互途径。设备交互和人工交互的服务对象为线下读者，使线下读者能够与馆员或者专家进行交互沟通，也能够满足读者实现自助借还书等基本功能；移动交互的服务对象为线上读者，利用移动技术为读者提供泛在化的交互服务，使读者可以随时随地享受知识服务；智能机器人交互的服务目标分别为线上读者和线下读者，使线上读者能够利用移动端访问移动图书馆、官方网页等进行交互咨询，线下读者则能够进入图书馆内，通过智能机器人进行寻路、交流、咨询等。

（二）模式特点

1. 智能性

智能机器人作为人工智能技术的高度智能化产物，能够模拟人类行为与思维，并与读者进行交流，为读者提供决策支持。咨询机器人能够根据读者所提出问题进行分析，清晰地提供多种参考方案，使读者可以根据自身知识需求来进行方案选择，从而进行决策行为，其专业性较强。交互机器人的知识库比较开源，能够与读者进行沟通交流，涉及问题多样化，通过新颖的沟通方式满足读者好奇心，进而提高读者流通率，加强读者黏着度；同时利用有效的宣传手段，提高读者的知识获取兴趣，进一步发挥图书馆自身的文化价值。向导机器人具有引导读者寻找书籍、为读者指引方位等功能，例如软银公司开发的 EPPER。交互服务是图书馆与读者之间主要的信息交互途径。应用智能机器人能够提高图书馆智慧服务的智能性。

2. 包容性

智慧图书馆是由数字图书馆转型而来的，主要依据新型技术手段。未来的时代必然会有更多新型技术的应用，因此技术手段的包容性是有必要考虑的。在该模式当中，读者能够通过线上线下相结合的方式，分别利用图书馆设备、移动设备、智能机器人、馆员沟通与图书馆进行交互服务，交互方式适用于城市图书馆和高校图书馆，且交互途径多元化，如手机、电脑、OPAC 机等。因此，基于人工智能机器人的交互服务与其他技术相比，包容性较强，便于图书馆再次发展引入新技术手段的应用。

3. 本地化

不同地理位置的读者所呈现出的表现特征是有区别的。图书馆获取服务本地读者的数据是十分关键的，有助于图书馆服务工作的开展。现阶段，大多数图书馆利用定位技术结合移动设备对读者数据进行搜集，如读者数据实时分析、自动签到、基于位置的社区交流。

二、基于计算机视觉的传感服务

（一）模式设计

计算机视觉技术能够模仿人类眼睛对物体进行分类、检测、跟踪、识别等，在不接触对象的情况下搜集对象相关特征数据，通过数据分析提取有效信息、如今，在图书馆工作中，计算机视觉技术可以实现图书馆自动化管理，同时读者数据成为智慧图书馆甚至是智能图书馆中关键的数据指标。如何在不打扰读者的情况下进行读者数据采集是十分关键的,部分学者已经对其在图书馆中的应用进行初步探索。卢章平等人认为,智能技术的规模性应用在智能空间的物理空间建设中起关键性作用。刷脸支付、刷脸门禁已经被应用于自主图书馆当中,两者使用率较高,这说明计算机视觉应用于图书馆智能传感服务是其发展趋势。为满足读者服务高效化的需求,图书馆构建了基于计算机视觉的智能传感服务模式。智能传感服务平台利用计算机视觉单方面搜集读者数据,经过信息处理,分类存放于数据库中,并生成关系数据,进而对图书馆智慧服务进行数据支撑。另外,馆员和图书馆的信息也会被搜集并置于相应数据库中,确保在某个时间节点所发生的任何事情都能够"有迹可循"。图书馆馆员根据实际需求对数据参数进行及时调整,对数据库进行实时更新,确保了数据集的准确性与稳定性。智能传感服务平台针对不同服务内容提取对应的所需数据,通过多种工具为读者提供多种服务方式。在不打扰读者的前提下,及时搜集读者数据,预先生成多种备选决策支持方案,并在读者发出知识需求时,第一时间将结果显示给读者。

（二）服务内容

从服务类型来看,基于计算机视觉的传感服务主要分为即时参考咨询、延时参考咨询、专家系统、社区咨询、联合咨询、移动咨询。社区咨询包含微博、博客、图书馆论坛等社区型平台的咨询;联合咨询主要以中国图书馆参考咨询联盟为主;移动咨询包括App、公众号等移动平台,使读者能够借助移动设备、互联网进行参考咨询服务,这些对读者而言是十分便利的。专家系统的建立需要对读者问题进行重新梳理并制订专家知识库,这需要图书馆投入大量的人力、物力、财力。如果专家知识库构建出现问题,会直接使输出结果产生偏差,使读者不理解输出结果,这对读氧是极为不友好的。因此,加入联合咨询,图书馆能够从中国图书馆参考咨询联盟中提取读者问题数据,进行聚类、分类,进而快速、准确地建立专家知识库,进一步满足读者便利化的需求。

（三）专家知识库的建立与更新

1. 专家知识库的建立

专家知识库的建立,首先需要知识抽取,明确图书馆范围可能涉及的问题。该过程中可以选择中国图书馆参考咨询联盟数据作为知识抽取对象,其数据能够使知识的全面性、规则性得到保障,再通过专家访问、专家调查等方法搜集专家处理问题的方法与结果,对结果进行整理归纳,制订知识条款并交于专家审查。将知识条款进行自然语言转化,利用知识编辑器进行翻译并输入知识库中。为保证信息的完整性和一致性,还需对信息进行检测,一方面防止输出结果出现偏差,另一方面防止系统陷入自我循环状态,将所得结果分类存放于专家知识库中。

2. 专家知识库的更新

针对在读者参考咨询中产生的新问题,首先要确定问题的合理性。馆员将问题交于领域专家进行解答并将结果转化为数据存放于专家知识库中;针对有争议的问题,馆员须判定是否组织内部商讨,借鉴其他图书馆经验,对问题进行重新分类并进行专家解答,将结果存放于专家知识库中;针对过期问题,馆员须即时将问题从知识库中剔除,减少存储资源浪费。此外,馆员须定期对专家知识库进行维护,确保为读者提供无误的参考咨询服务。

三、基于协同过滤的检索推荐服务

（一）模式设计

检索服务起初用于图书馆信息查找服务，是通过准确的语句输入查询信息的一种方式。而读者不能确保在任何环境下均能够输入准确的表达。在特征关联技术的应用下，模糊搜索逐渐成为主流。推荐服务起源于各大搜索平台的兴起，如谷歌、百度、360 等，推荐系统的应用将用户的主动信息获取变为商家的主动信息推送，既满足读者个性化的需求，也符合商家自身价值。随着推荐系统应用于图书馆当中，在保证读者个性化需求的前提下，其知识获取服务也正在逐渐发生转变。图书馆检索服务和推荐服务正趋向于统一，检索服务是读者的输入，而推荐服务是图书馆的输出。例如，浙江图书馆的个性推荐系统将检索与推荐融合在一起，改变了传统向图书馆馆员咨询图书馆编号，再根据指示到指定图书架寻找图书，为读者提供个性化的知识获取服务，同时解放了馆员。因此，为满足读者个性化需求，在调研基础上，笔者构建了基于协同过滤的智能检索推荐服务模式。在该模式下，读者数据库和资源数据库作为基础数据库，通过特征提取对数据进行特征抓取与判定，并将其置于读者特征库和资源特征库当中，利用特征匹配进行关联匹配，结合选定算法确定最优解，确保检索推荐的准确性。读者或读者群体在检索推荐服务过程中，选取符合该项目的资源集合输出，如根据读者特征将资源集合 1 输出给读者 1，完成检索推荐过程。将输出结果存入读者特征库和资源特征库中，保持实时更新。输出结果通过馆内设施、手机端、PC 端方式发送于读者。根据反馈协调机制对读者满意度进行搜集，及时对算法进行更新。

（二）服务内容

从读者特征来看，该模式通过对读者或者读者群体的特征进行提取分析，确认读者数据情况，如年龄、职业、位置等信息，通过大量数据的分析，将具有相似特征的读者进行分类划分，将资源集合与之关联匹配。此外，图书馆能够利用划分结果开展活动推广、宣传讲座等工作。该模式的服务方式分为群体推荐、馆员推荐、系统推荐。群体推荐是读者在进行知识获取服务之后，将感兴趣的资源通过社交平台或者线下交流推荐给其他读者；馆员推荐是馆员在掌握读者信息的前提下，根据馆藏资源对读者进行推荐；系统推荐包括检索结果推荐、个人列表推荐、热门推荐、咨询推荐。

（三）模式特点

1.服务个性化

通过对读者数据、馆藏资源数据的特征提取，将读者与资源进行关联匹配，为读者提供可能感兴趣的输出结果，从而实现个性化服务的目的。

2.资源合理利用

一方面，利用特征关联匹配将资源与读者进行匹配，提高资源利用效率；另一方面，馆藏资源难免出现资源浪费的情况，而利用资源特征将资源聚类推荐给读者，能够在一定程度上提高冷门资源的出现频率，从而将冷门资源加入资源流通中。

3.结果准确

由于输出结果是根据读者输入的信息，并结合读者历史数据、相似类型读者，按照降序进行推荐的，因此输出结果具有准确性。

4. 服务互动化

读者利用微博、微信、QQ 等平台对满意的结果进行再次推荐，进一步提高资源的流通率。馆员根据读者信息，结合馆藏资源对读者进行推荐，能够增加读者与馆员之间的交流。此外，馆员需要定期对资源数据库进行更新，确保实时、准确推荐。

第九章　大数据技术及其在智慧图书馆中的应用

第一节　大数据简述

一、大数据的定义

研究机构 Gartner 给出的定义：大数据指的是只有运用新的处理模式才能具有更强的洞察发现力、决策力和流程优化能力的海量、多样化和高增长率的信息资产。

麦肯锡给出的定义：大数据是指用传统的数据库软件工具无法在一定时间内对其内容进行收集、储存、管理和分析的数据集合。

维基百科给出的定义：大数据指的是所涉的资料量规模十分庞大，以至于无法通过当前主流的软件工具，在适当时间内达到选取、管理、处理并且整理成为有助于企业经营决策的信息。

由以上内容可以看出，不管在哪种定义下，大数据既不是一种新的技术，也不是一种新的产品，只是一种出现在数字化时代的现象，就像 21 世纪初提出的"海量数据"概念一样。但是，大数据和海量数据有着本质上的区别。从字面上讲，"大数据"和"海量数据"都来自英文的翻译，"big data"译为"大数据"，而"vast data"或者"large-scale data"译为"海量数据"。从组成的角度来看，大数据不仅包括海量数据所包括的半结构化和结构化的交易数据，还包括交互数据和非结构化数据。Informatica 大中国区首席产品顾问但彬更深入地指出，包括交易和交互数据集在内的所有数据集都包括在大数据内，它的规模和复杂程度远远超出了用常规技术按照合理的期限和成本捕获、管理并处理这些数据集的能力范围。由此可见，海量数据处理、海量交互数据、海量交易数据将成为大数据的主要技术趋势。

20 世纪 60 年代，数据基本在文件中储存，应用程序直接对其进行管理；20 世纪 70 年代，人们构建了关系数据模型，数据库技术为数据存储提供了一种新的手段；20 世纪 80 年代中期，由于具有面向主题、集成性、时变性和非易失性的特点，数据仓库成为数据分析和联机分析的主要平台。非关系型数据库和基于 Web 的数据库等技术随着网络的普及和 Web2.0 网站的兴起应运而生。目前，各种类型的数据伴随着社交网络和智能手机的广泛使用呈现出指数增长的态势，逐渐超出了传统关系型数据库的处理能力的范围，数据中潜在的规则和关系难以被发现，这个难题通过运用大数据技术能够得到很好的解决。大数据技术可以在能够承受的成本范围内，在较短的时间内，将从数据仓库中采集到的数据，运用分布式技术框架对非关系型数据进行异质性处理，经过数据挖掘和分析，从海量、类别繁多的数据中提取价值。因此，大数据技术将成为 IT 业内新一代的技术和架构。

大数据是存储介质的不断扩容及信息获取技术不断发展的必然产物。有一句名言：人类之前延续的是文明，现在传承的是信息。从中可以看出，数据对我们的生活产生了多么深刻的影响。

二、大数据的特征

（一）规模巨大

信息时代，个人和组织面临着数据量的大规模增长，呈现为海量数据。典型的个人计算机硬盘的容量为 TB 量级，一些大企业的数据量已经接近 EB 量级。根据麦肯锡全球研究院（MGD）测算，全球企业 2010 年在硬盘上存储了超过 7EB（1EB 等于 10 亿 GB）的新数据。2015 年全球移动终端产生的数据量达到 6300PB。目前，大数据的规模尚是一个不断变化的指标，单一数据集的规模范围从几十 TB 到数 PB 不等。此外，各种意想不到的来源都能产生数据。

（二）类型多样

数据来自多种渠道，如网络日志、社交媒体、互联网搜索、手机通话记录及传感器网等，内容包括所有格式的办公文档、文本、图片、XML、HTML、各类报表、图像和音频/视频信息等。这些数据是多视角的，不仅有正规的数据、媒体新闻数据、时效性的数据，还有带有个人情感的数据。而这些数据又打破了之前限定的结构化数据的范畴，包含着结构化、半结构化及非结构化的数据，并且半结构化和非结构化数据所占的份额越来越大。

（三）产生速度快

数据被创建和移动的速度快，对时效性要求高，这是大数据区别于传统数据的最显著的特征。在高速网络时代，通过基于实现软件性能优化的高速电脑处理器和服务器，快速创建实时数据流已成为流行趋势。例如，一天之内，谷歌公司处理几十 PB 的数据，Facebook 新产生约 10 亿张照片、300TB 以上的日志、淘宝网进行数千万笔交易、产生 20TB 以上的数据，新浪微博的约 3 亿用户可产生上亿条微博。

（四）价值密度低

随着物联网的广泛应用，信息感知无处不在，数据信息海量，但其价值密度较低。价值密度的高低与数据总量的大小成反比，大数据中无用数据多，但综合价值大。例如，在视频数据中，1 小时的视频中有用的数据可能仅有一两秒钟，其余的都是无用数据，价值密度相对较低。因此，如何通过强大的数据挖掘算法更迅速地完成数据的价值"提纯"，是大数据时代亟待解决的难题。

（五）存储要求高

种类多样的数据源既提供了大量的数据，又带来了科学存储的问题。大数据通常可达到 PB 级的数据规模，因此，海量数据存储系统也一定要有相应等级的扩展能力。当前，互联网中的数据正向着异质异构、无结构趋势发展，新数据类型不断涌现，用户需求呈现出多样性，但是目前的存储架构难以解决数据的异质异构、爆炸性增长带来的存储问题，而静态的存储方案又满足不了数据的动态演化所带来的需求，因而在海量分布式存储和查询方面需要进一步研究。

（六）管理复杂

大数据的规模和复杂的结构是传统 IT 架构所面临的直接挑战，传统的数据管理技术已不适合处理海量异构数据。目前可选择的方法包括大规模并行处理架构、数据仓库，或类似 Greenplum 的数据库及 Apache Hadoop 解决方案等。

三、大数据技术的基础

（一）大数据架构的演进及其层次

大数据系统是一个复杂的系统，提供从数据产生到消亡的整个数据生命周期中不同阶段的数据处理功能。一般来说，大数据系统的架构主要由数据生成、数据获取、数据存储和数据分析这四个部分构成。

从大数据系统构成的角度来看，可以将大数据系统分解为三个层次：基础设施层、计算层和应用层。这种分层结构对大数据系统的分布式演进具有非常重要的意义，也就是说，只要保持各层间的输入与输出稳定，即可实现分层演进。

1.基础设施层

基础设施层由 ICT（信息通信技术）资源池构成，可利用网络与虚拟技术组织为云计算的基础设施。这些资源通过特定的服务级别协定（简称 SLA），以细粒度的方式提供给上层系统。资源的分配需要满足大数据需求，同时通过最大化系统利用率能量感知和操作简化等方式实现资源使用的有效性。

2.计算层

计算层将多种数据工具封装于运行在原始 ICT 硬件资源之上的中间件中，典型的工具包括数据集成、数据管理和编程模型等。数据集成是指从独立的数据源中获取数据，并通过必要的预处理技术将数据集合成为统一形式。数据管理是指提供数据的持久存储和高效管理的机制与工具，如分布式的文件系统和 SQL、NoSQL 数据存储。编程模型实现应用逻辑抽象，并为数据分析应用提供便利。MapReduce 是许多典型的编程模型中的一种。

3.应用层

应用层利用编程模型提供的接口实现不同的数据分析功能，如查询、统计分析、数据的聚类和分类等。同时通过组合基本分析方法开发不同领域的相关应用。

（二）数据生成

数据生成是指数据如何产生。此时，"大数据"意味着从诸如传感器、视频、点击流和其他数字源产生的多样的、纵向的或分布式数据源产生的大量的、多样的与复杂的数据集。通常，这些数据集和领域相关，并具有不同级别的价值。这些生成的数据集中体现在商业、工农业、互联网和科学等重要的领域。大数据的特性使得在收集、处理和分析这些数据集时存在巨大的技术挑战，因此需要利用 ICT 领域的最新技术解决所面临的挑战。

1.数据源

随着社会、经济与科学技术的发展，数据生成速度也不断增长。除了用数据生成速度描述大数据，大数据源还与数据产生领域相关。大数据和商业活动联系紧密，如商业智能等许多大数据工具已经被开发并广泛使用；大部分的数据是由互联网、移动网络和物联网产生的；科学研究会产生大量的数据，高效的数据分析将帮助科学家们发现事物的基本原理，促进科学发展。这三个领域在对大数据的处理方面具有不同的技术需求。

（1）商业数据。近几十年来，信息技术和数字数据的应用对商业领域的繁荣发展起到了至关重要的作用。全球所有公司商业数据量每 1.2 年就会翻番，互联网上的商业事务每天有 4500 亿条左右。日益增长的商业数据需要使用高效的实时分析工具挖掘其价值。

（2）网络数据。包括互联网、移动网络和物联网在内的网络已经成为人们生活的一部分。而搜索、社交网络服务、电子邮件服务、即时通信和点击流等网络应用是典型的大数据源。这些数据源高速产生数据，往往需要先进的处理技术。例如，搜索引擎 Google 在 2008 年每天要处理 20PB 的数据；社交网络应用 Facebook 每天需存储、访问和分析超过 30PB 的用户创造数据；Twitter 每月会处理超过 3200 亿的搜索。在移动网络领域，Newzoo 的 2017 年全球手机市场报告指出，截至 2017 年 4 月底，全球智能手机拥有量排名前 50 位的国家和地区所拥有的智能手机总量达到 22.83 亿部，其占有率平均达到 47.74%。而在物联网领域，有超过 3000 万的联网传感器工作在运输、汽车、工业、公用事业和零售部门并产生数据，而这些传感器每年将以超过 30% 的速率增长。

（3）科研数据。越来越多的科学应用正在产生海量的数据集，若干学科的发展极度依赖于对这些海量数据的分析。这些学科主要包括光学观测和监控、计算生物学、天文学和高能物理等。这些领域不但要产生海量的数据，而且需要分布在世界各地的科学家们协作分析数据。大部分这样的数据是 PB 级别的无结构数据，并且需要做到快速和准确分析。

2.数据属性

感知和计算产生了非常复杂的异构数据，这些数据集在规模、时间维度、数据类型的多样性等方面有着不同的特性。例如，移动数据和位置、运动、距离、通信、多媒体、声音环境等相关。

（三）数据获取

数据获取是指获取信息的过程，可分为数据采集、数据传输和数据预处理。首先，由于数据来自不同的数据源，如包含格式文本、图像和视频的网页数据，因此数据采集是从特定数据生产环境获得原始数据的数据。其次，数据采集完成后，需要高速的数据传输技术将数据传输到合适的存储系统，供不同类型的分析应用使用。再次，数据集中可能存在一些无意义的数据，这将增加数据存储空间并影响后续的数据分析。例如，传感器中获得的环境监测数据集通常存在冗余，可以使用数据融合技术减小数据传输量。因此，必须对数据进行预处理，以实现数据的高效传输、存储和挖掘。最后，数据获取是以数字形式将信息聚合，以待存储、分析与处理数据。数据传输和数据预处理没有严格的次序，数据预处理可以在数据传输之前或之后进行。

（四）数据存储

数据存储解决的是大规模数据的持久存储和管理。数据存储系统可以分为两部分：硬件基础设施和数据管理软件。硬件基础设施由共享的 ICT 资源池组成，资源池根据不同应用的即时需求，以弹性的方式组织而成。硬件基础设施应能够向上和向外扩展，并能进行动态重配置以适应不同类型的应用环境。数据管理软件则部署在硬件基础设施之上，用于维护大规模数据集。此外，为了分析存储的数据及其数据交互，存储系统应提供功能接口、快速查询和其他编程模型。

（五）数据分析

数据分析利用分析方法或工具对数据进行检查、变换和建模，并从中提取知识或价值。许多应用领域利用领域相关的数据分析方法获取相关的成果。尽管不同的领域具有不同的需求和数据特性，但它们都可以使用一些相似的通用技术。目前，数据分析技术的研究可以分为六个重要方向：结构化数据分析、文本数据分析、多媒体数据分析、Web数据分析、网络数据分析和移动数据分析。

1.数据分析的目的和分类

数据分析处理来自对某个感兴趣现象的观察、测量或者实验的信息。数据分析的目的是从与主题相关的数据中提取尽可能多的信息，主要目的有以下几方面。

（1）推测或解释数据并确定如何使用数据。

（2）检查数据是否合法。

（3）给决策制定提供合理建议。

（4）诊断或推断错误原因。

（5）预测未来将要发生的事情。

2.常用的数据分析方法

（1）数据可视化。数据可视化的目标是以图形方式清晰、有效地展示信息。一般来说，图和表可以帮助人们快速理解信息。但是，当数据量增大到大数据的级别时，传统的电子表格等技术已无法处理海量数据。大数据的可视化已成为一个活跃的研究领域，这是因为它能够辅助算法设计和软件开发。

（2）统计分析。统计分析基于统计理论，是应用数学的一个分支。在统计理论中，随机性和不确定性由概率理论建模。统计分析技术可以分为描述性统计技术和推断；性统计技术。描述性统计技术对数据集进行摘要或描述；而推、断性统计技术则能够对过程进行推断。更多的多元统计分析包括回归、因子分析、聚类和判别分析等。

3.数据挖掘

数据挖掘是发现大数据集中数据模式的计算过程。许多数据挖掘算法已经在人工智能、机器学习、模式识别、统计和数据库领域得到了应用。2006 年 ICDM 国际会议上总结了影响力最高的十种数据挖掘算法，它们是 C4.5、k-means、SVM、Apriori、EM、PageRank、AdaBoost、k-最邻近方法（kNN）、朴素贝叶斯和 CART。这些算法覆盖了分类、聚类、回归和统计学习等方向。此外，一些其他的先进技术如神经网络和基因算法也被用于不同应用的数据挖掘。

（六）大数据分析

从数据生命周期的角度出发，从数据源、数据特性等方面来看，数据分析方法主要有结构化数据分析、文本分析、Web 数据分析、多媒体数据分析、社交网络数据分析、移动数据分析和移动商业智能。

1. 结构化数据分析

科学研究和商业领域产生了大量的结构化数据。这些结构化数据可以利用成熟的关系数据库管理系统、数据仓库、在线分析处理和流程管理等技术，而采用的数据分析技术则是前面介绍的数据挖掘和统计分析技术。

当前，许多机器学习算法依赖于用户设计的数据表达和输入特征，这对不同的应用来说是一个复杂的任务。而深度学习则集成了表达学习，学习多个级别的复杂性/抽象表达。此外，许多算法已成功用于一些应用，如统计机器学习、基于精确的数据模型和强大的算法，以及被应用在异常检测和能量控制中。利用数据特征，时空挖掘技术能够提取模型中的知识结构，以及高速数据流与传感器数据中的模式。电子商务、电子政务和医疗健康应用对保护隐私的需求，使得隐私保护数据挖掘也被广为研究。随着事件数据、过程发现和一致性检查技术的发展，过程挖掘也逐渐成为一个新的研究方向，即通过事件数据分析过程。

2. 文本分析

文本数据是信息存储的最常见形式，包括电子邮件、文档、网页和社交媒体等内容，因此文本分析比结构化数据具有更高的价值。

文本分析又被称为文本挖掘，是指从无结构的文本中提取有用信息或知识的过程。文本挖掘是一个跨学科的领域，涉及信息检索、机器学习、统计、计算语言和数据挖掘。大部分的文本挖掘系统建立在文本表达和自然语言处理的基础上。文档表示和查询处理是开发向量空间模型、布尔检索模型和概率检索模型的基础，而这些模型又是搜索引擎的基础。

NLP 技术能够增加文本的可用信息，允许计算机分析、理解甚至产生文本。词汇识别、语义释疑、词性标注等是常用的方法。基于这些方法提出了一些文本分析技术，如信息提取、主题模型、文本摘要、文本分类、文本聚类、问答系统和观点挖掘。

信息提取技术是指从文本中自动提取具有特定类型的结构化数据。命名实体识别是信息提取的子任务，其目标是从文本中识别原子实体并将其归类到人、地点和组织等类别中。

主题模型建立在文档包含多个主题的情况下。主题是一个基于概率分布的词语。主题模型对于文档而言，是一个通用的模型，许多主题模型被用于分析文档内容和词语含义。文本摘要技术从单个或多个输入的文本文档中产生缩减的摘要，分为提取式摘要和概括式摘要。提取式摘要从原始文档中选择重要的语句或段落，并将它们连接在一起；而概括式摘要需要理解原文，并基于语言学方法以较少的语句复述。

文本分类技术用于识别文档主题，并将之归类到预先定义的主题或主题集合中。文本聚类技术用于将类似的文档聚合。和文本分类不同的是，文本聚类不是根据预先定义的主题将文档归类。在文本聚类中，文档可以表现出多个子主题。

问答系统主要设计用于如何为给定问题找到最佳答案，涉及问题分析、源检索、答案提取和答案表示等技术。问答系统可以应用在教育、网站、健康和答辩等场合。

观点挖掘类似于情感分析，是指提取、分类、理解和评估在新闻、评论与其他用户自主创造内容中的观点的计算技术。它能够为了解公众或客户对社会事件、政治动向、公司策略、市场营销活动和产品偏好等看法提供机会。

3. Web 数据分析

Web 数据分析的目标是从 Web 文档和服务中自动检索、提取和评估信息以发现知识，涉及数据库、信息检索、NLP 和文本挖掘，具体可分为 Web 内容挖掘、Web 结构挖掘和 Web 用法挖掘。

（1）Web 内容挖掘。Web 内容挖掘是从网站内容中获取有用的信息或知识。Web 内容包含文本、图像、音频、视频、符号、元数据和超链接等不同类型的数据。

大部分的 Web 数据是无结构的文本数据，因此许多研究都关注文本和超文本的数据挖掘。文本挖掘已经比较成熟，而超文本的挖掘需要分析包含超链接的半结构化 HTML 网页。监督学习或分类在超文本分析中起到重要的作用，如电子邮件管理、新闻组管理和维护 Web 目录等。

Web 内容挖掘通常采用两种方法：信息检索和数据库。信息检索方法主要是辅助用户发现信息或完成信息的过滤；数据库方法是在 Web 上对数据建模并将其集成，这样能处理比基于关键词搜索更为复杂的查询。

（2）Web 结构挖掘。Web 结构挖掘是指发现基于 Web 链接结构的模型。链接结构表示站点内或站点之间链接的关系图，其模型反映了不同站点之间的相似度和关系，并能用于对网站分类。比如，Page Rank、CLEVER 和 Focused Crawling 利用此模型发现网页。

Focused Crawling 的目的是根据预先定义的主题有选择地寻找相关网站，它并不收集或索引所有可访问的 Web 文档，而是通过分析 Crawler 的爬行边界，发现和爬行最相关的一些链接，避开 Web 中不相关的区域，从而节约硬件和网络资源。

（3）Web 用法挖掘。Web 用法挖掘是对 Web 会话或行为产生的次要数据进行分析。与 Web 内容挖掘和结构挖掘不同的是，Web 用法挖掘不是对 Web 上的真实数据进行分析。Web 用法数据包括 Web 服务器的访问日志、代理服务器日志、浏览器日志、用户信息、注册数据、用户会话或事务、Cookies、用户查询、书签数据、鼠标点击和滚动数据，以及用户与 Web 交互所产生的其他数据。

Web 用法挖掘在个性化空间、电子商务、Web 隐私和安全等方面将起到重要的作用。例如，协作推荐系统可以根据用户偏好的相同或相异实现电子商务的个性化。

4. 多媒体数据分析

多媒体数据分析是指从多媒体数据中提取有趣的知识，理解多媒体数据中包含的语义信息。多媒体数据在很多领域比文本数据或简单的结构化数据包含更丰富的信息，因此提取信息需要解决多媒体数据中的语义分歧。多媒体分析研究覆盖范围较广，包括多媒体摘要、多媒体标注、多媒体索引和检索、多媒体推荐和多媒体事件检测等。

在多媒体摘要中，音频摘要可以简单地从原始数据中提取突出的词语或语句，合成为新的数据表达。视频摘要将视频中最重要或最具代表性的序列进行动态或静态的合成。静态视频摘要使用连续的一系列关键帧或上下文敏感的关键帧表示原视频，并已被用于Yahoo、Alta Vista 和 Google 中。动态视频摘要使用一系列的视频片段表示原始视频，并利用底层视频特征进行平滑，以使得最终的摘要显得更自然。

多媒体标注是指给图像和视频分配一些标签，可以在语法或语义级别上描述其内容。在标签的帮助下，很容易实现多媒体内容的管理、摘要和检索。

多媒体索引和检索处理的是多媒体信息的描述、存储和组织，帮助人们快速、方便地发现多媒体资源。通用的视频检索框架包括结构分析，特征提取，数据挖掘、分类和标注，查询与检索。结构分析是通过镜头边界检测、关键帧提取和场景分割等技术，将视频分解为大量具有语义内容的结构化元素。结构分析完成后，再提取关键帧、对象、文本和运动的特征以待后续挖掘，这是视频索引和检索的基础。根据提取的特征，数据挖掘、分类和标注的目标就是发现视频内容的模式，将视频分配到预先定义的类别，并生成视频索引。

在大规模图像检索方面，有学者提出一种基于哈希图的方法及基于哈希方法的近似多媒体检索，通过机器学习方法，有效地学习一组哈希函数来给数据产生哈希码。

多媒体推荐的目的是根据用户的偏好推荐特定的多媒体内容，并已被证明是一个能提供高质量、个性化内容的有效方法。现有的推荐系统大部分是基于内容和基于协作过滤的机制。基于内容的方法识别用户兴趣的共同特征，并且给用户推荐具有相似特征的多媒体内容。这些方法依赖于内容相似测量机制，容易受有限内容分析的影响。基于协作过滤的方法是将具有共同兴趣的人们组成组，根据组中其他成员的行为推荐多媒体内容。混合方法则利用基于内容和基于协作过滤两种方法的优点提高推荐质量。

多媒体事件检测是在事件库视频片段中检测事件是否发生的技术。视频事件检测的研究才刚刚起步，现有的大部分研究集中在体育或新闻事件，以及重复模式事件或不常见的事件。

5.社交网络数据分析

社交网络包含大量的联系和内容数据，其中，联系数据通常用一个拓扑图表示实体间的联系；内容数据则包含文本、图像和其他多媒体数据。从以数据为中心的角度来看，社交网络的研究方向主要有两个：基于联系的结构分析和基于内容的分析。

（1）基于联系的结构分析。基于联系的结构分析关注链接预测、社区发现、社交网络演化和社交影响分析等方向。社交网络可以看成一个图，图中顶点表示人，边表示对应的人之间存在特定的关联。社交网络是动态的，因此，新的节点和边会随着时间的推移而加入图中。链接预测对未来两个节点关联的可能性进行预测。链接预测技术主要有基于特征的分类方法、概率方法和线性代数方法。基于特征的分类方法选择节点对的一组特征，利用当前的链接信息训练二进制分类器，预测未来的链接；概率方法对社交网络节点的链接概率进行建模；线性代数方法通过降维相似矩阵计算节点的相似度。

社区是指一个子图结构，其中的顶点具有更高的边密度，但是子图之间的顶点具有较低的密度。用于检测社区的方法中，大部分是基于拓扑的，并且依赖于某个反映社区结构思想的目标函数。

当社交网络中个体行为受其他人感染时，即产生社交影响。社交影响的强度取决于多种因素，包括人与人之间的关系、网络距离、时间效应和网络及个体特性等。定量和定性测量个体施加给他人的影响，会给市场营销、广告和推荐等应用带来极大的益处。

（2）基于内容的分析。随着 Web2.0 技术的发展，用户自主创造内容在社交网络中取得了爆炸性的增长。社交媒体是指这些用户自主创造的内容，包括博客、微博、图片和视频分享，社交图书营销，社交网络站点和社交新闻等。社交媒体数据包括文本、多媒体、位置和评论等信息。几乎所有的对结构化数据分析、文本分析和多媒体分析的研究主题都能转移到社交媒体分析中。

但是，社交媒体分析面临着前所未有的挑战。首先，社交媒体数据每天不断增长，应该在一个合理的时间限制范围对数据进行分析；其次，社交媒体数据包含许多干扰数据，如博客空间存在大量垃圾博客；最后，社交网络是动态、不断变化、迅速更新的。简单来说，社交媒体和社交网络联系紧密，社交媒体数据的分析无疑也受到社交网络动态变化的影响。社交媒体分析即社交网络环境下的文本分析和多媒体分析。当前，社交媒体分析的研究处于起步阶段。

社交网络的文本分析应用包括关键词搜索、分类、聚类和异构网络中的迁移学习。关键词搜索利用了内容和链接行为；分类假设网络中有些节点具有标签，而这些被标记的节点可以用来对其他节点进行分类；聚类则确定具有相似内容的节点集合。社交网络中不同类型的对象之间存在大量链接的信息，如标记、图像和视频等，因此异构网络的迁移学习用于不同链接的信息知识迁移。在社交网络中，多媒体数据集是结构化的，并且具有语义本体、社交互动、社区媒体、地理地图和多媒体内容等丰富的信息。

社交网络的结构化多媒体又被称为多媒体信息网络。多媒体信息网络的链接结构是逻辑上的结构，对于网络来说是非常重要的。多媒体信息网络中有四种逻辑链接结构：语义本体、社区媒体、个人相册和地理位置。基于逻辑链接结构，可以提高检索系统、推荐系统、协作标记和其他应用的性能。

6.移动数据分析

目前，移动手机、传感器和 RFID 等移动终端及其应用逐渐在全世界普及。海量的数据对移动分析提出了需求，但是移动数据分析面临着移动数据特性带来的挑战，如移动感知、活动敏感性、噪声和冗余。下面介绍一些具有代表性的移动数据分析应用。RFID 能够在一定范围内读取一个和标签相联系的唯一产品标识码。标签能够用于标识、定位、追踪和监控物理对象，在库存管理和物流领域得到了广泛的应用。然而，RFID 数据给数据分析带来了许多挑战：第一，RFID 数据本质上充斥着干扰数据和冗余数据；第二，RFID 数据是时间相关的和流式的，其容量大并且需要即时处理。通过挖掘 RFID 的位置、聚集和时间信息数据的语义，可以推断一些原子事件追踪目标和监控系统状态。无线传感器、移动技术和流处理技术的发展，促进了体域传感器网络的部署，被用于实时监控个体健康状态。医疗健康数据来自具有不同特性的异构传感器，如多样化属性、时空联系和生理特征等，并存在隐私和安全问题。

7.移动商业智能

商业智能（BI）是指用于查找、挖掘和分析业务数据的基于计算机的计算，如按产品和（或）部门的销售收入或相关的成本与收入。移动商业智能（MobileBI，简称 MBI）或移动智能被定义为"通过使用移动设备优化的应用程序进行信息分析，使移动的人员获得业务洞察能力"。

移动商业智能是指访问移动设备上的与 BI 相关的数据（如 KPI）、业务指示和仪表板的能力。MBI 的概念可以追溯到 20 世纪 90 年代初，由于当时移动电话的使用开始变得普遍，早期的移动商业智能的倡导者就立即运用了移动电话的优点，以简化的方式向移动或远程工作人员分发业务的关键数据。然而，直到智能手机的出现，移动商业智能才开始引起广泛关注。

MBI 应用程序可定义为如下方面。

（1）移动BI 提供的 App。几乎所有移动设备都支持基于 Web 的瘦客户端，仅支持 HTML 的 BI 应用程序。但是，这些应用程序是静态的，并且只提供很少的数据交互。数据就像个人电脑上的浏览器一样，显示数据需要额外的努力，但移动浏览器通常只能支持 Web 浏览器的一小部分的交互性。

（2）定制化 App。这种方法的一个步骤是提供每个（或所有）报告和仪表板设备的特定格式，换言之，提供特定于屏幕大小的信息，优化屏幕空间的使用，并启动设备特定的导航控制。这些例子包括黑莓的拇指轮或拇指按钮、Palm 的上/下/左/右箭头、iPhone 的手势操作。这种方法需要比以前做更多的努力，但没有额外的软件。

（3）移动客户端 App。最先进的客户端 App 提供了数据的周期性缓存，即使在离线情况下也可以查看和分析数据，以便使用移动浏览器访问数据。这类似于台式计算机，并创建专门为移动设备设计的本地应用程序。

第二节　基于大数据技术的智慧图书馆分析

一、大数据对图书馆的影响

（一）图书馆资源的变化

大数据使图书馆资源的数量和结构发生了重大变化。在大数据环境下，图书馆的资源可以得到无限拓展，除了自身所拥有的大量数字资源外，高速增长的数字资源，日益普及的互联网和移动互联网及云计算、RFID、语义网、社交网络等新技术的应用提供了更广泛的数据来源。图书馆资源大数据由两部分构成，一是馆藏资源大数据（现实资源），二是网络资源大数据（虚拟资源）。图书馆所拥有的任何资源都可以被视为某种"数据"，都可以被表征、解析、链接、交互、融会。数据化、语义化、碎片化和关联化成为大数据时代图书馆资源的最大特征。各类图书馆资源通过著录、标引、解析、链接等一系列加工和组织，可以实现数据化和知识元化解构、重组与关联，形成新的资源空间。这些资源中，非结构化、半结构化数据占据图书馆大数据总量的 85% 以上，全文本、图像、声音、影视、超媒体等非结构化复杂数据将成为图书馆大数据的核心。

（二）图书馆用户的变化

大数据对图书馆用户的影响主要体现在用户数量、用户结构和用户需求变化三个方面。在基于互联网和移动互联网的大数据环境下，所有网民理论上都可能成为某个图书馆的用户。这不仅是用户数量上的简单扩张，其价值更多地体现在用户网络及其关联上。随着图书馆用户数量的拓展，用户在文化层次、需求层次、年龄层次、素养层次、职业差异、兴趣爱好等结构上也会发生巨大变化。图书馆用户大数据的关键问题不在于数量和结构本身，而在于因数量和结构引发的关联改变。大数据对图书馆用户最大的影响是需求内容的变化，即用户对图书馆资源和服务的需求已远远超出了简单的数字化资源获取与网络化资源存取。

在大数据环境下，图书馆到了必须给其资助机构更多说服力来证明自身存在价值的时候。图书馆用户流失及价值分析已成为大数据时代图书馆界关注的重要问题。这说明在大数据环境下，图书馆的结构化数据资源及其基本服务已无法满足用户的新需求。

（三）图书馆馆员的变化

随着大数据时代的到来，个性化服务、知识服务、嵌入式服务、精准知识服务、智能服务、增值服务、智慧服务和大数据服务等成为图书馆服务创新发展的趋势，图书馆服务开始向数据分析、数据挖掘等数据服务转变。图书馆大数据资源的扩展、用户需求的变化和图书馆服务要求的提升，对馆员素质提出了巨大挑战。大数据对图书馆馆员的最大挑战在于指导用户处理海量数据，从中挖掘和提取关键信息并获得知识，而用户与图书馆馆员的信息素养和数据素养差距正在缩小。图书馆馆员只有掌握了数据处理和数据分析能力，才能揭示大数据中蕴含的价值，通过大数据技术挖掘出更多、更深、更全的信息，满足用户的个性化知识需求。因此，面对大数据，图书馆馆员需要重新定位自身的角色。

（四）图书馆服务的变化

大数据对图书馆服务的影响主要体现在三个方面：一是服务内容；二是服务方式；三是服务平台。从服务内容来看，大数据环境下，图书馆能够提供个性化服务、知识服务、嵌入式服务、精准知识、智能服务、增值服务、智慧服务和大数据服务等服务内容和服务方式，而这些都需要图书馆大数据平台支撑。

1. 个性化服务

个性化服务也被称为精准服务、定制服务、推送服务、推荐服务和特色服务等。个性化服务是大数据时代图书馆最重要的服务模式。个性化服务是图书馆根据用户的特定需求而特别定制的服务，也是图书馆服务长期以来追求的目标。个性化服务包括服务时空的个性化（在用户指定的时间和地点提供服务）、服务方式的个性化（根据用户个人爱好或特点提供服务）和服务内容的个性化（根据用户需求提供定制的服务内容）。早在 2000 年，美国 ExLibris 公司就推出了 SFX，可以实现不同类型数据与 OPAC 资源的整合、挖掘，针对用户需求提供个性化服务。2007 年，Library Thing 提供了一项 LTFL 服务，以存储在 Library Thing 中的数据为基础，通过标签实现读者阅读关联，提供资源导读和资源推送等个性化服务。图书馆有大量的用户行为数据，如 OPAC 查询日志、借还书日志、电子资源检索浏览下载及数据库访问日志、图书馆网站访问流量及社交网络等数据。通过用户大数据挖掘和分析，可以发现某个用户或群体的兴趣和行为规律，从而定位用户需求，为用户提供个性化精准服务。图书馆大数据平台能对用户的个人信息、借阅历史、浏览记录等数据进行挖掘和分析，为用户提供信息推送、参考咨询、学科服务、好书推荐等个性化服务。

2. 知识服务

知识服务是图书馆面向用户的特定需求，运用大数据技术（如关联分析技术、推理技术、语义检索技术等）对图书馆的数据进行处理，为用户精准提供解决问题所需知识的服务过程。从本质上来看，图书馆是一个知识发现和服务系统，并且在不断地更新知识服务内容和形式。随着大数据时代的到来，图书馆以数据挖掘和分析为基础，在知识服务的内容和形式上不断创新，发生了巨大的变化。以用户大数据为基础，图书馆可以开展用户知识需求预测和用户行为智能分析，并辅助图书馆资源采购和资源配置，开展个性化服务；以资源大数据为基础，图书馆可以构建新型知识搜索引擎，关联图书馆资源与用户需求，提供一站式知识搜索、资源与服务推荐、多维度资源获取等知识服务；以图书馆综合大数据为基础，图书馆可以开展数据处理、数据挖掘和数据分析等知识服务内容，为图书馆管理和决策服务，提升图书馆的服务水平和层次。

3. 嵌入式服务

嵌入式服务是图书馆以用户的多样化需求为导向，将服务融入用户的工作、教学、科研、学习和生活等过程的服务模式。嵌入式服务包括嵌入用户空间（即实体物理空间和虚拟空间）和嵌入服务过程（包括科研、教学、工作、学习和生活等过程）。大数据环境下，图书馆的嵌入式服务内容主要有用户需求分析、研究项目查新、研究力量调查、前沿热点分析、规律趋势预测等。比如，高校图书馆提供的嵌入式学科服务，利用图书馆掌握的庞大数据资源和专业信息分析技术为用户提供高效、专业的学科服务，将用户、学科馆员、动态数据和数据分析工具四个方面的因素关联起来，提高学科服务效率。

4. 智能服务

智能服务也被称为智慧服务。图书馆智能服务包括运用智能技术对海量数据进行深度挖掘、创造，运用智能技术、工具、平台处理大量非结构化、半结构化数据，为图书馆智能决策服务，促进图书馆的资源整合、知识整合和服务整合。在大数据环境下，图书馆可以通过多维度对用户大数据、资源大数据进行融合、组合、挖掘和知识分析，建立智能服务环境，为图书馆数据管理、数据决策、数据服务和数据创新提供智慧服务。例如，中国知网正在积极探索"智慧服务"新形态，推出"智能检索"（全球学术资源发现）新产品；超星公司推出了"知识发现"等智能工具，为用户提供智能知识服务。

5. 增值服务

大数据技术、大数据分析和智能服务是图书馆实现增值服务的最佳方式。大数据环境下，图书馆通过收集、处理大数据及引入大数据处理技术，对融合后的海量数据进行深入挖掘和智能分析，发现图书馆大数据背后潜藏的知识及其关联，帮助用户快捷获取所需知识与服务，实现大数据利用、增值和再创造。图书馆的增值服务可以通过提供知识化、智能化、个性化、精准化、嵌入式服务和数据服务等方式来实现。

6. 数据服务

哈佛大学最早将大数据服务引入图书馆中并着手实施。图书馆的数据服务主要是对图书馆资源、用户、管理、服务、业务等数据的深度挖掘和智能分析，从大量的、不完整的、有噪声的、模糊的和随机的数据中提取潜在的、有价值的信息和知识，为图书馆管理、决策、服务及用户获取资源提供帮助。数据挖掘技术对经过预处理的海量数据进行深度挖掘，可以更好地服务于图书馆的管理决策和读者。比如，利用决策树挖掘方法对读者信息、借阅数据和图书信息进行挖掘，可以发现不同类型读者的借阅需求；利用关联规则分析方法对读者信息、读者浏览记录、读者下载记录、数字资源信息等进行挖掘，可以揭示读者与数字资源浏览下载行为之间的关联规律。

大数据环境下，图书馆可以通过提供个性化服务、知识服务、嵌入式服务、智能服务、增值服务和数据服务等服务内容和形式重构图书馆服务体系，提升图书馆服务质量和水平，提高图书馆资源利用效率和用户满意度。

（五）图书馆管理的变化

图书馆管理包括资源管理（财、物、设备、信息等）和人员管理（馆员管理和用户管理）。在大数据环境下，"一切皆数据""一切皆服务""一切皆读者"已成为图书馆发展的一种新思维和新思路。

图书馆管理不再是单一资源和要素的管理，而是综合管理，将资源、馆员、用户、服务、技术、设备和制度等要素建立联系，构建图书馆综合智能管理、决策和服务体系。经过数据优化管理，大数据必将促进图书馆数据管理、数据分析、数据使用及数据服务的深层次变革。随着图书馆资源（将本馆资源与互联网虚拟资源融合为一体，建立面向解决复杂问题的资源整合、加工大数据资源观）、技术（构建和完善数据采集、信息处理、组织架构、知识挖掘、分析预测、结果呈现、智能服务等技术体系）、服务（面向全社会，提供全资源，开展多元化服务，如精准服务、推送服务、个性化服务、移动服务、知识服务、数据服务、智能服务、增值服务、嵌入式服务等）、馆员（成为数据分析专家和数据科学家，了解大数据关键技术、熟悉各种数据分析工具和软件、掌握图书馆大数据）、用户（需求内容和需求方式不断变化）、设备（分布式存储和分布式计算）等要素的变化，图书馆管理也会不断变化，同时对图书馆管理人员提出了更高的要求。

管理数据化是大数据时代图书馆管理发展的必然，精准管理是大数据时代图书馆管理的新常态。图书馆管理建立在对大数据进行挖掘和分析的基础之上，以数据和用户为中心，不断创新管理体制、管理方法、管理方式，进行动态管理，创造性地开展大数据服务；与此同时，利用大数据可以加强各馆之间的信息沟通与交互，实现馆员和资源的最优配置，实现精准管理，降低服务成本，发挥资源效用，实现效益最大化。

（六）图书馆设施的变化

大数据技术是一项颠覆性技术，为图书馆提供一种技术解决方案，助力海量数据的网络应用，并释放复杂数据中的智能。在大数据环境下，基础设施决定了图书馆的数据存储能力、计算能力和处理能力。图书馆大数据平台包括体系架构、计算模型、数据模型、智能辅助决策模型、性能优化模型及知识服务模型。复杂异构数据处理、存储、关联挖掘、检索查询、分析理解、智能服务等都需要先进的大数据存储和处理基础设施。

从技术上来看，大数据技术是从海量数据中快速高效地挖掘出有效信息的综合性技术，包括 Hadoop 大数据分析平台（分布式文件系统和大数据存储服务）和 MapReduce 计算框架（高性能并行计算和大数据处理服务）两项关键技术，能够实现对结构化数据、非结构化数据和复杂数据的快速处理和分析，这些都必须基于大数据基础设施才能实现。比如，图书馆常用监控服务器、网络监控器、视频监控系统、用户阅读终端、可穿戴阅读设备和读者管理系统等设备采集数据。

（七）图书馆业务的变化

图书馆资源、用户、技术、设施、服务等的变化引发了图书馆业务流程的变化。随着大数据时代的到来，图书馆将重点围绕资源大数据和用户大数据等的产生、存储、分析、利用、决策等展开业务流程。数据管理是大数据环境下图书馆业务的核心。图书馆的业务将围绕大数据管理进行调整和重组，建立大数据技术与图书馆资源、馆员、用户、服务和管理之间的关联。

二、基于大数据的智慧图书馆需求分析

智慧图书馆作为智能图书馆的继承和发展，是建设在智能图书馆各种自动化系统之上的，但又要与智能图书馆有着本质的差别和提升。首先要打通各独立系统之间的数据"壁垒"，建立数据标准，并依照数据标准对源数据进行采集、清洗、传输，构建一个基于 Hadoop 的图书馆大数据平台；其次，在大数据平台上进行数据的多维分析、深度挖掘，并实现大数据可视化，同时要将原有的业务集成到移动客户端方便读者的使用，拓展图书馆业务，丰富图书馆大屏的内容，并加强图书馆和读者之间的交流，实现图书馆机器人的应用。

（一）数据集成需求分析

1.源数据系统分析

大数据平台的搭建，首先要对源数据系统进行分析，包括系统的业务，数据的类型、结构，数据库的类型、结构，以及源数据所存在的问题等，通过对源数据的分析，可以对平台有一个整体的认识，并为平台搭建时数据库选型和数据标准的建立提供支持。

智慧图书馆大数据平台的数据来自原有的图书馆业务系统，包括静态的馆藏数据、读者数据和读者在图书馆的行为数据，主要来源于以下几个系统。

（1）图书借阅系统。作为图书馆对外提供的主要服务，图书借阅系统中包含整个图书馆馆藏书的数据和所有读者的详细数据。此外，每一本书的借还都有详细的记录，且读者在借阅之前的图书查询在系统的日志中也有记录。

（2）闸机系统。每位进入图书馆的读者，首先要经过闸机系统的认证，所以读者的每次进馆都有记录。有的图书馆对读者的离开也需要闸机系统的认证。

（3）IC空间系统。IC空间系统包括四个子服务，分别是研修间预约系统、阅览室预约系统、座位预约系统和设备外借预约系统。读者可以通过这些系统预约并使用图书馆里的研修间或电子阅览室等。这些系统会在满足读者预约使用的同时，记录下每位读者对该设备使用的详细情况，包括预约的时间、设备的类型、设备的位置、开始使用和离开的时间，以及读者的一些个人信息等。

（4）自助打印系统。自助打印系统对应的是图书馆中的自助打印机。读者可以刷卡，使用图书馆中的自助打印机进行打印、复印和扫描。自助打印系统会记录每次的文印类型、文印所用纸张的数量等信息，是智慧图书馆数据源重要的一部分。

（5）OPAC系统。OPAC系统指的是图书馆面向读者的查询系统，主要是查询图书馆馆藏文献和电子资源数据库并支持电子资源的下载，是图书馆的一个重要服务。这个系统记录着每天资源的访问量、访问状态、访问的入口数量、访问的数据库类型、资源的下载量等。

2.数据获取方式分析

由于源数据来自不同的业务系统，这些系统是由不同的厂商提供的，要想获取这些数据，要求厂商开放整个数据库基本是不可能的，因为开放整个数据库相当于可以对数据进行增、删、改、查，会影响整个业务系统的安全性、稳定性。但是，原系统厂商可以提供一个账号，针对此账号开放一些数据表的视图，通过视图可以查看数据，但是无法更改源数据。对于没有提供视图的厂商，则要求他们提供数据接口，通过接口获取数据。

（二）数据知识化需求分析

数据知识化即通过对数据的分析挖掘实现数据到知识的转变，具体的包括决策支持系统、图书馆报告和读者个人报告。其中，决策支持系统是为图书馆管理者的决策支持提供服务；图书馆报告是实现报告的自动生成和一键下载；读者个人报告是针对每位读者的数据进行分析，为每位读者提供独一份的报告。通过分析目前图书馆存在的问题，结合现有的数据，下面分别就这三个系统进行需求分析。

1.决策支持系统需求分析

决策支持系统的数据主要来自图书借阅系统、进馆闸机系统、IC空间预约使用系统和自助打印系统，主要分为静态资源数据和读者行为数据。静态资源数据主要有图书馆的馆藏数据，包括图书的种类、数量、作者、出版社等，以及读者的个人信息，包括姓名、性别、学院、年级等；行为数据占数据的大多数，主要包括读者借还图书的时间、书名、借阅类别等，读者进馆的时间、用户名等，读者使用IC空间开始的时间、结束的时间、IC空间类型等，读者使用自助打印系统的时间、文印类型、使用纸张数量等。

对于上述的分析，每个数据几乎都可以作为一个分析的维度，这些维度包括时间维度（时间维度又可以分为年份、月份、日、小时），还有读者的性别维度、学院维度、专业维度、读者类别维度、读者年级维度，图书的种类维度、图书的出版社维度、图书的出版年份维度、图书的作者维度，IC空间的类型维度、使用时长维度，自助打印复印的纸张类型维度、文印类型维度、文印地点维度等。就这些维度而言，我们不仅可以从单个维度进行分析，还可以使多个维度间相互交叉，进行多维度分析，去发现更深层次的关系。

2.图书馆报告需求分析

图书馆报告类似每年年底图书馆要出的纸质报告，由于之前的图书馆报告需要人工统计，费时又费力，为改变这种方式，依据数据的分析结果自动生成图书馆报告，然后提供一键下载功能，将网页中的文字、图表（以图片的格式）保存到 Word 文档中。

3.读者个人报告需求分析

读者个人报告类似支付宝年底的个人账单，记录读者对图书馆资源的使用情况。读者个人报告是针对个人的数据分析，按照使用资源的类型主要分为读者进馆分析、读者借阅分析、读者文印分析、读者座位使用分析、读者电子阅览室使用分析和读者个人信息。该报告须记录读者第一次进入图书馆到最后离开学校之间的一些重要的事件、时间节点、排名和一些统计分析，如第一次进馆时间、累计到馆次数、总借书量、借书量排名、借阅量最多的月份、借阅各类图书所占百分比，等等。

（三）平台移动化需求分析

移动客户端对业务系统的集成主要采取接口对接和网页嵌入的形式。移动端的内容经过分析将主要包括首页、馆藏、预约、发现和"我的"五个部分，其中首页主要展示 IC 空间的空闲状态和个人的一些排名信息；馆藏主要是集成图书查询和图书推荐的功能；预约主要是集成 IC 空间预约的功能，包括空间预约、座位预约和阅览室预约；发现主要是集成自助打印复印的功能，通过云打印，安卓端用户可以上传打印的文件或图片，而 IOS 端只能上传打印的图片；"我的"主要是个人信息的维护和设置等功能。

（四）服务多样化需求分析

1.图书馆大屏需求分析

目前，在保留原有的时间和图书馆通知的前提下，为了让在馆的读者对图书馆当前的资源有更加直观的认识，将新增实时的资源数据和近几日的资源使用统计。新增的内容显示在一张页面上，原有的图书馆通知显示在另一张页面上，两张页面定时切换。

2.图书馆机器人需求分析

为增强读者和高校图书馆的交互性，需要引入新的交互媒介。图书馆机器人作为目前人工智能的产物将很好地满足当前的需求。图书馆机器人主要有两大功能。

（1）通过人脸识别，识别出读者身份，即根据检测到的人脸图像与数据库中的资源进行匹配，确定读者的身份信息。

（2）通过语音识别和读者进行沟通交流。语音识别不仅可以介绍图书馆的基础设施，还可以根据读者的个人情况回答读者的图书借阅详情，以及根据读者对图书馆各项设施的使用记录向读者推荐图书、图书馆活动和图书馆新增资源设施等。

第三节　大数据技术在智慧图书馆中的具体应用

一、基于 **Hadoop** 大数据平台的智慧图书馆的构建

（一）智慧图书馆的总体架构

1.基于 Hadoop 的分层架构设计

使用 Hadoop 相关技术，建设智慧图书馆大数据平台，该平台不仅包含图书馆数据，还可以集成教学数据和读者的消费数据。在大数据平台的基础上进行数据的存储、分析及应用展示，为了满足业务的不同需求特点，平台架构设计按照逻辑分层的方法分为四层架构，分别是数据采集层、数据存储层、数据服务层和数据应用层。

（1）数据采集层。数据采集层包括源数据系统和对源数据的抽取。源系统数据不仅包括图书馆已有的自动化系统所产生的数据和图书馆的数字资源数据，由于智慧图书馆是智慧校园的一部分，智慧图书馆的大数据平台不应是孤立的，它还需要接入学生的教学数据，包括学生的基础信息、绩点信息、就业信息，以及学生的消费数据等。数据采集就是对这些数据进行抽取、清洗、转化、加载，转变成所需要的统一的格式，为数据存储层做准备。

（2）数据存储层。数据存储层是整个智慧图书馆大数据平台的基础，平台所有的业务和展示都是在数据存储层的基础上实现的。这里的数据存储使用传统关系型数据库（Mysql）与分布式文件系统（HDFS）混搭的方式。关系型数据在学校的内部，用于集成学校已有的业务系统数据时，为数据的清洗和转化提供中间表，并同时存储数据分析挖掘后的结果。分布式文件系统作为大数据存储层的主要存储方式，兼顾结构化数据和非结构化数据，是数据分析挖掘的主体。

（3）数据服务层。数据服务层是连接存储层和应用层的桥梁，通过定义友好的接口将平台中不同的服务联系起来，为上层的应用提供一个透明的访问接口。数据分析服务构建于 Hadoop 平台，从业务需求出发，运用大数据平台的计算能力完成数据的转换、关联、抽取、聚合、分析挖掘等功能。

（4）数据应用层。对数据分析挖掘、业务整合的展示，具体的数据应用包括决策支持系统、图书馆报告、读者个人报告、移动客户端、图书馆智慧大屏和图书馆机器人。

2.技术架构选型

技术的选型既要考虑系统的建设成本、运营成本，也要考虑所选技术方案的先进性、实用性、可扩展性等多个方面。在综合考虑上述几点后，可参考如下技术架构方案，如表 9-1 所示。

表 9-1 智慧图书馆大数据平台技术构架方案

序号	服务层	平台描述	技术架构方案	
1	数据采集层	源数据集成	数据采集	Sqoop+JDBC
			数据清洗	SQL

2	数据存储层	大数据存储	分布式文件存储	HDFS
			关系型数据库	Mysql
3	数据服务层	微服务架构	数据分析挖掘	Hadoop+MapReduce
			数据接口模块	SpringBoot+RESTful
4	数据应用层	多样化服务	数据可视化	Echars+XDOC
			人脸识别、语音识别	科大讯飞+百度

（二）数据标准的建立

1.数据标准的概述及问题

为了源数据的整合及智慧图书馆数据分析挖掘的顺利进行，需要按照统一的数据标准对源数据进行抽取、清洗、转化。通过前面的需求分析可知，源数据来自不同的自动化系统。这些自动化系统的数据存储结构是按照业务需求进行设计并实现的，逻辑关系复杂，而且同一业务的自动化系统由多家厂商提供，各厂商采用的数据库类型及数据结构都存在着差异。因此，在进行数据采集之前，需要建立统一的数据标准，为接下来的数据分析提供准确、全面的基础数据。

2.数据存储架构设计

云端的数据存储模块为了满足海量结构化和非结构化数据存储的需求，同时要保证存储的安全性和数据访问的高效性，选取 HDFS 进行存储，原因是 HDFS 具有存储超大数据的能力，通过备份功能保证了数据的高可用性和系统容错能力，作为 Hadoop 生态系统中的重要组件，大部分并行计算框架如 MapReduce、Spark 都支持高效读取存储在 HDFS 上的数据。由于云端存储着不同业务系统的数据，为了方便数据分析，HDFS 的存储目录按照学校、业务类型与基础信息维度进行划分。

在云端存储模块和各源数据库之间进行数据的采集、清洗需要用到中间表的映射，因此在这之间需要有一个业务数据中间库作为中转。为了使用关系型数据库强大的 SQL 功能，中间库采用 Mysql 存储数据，然后通过 Sqoop 将 Mysql 中的数据迁移到 HDFS 中，同时可以将 HDFS 上的数据分析结果导入此 Mysql 中。

3.数据标准设计

存储采集数据是为数据的分析挖掘做准备，为了方便对数据进行多个维度的分析，将每种数据需要分析的维度各自汇总到一张表，即每张存储表都有大量的冗余，以此来减少各表之间的交叉关联查询，方便对数据进行分析和挖掘。

（三）ETL 数据采集清洗

1.ETL 概述及问题

通过对源数据系统的分析可知，源数据存在于各自动系统中不同类型的数据库中，包括结构化的行为数据和非结构化的日志数据，而且数据项类型繁多，数据格式不统一，数据存在着诸多问题，因此需要工具进行统一的标准化采集、传输数据、采集装载、数据映射、定时执行，将转化、清洗后的数据按照数据标准存储起来。

ETL 能很好地满足要求，它描述了数据从源端经过抽取、转换、加载到目的端的过程，具体可以划分为数据抽取、数据清洗、数据转化和数据装载四个部分，将分散凌乱、标准不统一的数据经过抽取、清洗和转换后加载到大数据平台中。

2.ETL 的设计与实现

ETL 技术可以实现校园网内部数据的集成。本模块将根据不同的服务需求，通过合理的抽取方法将大数据平台所需的数据从相关的业务系统中抽取出来，而这些抽出的源数据将会在中间层进行清洗、转化和集成，最终汇集到目标数据库中。ETL 技术在数据采集的整个过程中起到了关键的作用。

（1）数据抽取。数据抽取是智慧图书馆大数据平台数据采集的第一步，在此之前已经对源数据的数据库类型、数据类型做了详细的分析，由于源数据来自不同的 DBMS，通过 JDBC 分别与它们建立连接。这里使用一个自己封装的 jar 包，即 zh-dbs-2.0.jar，在此基础上，只需要进行相应的数据库用户名密码配置就可以建立连接，并可以直接在文件中编写 SQL 语句。

（2）数据清洗。图书馆业务数据采集之后需要对数据进行清洗。数据清洗的标准是删除不符合要求的数据，主要包括缺失重要字段的不完整数据、有明显错误的数据和重复的数据。数据清洗主要是建立清洗标准，根据清洗标准，通过 SQL 代码查找出相应的字段进行 DELETE 操作。

（3）数据转换。经过抽取、清洗后的图书馆业务数据，依然存在着数据格式不一致和数据完整性不足等问题，因此需要对数据进行相应的数据转换和加工。这里依旧使用数据库本身强大的 SQL、函数来进行数据的加工。

（4）数据加载。通过 SQL 语句进行直接的插入，将图书馆清洗转换后的数据装载到校内集成数据库中，插入时需要将源表中的字段和目标表中的字段对应起来。

（四）RESTful API 接口设计

数据接口是连接数据存储层和数据应用层的桥梁。智慧图书馆的数据可视化、平台移动化、平台之间的数据共享都需要数据接口去完成。在决策支持系统、图书馆报告、图书馆智慧大屏中，很多接口是公用的，接口的实现在整个智慧图书馆建设中有着重要地位。因此，设计一套松耦合、可复用的接口 API 尤为重要。

RESTful 是一种设计风格、架构风格，使用 HTTP、URI、HTML、JSON，XML 等协议和标准，提供一组设计原则和约束的条件，是一种跨平台、跨语言的架构设计。RESTful 架构遵循统一接口原则，该原则使用标准的 HTTP 方法完成相关的操作和处理。接口通过统一资源标识符（URI）来识别并定位资源，其核心操作有 GET、PUT、POST、DELETE。

二、决策支持系统的设计与实现

决策支持系统主要是数据的离线分析，按照数据功能的维度将决策支持系统分为图书借还数据分析服务、进馆闸机数据分析服务、IC 预约使用数据分析服务、自助打印复印数据分析服务、统计排行服务、人员资产分析服务、馆藏资源分析服务、交叉分析服务。各个服务之间独立开发部署，功能调用通过服务发现的形式来调用对方微服务的 RESTAPI。这是以图书借还数据分析服务为例展示服务的设计实现，其他服务的实现方式类似。

图书借还数据分析服务所需要的数据在大数据平台处理之后存放在Mysql数据库中，数据分析主要是围绕数据的维度进行的，分析的维度主要分为三个方面，分别是时间、读者和借还的图书。在时间上，分为年维度、月维度、日维度对借还书的人次和借阅书籍的册数进行分析；读者主要包括读者的学院维度、专业维度、性别维度、种类维度、年级维度、借还类别维度；图书主要包括图书种类维度、图书出版社维度、图书作者维度和出版时间维度。在这三种方向不同的维度之间可以进行多维交叉分析。

三、读者推荐系统的算法设计与优化

（一）图书馆推荐系统的算法设计与实现

1.基于图书馆的协同过滤算法

在数据信息大爆发的时代，人们面临着需要不断处理信息过载的问题。用户在生产和消费的过程中会产生大量的数据，因此，有效地过滤相关信息变得十分必要。从另一种角度来讲，这就是推荐系统的动机：把相关的信息传递给用户，把不相关的信息屏蔽掉。目前，市场、政府、科研中最常使用的推荐系统是协同过滤推荐系统，它能够基于用户对一组或多组项目的评分来构建推荐系统。Java是协同过滤的一个生态环境，用于实现基于协同过滤的研究实验。但图书馆的开发非常注重基于内存的算法，因此，协同过滤算法被广泛应用于该研究领域。

目前，个性化服务推荐技术主要应用于单个Web服务。与Web服务不同的原因是，制造过程是由多阶段异构制造子任务组成的，因此，客户选择的制造服务通常以复合服务的形式呈现。由于服务模式的结构复杂、度量方法多样，传统的个性化服务推荐方法难以得到有效应用。一般来说，大多数图书馆用户服务组合推荐方法是通过组合优化模型和启发式算法的协同过滤实现的。这些方法考虑了客户的个性化因素，对不同的服务属性进行主观加权分析，存在一些不足。首先，客户偏好不局限于服务的属性，固定权重难以适应服务端属性的动态调整。其次，主观加权误差直接影响图书馆用户服务的服务质量属性决策，使得图书馆用户服务原有的服务质量属性优势难以体现。此外，在线上图书馆用户服务平台的实际应用中，客户偏好通常包含在采购物品的评级数据中。随着服务质量属性的调整，平台很难及时响应用户偏好权重的变化。有的研究人员为了挖掘图书馆用户深层信息，解决数据稀缺性的问题，采用RT-RBM的协同过滤算法，为用户提供精准的个性推荐。

由于用户众多和产品种类繁多，数据量呈爆炸式增长。在这样的背景下，推荐系统在帮助用户和根据他们的喜好提供建议方面起着重要的作用。采用推荐系统的建议，用户可以节省他们寻找个性化的、高效的及符合情感偏好的项目的时间，而不会因为数据覆盖范围过大而耽误运算进展。在图+系统中，基于用户的对象协同过滤推荐算法是根据用户的借阅评价和参考书目评分，找到具有相似偏好的用户，向目标用户推荐用户所需的产品目录。

协同过滤算法一般基于两种方法进行计算：基于用户、基于对象。第一种方法使用从评级导出的模型来构建推荐，而第二种方法使用相似性度量来根据两个用户或项目的相应评级来获得它们之间的距离。

（1）基于用户的协同过滤算法。通过使用情感分析技术分析用户的评论，还可以提高协同过滤推荐系统的性能。要找出不同用户的相似兴趣，需要三个步骤：首先创建用户一书籍的评价矩阵；其次，通过运算得出读者借阅书籍情况之间的相似度；最后，根据用户偏好的邻近集及向量特征对目标用户做出最优的推荐服务。基于用户的协同过滤算法最突出的优点是不依赖视频等产品的特征和详细内容，避免了对象内容分析的不准确性。但是，同样明显的是，这种算法在面对新用户时毫无用处，这种情况被称为"冷启动问题"。这种算法过于依赖用户提供的评价信息的准确性和完整性，这在现实中通常是不够的。因此，该算法对进一步扩展的开放性较差。

（2）基于对象（图书）的协同过滤算法。与基于读者的协同过滤算法类似，基于对象的协同过滤算法也依赖于用户的评价信息，但是它注重挖掘用户已经评价过的不同对象之间的关联，而不是用户的相似性。它具有以下优点：第一，不依赖对象的具体内容；第二，可以更好地扩展，因为对象数量比用户数量更稳定；第三，它受稀缺性问题的影响较小。然而，当面对没有被任何用户查看过的新对象时，它表现出低应对能力。

2. 基于内容的推荐算法

基于内容的推荐算法为系统中每种类型的产品挖掘出一组固定的特征，并计算它们的相似性，以提供与用户过去对其表示兴趣的产品相似的产品。考虑到这种方法需要对每种类型的产品进行人工表征，它在产品或服务领域有限的系统中受到了关注。提供电影或音乐的网站，如 IMDB、烂番茄和潘多拉，受益于基于内容的推荐。

在基于内容的推荐算法中，我们主要考虑用户特征之间的相似度（基于用户间相似度的推荐）或对象之间的相似度（基于对象间相似度的推荐），从而产生了两种算法。

基于用户间相似度的推荐：在基于读者相似度的推荐系统中，我们假设相似的用户对相同的产品感兴趣，所以我们可以根据用户之间的相似度对用户进行分组，然后给出相应的推荐。

基于对象间相似度的推荐：基于需求对象间相似度的推荐算法和基于用户间相似度的推荐算法有很多相似之处，不同之处在于，它侧重于计算相似性，而不涉及其他用户。它的运算目标是可以通过预测用户的喜好，为用户推荐与浏览物品相似的物品。基于对象间相似度的推荐算法的优点是，当图书馆用户的图片、声音类似这样的产品被单独抽样调查时，它们的相似度可以在一定基础上得到很好的量化，从而保障了推荐服务较高的准确性。然而，对图片、声音等数据进行内容分析通常是一个耗时的过程，尤其是在新用户身上效果不佳。

3. 其他推荐算法

（1）神经网络算法。从数据挖掘中导出的关联规则可以在不同对象之间的相关性中找到。关联规则的一个经典例子：面包和花生酱经常在超市的同一个货架上，顾客便会倾向于一起购买面包和花生酱，因为这两种商品之间存在相关性。这个例子便利用了关联规则推荐算法，对产品推荐服务优化。基于神经网络的算法考虑来自同一个用户或者来自一般不可区分的用户集合的观看序列。

（2）混合推荐算法。混合推荐算法是一种将协同过滤算法及基于内容的过滤算法联合起来运用的算法。混合方法在某些情况下可能更有效。由于基于内容的推荐算法与产品的协同过滤推荐算法互为不排斥的推荐算法，因此有很多方法可以将这两个系统结合起来。这些系统可以简单地分为两类。一种是分别用两种算法进行计算，只对有一定权重系数的结果进行积分，剩下的要做的是通过调整权重系数来实现算法的最佳性能。事实上，这不是一个严格定义的混合系统，因为这两种算法独立工作。另一种是将两种算法在较低层次上进行整合。例如，我们可以将对象内容与特定用户相关，作为协同过滤算法中的参数，这种算法也就是推荐系统中常用的基于内容的协同过滤算法。这些方法也可以用来克服推荐系统中的一些常见问题，如冷启动和稀疏性问题。

混合方法有三种策略：第一种策略是分别进行基于内容的过滤和协同过滤，然后将它们结合起来；第二种策略是将基于内容的功能添加到协作过滤方法中（反之亦然）；第三种策略是将这些方法统一到一个模型中进行计算。也就是说，利用协同过滤算法与基于内容的推荐算法在图书推荐算法中的优化算法，然后结合读者的个人需求，对推荐系统进行优化，得出最优方案。

（3）基于图形模型的推荐算法。这其实是一种混合推荐算法。该模型基于三种类型的关系：用户—用户，对象—对象和用户—对象。用户和对象之间的链接表示用户曾经观看过该视频。节点度是唯一使用的此算法中的参数。推荐是指根据以下内容找到与目标用户最近的视频节点图表，这在某种程度上类似于协同过滤算法。但是，这种方法应用了一个非常不同的模式，避免了来自活跃用户和热点的干扰。此外，此方法采用路径长度和综合考虑的路径数。结合图像推荐模式对数字图书馆进行推荐系统的改善，提出了用户之间或对象之间关系的双层图模型。以图书馆用户和买家代替视频作为例子。基于图形模型的推荐算法是一种灵活的算法，它结合了基于内容的算法和协同过滤算法。它通过用户层的观看顺序计算用户与用户之间的相似度，对象之间一对象层上的对象，然后用购买信息链接两层。算法执行的同时也带来了明显的图形搜索问题。虽然目标仍然是寻找最近的目标用户和目标对象节点，但是我们可以调整每一层的相似度计算，使系统更加灵活。

（二）基于 Spark 平台的图书馆推荐系统设计与优化

1. 并行图像数据挖掘设计与实现

由于用户数据随着互联网的普及而增多，图书的数量也随着人文的重视而增多，因此需要计算的数据量迅速增加。当同时推荐给多个用户时，系统计算压力会呈指数级增加，造成运行速度慢、实时性差等问题。为了解决上述问题，为实现个性化推荐系统的设计与对比试验，以 Spark 平台为背景进行设计。基于 Spark 平台的图书馆个性化推荐系统，采用 Spark 集群框架作为混合推荐算法的数据挖掘平台。Spark 核心底层模块用于实现混合的并行化。

图书馆用户需求基于专家与图书馆馆员的工作经验进行分析和预测，会浪费大量的时间与劳动力，将会在极大程度上影响图书馆用户服务的质量与效率。支持向量机是一种以机器学习为背景实现的深度学习的分类算法，因紧密的推理与良好的实践应用而被逐渐应用于图书馆用户及图书识别当中。由于 SVM 适用于小规模的数据样本中，保守的 SVM 处理数据时需要较大的计算量，会消耗较多的运行时间。为了解决这一问题，在现阶段，研究人员提出了可行性方案：将原始方案改进或实现并行算法。随着信息网络的普遍化，读者信息存储量也越来越庞大、越来越复杂。

（1）数据来源及预处理。

①图书馆用户及图书图像的采集与处理。由于采集数据环境不可测、干扰因素较多，图像采集过程中可能包含噪声、图像变化等方面需要考虑。先从噪声处理入手，再关注图像的色彩 RGB、独特纹理、边缘形状等方面，对图像的特征向量进行提取，作为参考数据进行下一步的运算。

②读者、图书图像采集与预处理技术。考虑到采光、收集设备不稳定等因素的影响，在人像图书采集的过程中存在边缘模糊、色彩扩散、反光灯不定等因素影响采集的像素质量。为了避免这一系列的不定因素的影响，可以采用同态滤波对采集对象进行预处理。同态滤波将图片的抽象模型转换为数字模型，通过对图像射程范围进行压缩，增强图片色彩对比度，从而大大提升采集的图像质量。

（2）Spark 与 SVM 并行运算。Spark 与 SVM 并行的运算，是一种处理数据集的运算方法，在实现传统算法优化的基础上提高了算法精准度，提高了数据挖掘效率。它是一组具有相关核函数的监督机器学习模型，用于回归和实现非线性分类。它创建了一个分离的最优超平面，将超平面设定为低维输入向量，然后借助维数理论将低维输入向量转换到更高维的特征空间上，作为操作的基础，以确保高泛化网络能力。

2. 基于 Spark 平台的图书推荐系统设计流程

分布式系统需要统一的调度角色，一般被称为管理者，而负责其他计算节点的角色被称为工作者。一般来说，在并行程序运行期间，工作人员计算相对独立的并行步骤，管理人员统一调度、管理和统计数据，这个过程需要多种机制来提供保护。分布式平台是一套与各种系统有机结合的数据处理解决方案。Spark 可以部署在 Hadoop 集群环境中，使用 Stream 进行资源管理，并且能够直接访问 HDFS 文件系统。Spark 运行不同于 MapReduce 中间过程，计算结果需要读写 HDFS。Spark 将计算结果保存在内存中，这样就不需要频繁读写 HDFS，大大减少了 IO 操作，提高了算法运算效率，大大减少了算法运算时间。

综上所述，智慧图书馆未来在大数据的应用方面可定位为：一是在技术层面解决用户冷启动问题，从根本上提高数据信息挖掘的技术，抓取精准的图书馆用户信息，从而为读者提供高精准度的推荐服务；二是研究人员基于提高推荐系统性能方面的研究日益完善，通过设计出更多优化算法用于图书馆读者推荐方向，以实现提高读者服务质量的目的。

参考文献

[1]王世伟.智慧图书馆引论[M].上海：上海大学出版社,2022.

[2]阚丽红.智慧图书馆建设与服务创新研究[M].长春：吉林文史出版社,2022.

[3]贾虹.智慧图书馆及其服务创新研究[M].北京：中国农业出版社,2022.

[4]陈群.互联网+图书馆智慧服务研究[M].长春：吉林出版集团股份有限公司,2022.

[5]贺芳.智慧图书馆建设与应用研究[M].长春：吉林大学出版社,2022.

[6]李青燕.新时期智慧图书馆建设研究[M].呼和浩特：远方出版社,2022.

[7]鞠晶.高校智慧图书馆服务创新[M].长春：吉林出版集团股份有限公司,2022.

[8]周玉英，王远.5G 环境下智慧图书馆的服务研究[M].北京：北京燕山出版社,2022.

[9]王春梅，杨红岩，张广伟.智慧图书馆的发展与技术应用研究[M].哈尔滨：北方文艺出版社,2022.

[10]蓝开强.高校图书馆建设发展与智慧服务创新研究[M].汕头：汕头大学出版社,2022.

[11]李晓玲，王一丹，赵勇宏.高校图书馆智慧化管理与服务体系构建[M].长春：吉林大学出版社,2022.

[12]魏奎巍.图书馆信息化建设与服务创新研究[M].长春：吉林出版集团股份有限公司,2022.

[13]褚倩倩.现代图书馆文献信息资源建设与利用研究[M].昆明：云南科技出版社,2022.

[14]韩春磊.公共图书馆馆藏文献资源数字化建设[M].长春：吉林摄影出版社,2022.

[15]敦文杰.图书馆互联网电视文化服务与实践[M].北京：朝华出版社,2022.

[16]严栋.智慧图书馆概论[M].大连：辽宁师范大学出版社,2021.

[17]林立.智慧图书馆的理论与实践[M].福州：福建科学技术出版社,2021.

[18]谢福明.智慧图书馆建设与应用研究[M].吉林出版集团股份有限公司,2021.

[19]王志红，侯习哲，张静.智慧图书馆建设与阅读推广研究[M].哈尔滨：哈尔滨出版社,2021.

[20]陶功美.智慧图书馆建设及新兴技术的应用研究[M].长春：吉林人民出版社,2021.

[21]王东亮.智慧图书馆与阅读推广工作研究[M].北京：中国国际广播出版社,2021.

[22]陈伟，张霞，王仲皓.图书馆智慧化服务模式探究[M].长春：吉林人民出版社,2021.

[23]高伟.图书馆建设与阅读服务管理[M].长春：吉林人民出版社,2021.

[24]高莉.图书馆管理与档案资源建设[M].长春：吉林人民出版社,2021.

[25]周娜，戴萍.高校智慧图书馆知识服务研究[M].北京：中国国际广播出版社,2020.